Alfons Lüke

Das große Handbuch der Graphologie

Alfons Lüke

Das große Handbuch der *Graphologie*

Theorie und Praxis
der Schriftpsychologie

Ariston Verlag · Genf/München

Die Deutsche Bibliothek – CIP-Einheitsaufnahme

LÜKE, ALFONS:
Das große Handbuch der Graphologie: Theorie
und Praxis der Schriftpsychologie / Alfons
Lüke. – 2. Auflage – Genf; München:
Ariston Verlag 1991
1. Aufl. u. d. T.: Lüke, Alfons: Du bist, wie du schreibst
ISBN 3-7205-1292-4

Gestaltung des Schutzumschlags:
Atelier Höpfner-Thoma, GraphicDesign BDG, München

Gesamtherstellung: Wiener Verlag, Himberg bei Wien
Zweite Auflage: September 1991
Printed in Austria 1991

ISBN 3-7205-1292-4

Inhaltsverzeichnis

Einleitung 9

I. Die Grundlagen der Schriftpsychologie 11

   1. Der »königliche Weg«. 11
   2. Die Handschrift als Ausdruck und Symbol 14
   3. Bewegungs-, Form- und Raumbild 16
   4. Möglichkeiten und Grenzen der Schriftpsychologie . 17

II. Der Aufbau der Persönlichkeit 20

   1. Der Lebensgrund 21
   2. Der endothyme Grund 23
     Die Antriebe 24 – Die Gefühlsregungen 25 – Die Ge-
     stimmtheiten 26
   3. Die Auseinandersetzung mit der Außenwelt 26
     Die Wahrnehmung 27 – Vorstellungsbilder, Gedächtnis
     und Phantasie 28 – Denken, Urteilen und Schließen 29 –
     Das Handeln 29
   4. Der personale Oberbau: Geist und Wille 30
   5. Formen der Dissoziation 32
     Die Verdrängung 32 – Die Unechtheit 34 – Kompensation
     und Adäquation 36
   6. Das Unbewußte 37
   7. Die Psyche in tiefenpsychologischer Sicht 38
     Sigmund Freud und die Psychoanalyse 38 – Alfred Adlers
     Individualpsychologie 39 – Die komplexe Psychologie Carl
     Gustav Jungs 41

III. Subjektive und objektive Möglichkeiten und Grenzen
    der Schriftpsychologie 43

   1. Die Person des Beurteilers 43
   2. Das Gesetz der Energieerhaltung 44
   3. Kompensation und seelisches Gleichgewicht 45
   4. Die Motivationstheorie 45
   5. Graphotherapie als Lebenshilfe 47
   6. Zusammenfassung 48

IV. Die Schrifterfassung 49

   1. Art und Umfang der Deutungsunterlagen 49
   2. Die Schriftnorm als Ausgangsbasis 51
   3. Ausdrucks- und Darstellungsprinzip 52
   4. Bildcharakter und Symbolbedeutung 54
   5. Hirnphysiologische Einflüsse auf das Schriftbild . . . 55
   6. Formhöhe und Variationsbreite 59
   7. Schriftdominanten und signifikante Merkmale 62
   8. Das Merkmalprotokoll 67

V. Die Analyse der Einzelmerkmale 76

   1. Das Bewegungsbild 76
   *Die Arkade 76 – Die Girlande 82 – Der Winkel 87 – Der
   Faden 92 – Andere Bindungsformen 96 – Der Verbundenheitsgrad 100 – Die Unverbundenheit 103 – Die Druckstärke 108 – Die Druckschwäche 114 – Die Schärfe 117 – Die
   Teigigkeit 119 – Die Rechtsläufigkeit 122 – Die Linksläufigkeit 126 – Die Eile 131 – Die Langsamkeit 134 – Die
   Lockerheit 137 – Die Versteifung 139 – Der Ablaufrhythmus 145*

   2. Das Raumbild 150
   *Die Größe 150 – Die Kleinheit 154 – Die Weite 158 – Die
   Enge 162 – Die Rechtslage 165 – Die Steillage 169 – Die
   Linkslage 171 – Große Längenunterschiede 174 – Geringe
   Längenunterschiede 177 – Die Oberlängenbetonung 179 –
   Die Unterlängenbetonung 184 – Der Wortabstand 190 –
   Der Zeilenabstand 193 – Die Zeilenführung 196 – Ränder
   201 – Der Linksrand 203 – Der Rechtsrand 205 – Die
   Gliederung 208 – Die Ungliederung 210 – Die Raumvertei-
   lung 212*

   3. Das Formbild 214
   *Das Regelmaß 214 – Das Unregelmaß 218 – Die
   Bereicherung 220 – Vereinfachung und Vernachlässi-
   gung 223 – Die Völle 227 – Die Magerkeit 230 – Die
   Anfangszüge 233 – Die Endzüge 238 – Die Oberzei-
   chen 243 – Das Ebenmaß (der Form) 246 – Das
   Unebenmaß (der Form) 248 – Der Formrhythmus
   250 – Die Lesbarkeit 254 – Die Eigenart 258 – Über-
   und Unterstreichungen 260 – Die Strichqualität 262 –
   Die Unterschrift 264 – Die Sonderformen 268*

VI. Das Gutachten 271

    1. Sein Aufbau 271
    2. Die Gestaltung des Gutachtens: Auch negative Befunde lassen sich positiv darlegen 274
    3. Das »Schwerter Graphopsychogramm« 277
    4. Ein Vergleich zweier Graphopsychogramme 281

VII. Einzelbilder 286

    1. Die Intelligenz und ihr Ausdruck in der Handschrift 286
    2. Der Wille und sein Ausdruck in der Schrift 290
    3. Ich-Bewußtsein, Ich-Gefühl, Egoismus und ihr Ausdruck in der Schrift 293
    4. Der Du-Bereich: Mitmenschliche Beziehungs- und Kontaktfähigkeit und ihr Ausdruck in der Schrift . . 297
    5. Anpassung und Hemmung und ihr Ausdruck in der Schrift 300
    6. Gefühle und Gestimmtheiten und ihr Ausdruck in der Schrift 304
    7. Vitalität und Triebverhalten und ihr Ausdruck in der Schrift 307
    8. Die Kinder- und Jugendschrift 312
    9. Gestörtes Schriftbild und Neurose 315
    10. Probleme des graphologischen Partnervergleichs . . 319
    11. Ehrlichkeit, Zuverlässigkeit und Echtheit und ihr Ausdruck in der Schrift 322
    12. Psychisches Tempo und Charakter 325

VIII. Ein Kapitel Betriebsgraphologie 328

    1. Die Erkennbarkeit der Persönlichkeit 328
    2. Anforderungs- und Persönlichkeitsprofile 329

Schlußwort 331

Graphologisches Merkmalprotokoll 332

Literaturhinweise 333

Einleitung

Am 20. April 1800 schrieb JOHANN WOLFGANG VON GOETHE an den befreundeten Physiognomiker JOHANN KASPAR LAVATER: »Daß die Handschrift des Menschen Bezug auf dessen Sinnesweise und Charakter habe und daß man wenigstens eine Ahnung von seiner Art zu sein und zu handeln empfinden könne, ist wohl kein Zweifel, sowie man ja nicht allein Gestalt und Züge, sondern auch Mienen, Ton, ja Bewegung des Körpers als bedeutend, mit der ganzen Individualität übereinstimmend anerkennen muß.«

Diesen Worten kann man auch heute nichts Neues hinzufügen, obwohl inzwischen eine Vielzahl fachkundlicher Wissenschaftler sich der Handschrift und ihrer Deutung ernsthaft und erfolgreich angenommen hat. Es gibt heute die verschiedensten graphologischen Schulen, Deutungsverfahren und Techniken. Sie alle haben nur das eine Ziel: ein möglichst wahrheitsgetreues Persönlichkeitsbild ihrer Klienten zu zeichnen. Wie man dabei vorgehen kann, zeigt das vorliegende Buch.

Es ist kein Lehrbuch im üblichen Sinne, sondern mehr ein Leitfaden für angehende – und fortgeschrittene – Schriftpsychologen, die in diesem Werk aus der Fülle bisheriger graphologischer Erkenntnisse schöpfen können. Hier wird ein erprobter Weg angeboten, selektiv dominante und signifikante Merkmale zu erkennen, sie einer Formstufe zuzuordnen und die entsprechenden Deutungsbefunde miteinander zu vergleichen. Die Darstellung des dazu erforderlichen psychologischen Grundwissens wird hierbei bewußt an den Anfang gesetzt, weil ohne eine solche Fundierung eine verantwortungsvolle Arbeit einfach nicht möglich ist.

In diesem Zusammenhang nimmt die Analyse der Einzelmerkmale den breitesten Raum ein. Des weiteren bietet das Buch in sehr ausführlichen und systematisch geordneten *Merkmalgruppen* ein

recht breites Spektrum an Deutungsmöglichkeiten an. Durch Einzelbilder und eine Musterschriftanalyse, aber auch durch ein Kapitel
Betriebsgraphologie bereichert, soll dieser Leitfaden nun recht vielen, die sich mit der Schriftpsychologie befassen möchten, als
handlicher Wegweiser wie auch als brauchbares Nachschlagewerk
dienen.

Bei aller Begeisterung für die oft faszinierende Tätigkeit der
Handschriftdeutung sollte der Graphologe sich jedoch immer seiner
Grenzen bewußt bleiben, den Gültigkeitsanspruch seiner Disziplin
im rechten Rahmen sehen und sein Können ganz in den Dienst am
Menschen stellen. Diese Voraussetzungen liegen meinem Buch zu-
grunde. Möge es in diesem Sinne viele Freunde finden.

Schwerte-Ergste

Alfons Lüke

I. Die Grundlagen der Schriftpsychologie

Am Anfang allen Wissens steht die Neugier. Nur allzugern möchte der Mensch sich und seine Welt verstehen. Wir leben in einem Jahrhundert, in dem nicht mehr ehrfurchtsvoller Glaube und untertäniger Gehorsam die Welt regieren, sondern Leistung und Macht. Wissen – Know-how – ist eine solche Macht: und »Macht« kommt von »machen«. Alles scheint heute machbar.

Doch der Schein trügt, denn nur allzubald müssen wir unsere Grenzen erkennen. Sie liegen zumeist in uns selbst. Der Mensch ist im Universum sich selbst das größte Rätsel. Für Sophokles war er noch »das Gewaltigste auf Erden«, für uns ist er zu einem schier unergründlichen Forschungsobjekt geworden; der Körper für die Medizin, die Seele für den Psychologen, das menschliche Verhalten für Erzieher, Politiker und Marktforscher und vor allem für den alltäglichen Mitmenschen, der als Partner, Mitarbeiter, Freund oder auch nur als Nachbar in Erscheinung tritt. Ja, nicht zuletzt möchten wir uns selbst erkennen und begreifen, uns unserer selbst vergewissern und das geheimnisvolle Dunkel unserer Seele erhellen, um Zugang zu unserem eigentlichen und tiefsten Wesen zu erhalten.

1. Der »königliche Weg«

Es gibt viele Wege, Erkenntnisse über den Menschen zu gewinnen, darunter auch Umwege wie den über die Sterne. Direkter gelangen wir zum Ziel über Verhaltensforschung, die Aufarbeitung der Familiengeschichte und Selbstbeobachtung. Schließlich bietet die moderne Psychologie auf der Basis gesicherter Erkenntnisse umfangreiche Testverfahren zur Erstellung von Persönlichkeitsbildern. Die Tiefenpsychologie hat dem menschlichen Drang nach Selbsterkenntnis ein weites Feld erschlossen. Aber nicht erst seit LUDWIG KLAGES gibt es den »königlichen Weg« der Handschriftdeutung, den wir im folgenden beschreiben wollen. Er ist für jedermann leicht zugänglich, zwar nicht ganz einfach zu beschreiten, doch führt er uns verhältnismäßig sicher an das gewünschte Ziel.

Schon im Jahre 1622 wies der Italiener BERNADINO BALDI darauf hin, daß man aus der Handschrift die Natur eines Menschen erkennen könne. JOHANN KASPAR LAVATER (1741–1801) schlußfolgerte von der Unverkennbarkeit der individuellen malerischen »Handschrift« in der Kunst auf die Einmaligkeit auch der geschriebenen Handschrift. Den Weg zur wissenschaftlichen Schriftdeutung beschritt als erster der französische Abt JEAN HIPPOLYTE MICHON. Zuvor hatten sich auch schon GOTTFRIED WILHELM LEIBNIZ und JOHANN WOLFGANG VON GOETHE mit diesem Problem befaßt. Der Durchbruch gelang schließlich dem deutschen Naturwissenschaftler und Philosophen LUDWIG KLAGES (1872–1956). Er ist der eigentliche Vater der Graphologie oder, wie man heute moderner sagt, der Schriftpsychologie.

Als die Lehre vom Wahrnehmen und Verstehen des Seelischen mit Hilfe von Physiognomik, Mimik, Gebärde, Schrift, Sprache, Gang und Haltung von ihm wissenschaftlich fundiert wurde, er den *Rhythmus* als ein wesentliches Merkmal organischer Lebendigkeit und das Eingreifen des Verstandes und des Willens nur als eine Überformung erkannte, war damit der Grundstein zu einer wissenschaftlichen Ausdruckskunde gelegt.

Er begriff aber auch, daß man die Graphologie als Wissenschaft nicht ohne die Kenntnis der Charakterologie betreiben kann. Daher umfaßt die moderne Schriftpsychologie zwei Bereiche: das Erfassen der Schriftmerkmale – in ihrer Ganzheit und Vereinzelung – sowie ihre charakterologische Ausdeutung.

Spätere Forscher und Schulen haben KLAGES' Lehre noch erweitert. So ist MAX PULVERS 1931 veröffentlichte Lehre von der symbolischen Bedeutung des individuellen Schriftbildes eine wirkliche Bereicherung der jungen Wissenschaft gewesen. Professor R. POPHAL hat die bewegungspsychologischen Aspekte mit eingebracht; WILHELM H. MÜLLER und ALICE ENSKAT haben die Symptomatik der *Bewegungsform* und des *Versteifungsgrades* erläutert und die Begriffe der *Eigenart* und *Einheitlichkeit* als übergreifende Variablen herausgearbeitet. RODA WIESER hat als erste darauf hingewiesen, daß jede Schrift einen *Grundrhythmus* hat, und ANIA TAILLARD bezog die Erkenntnisse der Tiefenpsychologie mit in ihr Deutungssystem ein.

Wir sehen also, daß die moderne Schriftpsychologie ein ziemlich komplexes Wissen voraussetzt, das in seinen Grundzügen gewiß erlernbar ist, aber in seiner Anwendung Fähigkeiten verlangt, die nicht jedem Menschen a priori unmittelbar gegeben sind.

Um einem Außenstehenden das »Röntgenbild der Seele«, wie man das graphologische Gutachten auch gern bezeichnet, transparent zu machen, genügen nicht nur praktische Menschenkenntnis, psychologisches und graphologisches Grundwissen, Einblick in die Tiefenpsychologie, sondern der Graphologe muß auch über eine ausreichende sprachliche Gestaltungskraft verfügen, damit er die seelische oder geistige Struktur beziehungsweise das Verhalten eines Menschen auch wirklich angemessen beschreiben kann.

Zwischen Leib und Seele besteht eine ständige Wechselwirkung; sie drückt sich zu einem wesentlichen Teil in körperlichem Geschehen aus, vor allem in den automatisierten Willkürbewegungen, von denen die Schreibbewegung ein Spezialfall ist. Dieser psychische *Ausdruck* ist gleichzeitig Wesensausdruck der Persönlichkeit, der psychische Fundus eines Schreibers offenbart sich darin, der, das muß an dieser Stelle schon gesagt sein, *nicht* mit seinem äußerlich erkennbaren Verhalten übereinzustimmen braucht.

Der Mensch *ist* nicht nur, er *wird* auch. Neben dem statischen waltet ein dynamisches Prinzip, hinter dem, was das Individuum darstellt, verbirgt sich sein Sein. Jeder von uns unterliegt Darstellungswünschen oder Leitbildern, was sich, wenn das wahre Sein nicht mit diesen Wünschen und Idealen übereinstimmt, häufig in der Inkongruenz zwischen dem textlichen Schriftbild und der Unterschrift zeigt. Den Blick dafür, ob sich hinter solcher Verstellung eine leitbildliche oder eine ausdrucksbetonte Motivation verbirgt, kann man zwar schulen, aber das letzte Erfassen einer solchen seelischen Haltung ist mehr ein künstlerisch-intuitiver Akt und unterscheidet den wirklich guten Graphologen von einem nur graphologisch geschulten Menschenkenner. Genau dieser Faktor hat aber auch der Schriftpsychologie trotz bester wissenschaftlicher Fundierung solange den Weg zu einer breiteren Anerkennung versperrt und ist auch die Ursache für die heute noch weitverbreitete Skepsis gegenüber dieser Disziplin. Man sollte jedoch andererseits die Bedeutung der

Intuition nicht überbewerten, ist sie doch nur das Pünktchen auf dem *i*, während eine solide wissenschaftliche und praxisbezogene Ausbildung weiterhin die eigentliche Basis der Schriftpsychologie bildet.

2. Die Handschrift als Ausdruck und Symbol

Jede Handschrift ist Gehirnschrift. Auf Fuß- und Mundschriften trifft diese Aussage, wenn auch in etwas abgewandelter Form, ebenfalls zu. Alle Bewegungen, also auch Schreibbewegungen, kommen durch Befehle zustande, die vom Gehirn ausgehen. Die Schrift ist daher eine auf dem Papier fixierte Geste. Gesten aber drücken seelisches Verhalten aus. Man kann sie nicht nur sehen, sondern auch deuten. Ein Lächeln versteht jeder, ebenso eine Drohgebärde. Freude, Angst, Zorn, Trauer, Abweisung und Zustimmung, Habenwollen und Schenken, Aggression und Zärtlichkeit, all das sind unverkennbare Gesten oder mimische Ausdrucksformen, die sich ohne jede Schwierigkeit in ihrer seelischen Bedeutung erkennen und verstehen lassen. Auch solche Gemütsäußerungen treten mit Hilfe von Muskelbewegungen in Erscheinung, die von den gleichen Gehirnpartien gesteuert werden wie die Schreibbewegung, und ebendiese Erkenntnis liegt auch aller graphologischen Deutung zugrunde.

Es wäre jedoch zu einfach, wollten wir uns auf die direkte Geste als Ausdrucksmittel beschränken. Häufig bedient sich die Psyche auch indirekter, das heißt symbolischer Mittel. Die Sprache selbst gibt uns dafür eine einfache Bestätigung. Sie sieht im *Rechten* das Richtige, Erlaubte, Gute; im *Linken* das Falsche, Verbotene, Minderwertige, welches »links liegen bleibt«. *Rechts, richtig* und *Recht* sind nicht nur sprachlich verwandt, *rechts* ist auch unsere bevorzugte, »bessere« Seite. Vom Kind fordern wir das »schöne«, das heißt das *rechte* Händchen, geschworen wird ebenfalls mit der *rechten* Hand, Christus sitzt zur *Rechten* des Vaters, die Dame oder den Höhergestellten läßt man *rechts* von sich gehen, Orden werden *links* getragen, damit das *rechte* Auge sie leichter erblickt.

Umgekehrt steht *links* oder *linkisch* häufig für Unbeholfenheit. Wer schlechte Laune hat, ist mit dem *linken* Bein zuerst aufgestanden. In der Gaunersprache bedeutet »link« soviel wie falsch, unecht, schlecht, unehrlich. Selbst politisch hat der Begriff *links* eine leicht negative Färbung; während die *Rechten* die staatserhaltenden, konservativen Kräfte sind, wird von *links* Störung, wenn nicht gar Zerstörung befürchtet.

Ähnlich verhält es sich mit der »Oben–unten-Symbolik«. Alles Schwere sinkt nach unten, während das Leichte nach oben schwebt. Von *oben* haben wir einen guten Überblick, *oben* ist das Beherrschende, Freie. Worte wie: *hochschätzen, erhöhen, Hochschule, Hochadel, Hoher Priester, Hoheit, hochheilig, erhöhen, die Oberhand gewinnen, Oberbefehl, Oberin, Oberst, Überlegenheit, übergeordnet* und ähnliche Bildungen implizieren im allgemeinen etwas Positives; wogegen *Untertan, Untergebener, Untergrund, Unterwerfung, niedergeschlagen, gefallenes Mädchen, das Fallen der Preise, im Ansehen fallen, unter aller Würde, unter der Gürtellinie* eher einen negativen Anstrich haben.

All diese Bezeichnungen orientieren sich an Erscheinungen im anschaulichen Sinnenraum und verleihen dem *Unten* eine eher negative, dem *Oben* hingegen eine primär positive Sinndeutung. Auch in die Psychologie hat diese symbolische Sprache Eingang gefunden. So sprechen wir von *höheren* und *tieferen* Schichten der Psyche. Der Mensch hat sich durch seinen *auf-rechten* Gang Zutritt zu dem höheren, nämlich geistig-idealen Bereich erworben, um sich über das *tiefer stehende*, stärker oder ausschließlich an das Materielle gebundene Tier zu erheben.

Wir werden diesem Dualismus von *rechts* und *links, oben* und *unten* in der Schriftpsychologie recht häufig begegnen. Das liegt daran, daß unser Denken in wesentlichen Teilen von dieser Symbolik beeinflußt wird. So gelten in der Graphologie Linkstendenzen in einer Handschrift als Hinweis auf eine Zurückwendung auf die Vergangenheit, auf Besinnung, Introversion und Selbstbezogenheit. Rechtstendenzen hingegen symbolisieren eine Ausrichtung auf die Zukunft, das Du, die Umwelt, die Tat und die Außenwelt. Die Oberzone steht für den Bezug zum Höheren, Geistigen, Idealen, die Mittelzone symbolisiert das Zentrum, das Seelische, das Personale, die Unterzone das Niedere, Triebhafte, Materielle. Der Raum zwischen den einzelnen Wörtern weist auf die Distanz im zwischenmenschlichen Bereich hin, der Grundstrich auf das Wesentliche, Selbständige, Innere, der Aufstrich auf das Unwesentliche, Verbindende, Äußere. Die Linie symbolisiert das geistige Grundgerüst, das Formale, Abstrakte, andererseits auch das Bewegende und Aktive. Die gerade Linie deutet hin auf das Harte, Feste, Stabile, Gespannte, die gebogene Linie hingegen auf das Weiche, Gewundene, Schmiegsame, Biegsame oder Labile.

Die Vieldeutigkeit solcher Symbolik läßt aber auch schon ihre Problematik erahnen, daher sollte man mit voreiligen Analogieschlüssen vorsichtig sein. Wer beispielsweise auf dem Papier dick aufträgt, tut das noch lange nicht im Leben, das wäre ein typisch falscher Analogieschluß, wogegen Ungründlichkeit in der Schrift auch meist auf Ungründlichkeit im sonstigen Verhalten hinweist.

3. Bewegungs-, Form- und Raumbild

Zur Gestik und Symbolik der Schrift kommt als drittes Moment die Anordnung der graphischen Merkmale im Raum hinzu, die uns weitere übergreifende Bedeutungen erschließt.

Alle Schrift ist Bewegung, manifestiert sich in Formen und steht im Raum. Die klassische Betrachtung des Schriftbildes unter diesen drei Aspekten ermöglicht es uns, die erwähnten Einzelmerkmale auch noch in einem weitergespannten Rahmen zu untersuchen:

1. Das *Bewegungsbild* eröffnet einen Zugang zu den treibenden Kräften der Persönlichkeit. Es gibt Auskunft über Anlagen, Möglichkeiten und Fähigkeiten, vitale Ziele, Gefühle und Triebe.
2. Im *Formbild* erkennen wir unbewußte Strebungen, Wünsche, Ideale und Leitbilder. Es zeigt, was und wie der betreffende Mensch sein möchte, und gibt Aufschluß über die innere Form und die äußere Ausbildung der ihn treibenden Kräfte und Anlagen.
3. Das *Raumbild* spiegelt die Auseinandersetzung des Individuums mit seiner Umgebung wider. Es zeigt seine Art, sich einzuordnen, sein Verhalten zum Mitmenschen und läßt erkennen, wieweit die Auseinandersetzung mit der Umwelt seinen Charakter bereits geformt hat.

Komponenten des Raumbildes sind: *Größe, Kleinheit, Weite, Enge, Ober-* und *Unterlänge, Schriftausdehnung, Schriftlage, Wort-* und *Zeilenabstand, Zeilenführung, Ränder* und zuletzt die *Oberzeichen.* Zum Bewegungsbild zählen wir die Bindungsformen: *Girlande, Arkade, Winkel* oder *Faden,* den *Verbundenheitsgrad,* die *Druckstärke* beziehungsweise *-schwäche,* die *Teigigkeit* oder *Schärfe,* das

Schrifttempo, den *Versteifungsgrad,* die *Rechts-* oder *Linksläufigkeit* sowie den *Ablaufrhythmus.* Aspekte des Formbilds sind: das *Regelmaß* und sein Gegenteil, *Bereicherung* oder *Vereinfachung* einschließlich *Vernachlässigung, Völle* oder *Magerkeit, Eben-* und *Unebenmaß, Anfangs-* und *Endzüge,* der *Formrhythmus,* die *Eigenart,* die *Unterschrift* und die *Strichqualität* oder *Strichstruktur.*

Welche spezifische Bedeutung den einzelnen Merkmalen für sich genommen zukommt, wird an anderer Stelle noch genauer zu klären sein, aber schon das Vorherrschen eines bestimmten Typus des Bewegungs-, Raum- oder Formbildes ermöglicht uns eine erste Zuordnung und setzt schon entscheidende Akzente auch für die spätere Beurteilung.

Wenn wir noch einmal kurz zusammenfassen, dann ergibt sich:

1. Unter Graphologie versteht man das Erfassen der Schriftmerkmale und ihre charakterologische Ausdeutung. Sie ist der »königliche Weg« zur Menschenkenntnis.
2. Ludwig Klages ist der Vater der deutschen Graphologie. Seine Schüler und Nachfolger haben seine Grundlagen ergänzt, erweitert und zu einer anerkannten Schriftpsychologie ausgebaut.
3. Um Graphologie erfolgreich zu betreiben, sind drei Voraussetzungen unerläßlich:
   a) ausreichende graphologische, charakterologische, psychologische und tiefenpsychologische Kenntnisse;
   b) sprachliche Gestaltungskraft;
   c) richtiges eidetisches (bildhaftes) und intuitives Erfassen von Ganzheit und Einzelmerkmalen.
4. Der Graphologe sieht in der Schrift die deutbare Geste, er kennt den Symbolcharakter des Form-, Bewegungs- und Raumbildes.
5. Aus der Summe dessen, was sich aus der Schrift eines Menschen über sein Selbstbild und seine Ideale ersehen läßt, erstellt der Graphologe seine Charakteranalyse.

4. Möglichkeiten und Grenzen der Schriftpsychologie

Die Möglichkeiten der wissenschaftlichen Schriftdeutung sind ebensooft über- wie unterschätzt worden. Daher ist es an dieser Stelle vielleicht angebracht, noch ein Wort über die Möglichkeiten und Grenzen der Schriftpsychologie anzufügen.

Der geübte Schriftpsychologe erkennt aus der Handschrift das allgemein-menschliche Verhalten des Schreibers, sein Temperament, seine Arbeitsweise, seine Antriebsstärke oder -schwäche, seine Intelligenz und sein Durchsetzungsvermögen. Ferner lassen sich gültige Aussagen über die Loyalität des Schreibers machen, über seine Liebesfähigkeit und seinen Gemütszustand, über Verhandlungsgeschick, Fleiß, Durchhaltevermögen und Zuverlässigkeit, über sein Leistungsvermögen und seine Reife; kurz, der Graphologe kann ein Persönlichkeitsbild zeichnen, das der wahren Persönlichkeit ziemlich nahe kommt, die Erfolgsquote liegt bei etwa achtzig Prozent.

Keine Aussage machen kann der Schriftpsychologe über das Alter, das Geschlecht und den Beruf, über Lebensumstände, Krankheiten und Behinderungen, über Wissensstand und Erfahrung des Probanden, über seine Sympathien und vor allem keine über seine Zukunft. Es gibt im menschlichen Leben so viele Imponderabilien, die auch der erfahrene Psychologe nicht vorausbedenken und einbeziehen kann. So sollte auch ein guter Graphologe in Ehrfurcht vor dem letzten Rätsel Mensch stehen und lediglich das zu Papier bringen, was er in voller Verantwortung und mit Gewißheit (nachweisbar) sagen kann.

Als Graphologe hört man nicht selten den Einwand, man könne seine Schrift doch willkürlich verstellen. Was bedeutet solche Verstellung nun für die Gültigkeit einer Schriftanalyse? Grundsätzlich ist nicht alles an der Schrift willkürlich veränderbar, vor allem nicht auf Dauer. Außerdem läßt sich eine bewußte Verstellung an unauffälligen Merkmalen auch als solche erkennen. Im allgemeinen ist der Mensch darüber hinaus so vielen Einflüssen und Entwicklungen unterworfen, daß er in verschiedenen Lebensphasen auch unterschiedlich schreibt. Weil er aber in seiner Grundstruktur von Kind an sich gleich bleibt, findet man in den Schriftbildern aller Lebensabschnitte eines Individuums die gleiche oder ähnliche seelische Struktur wieder.

Etwas anders verhält es sich nun mit bewußten Nachahmungen und Fälschungen, die zu ganz bestimmten Zwecken angefertigt worden sind. Für solche Fälle ist nicht mehr der Graphologe, sondern der Schriftexperte zuständig. Zwar ist die Arbeit des Schriftexperten mit jener des Graphologen verwandt, immerhin arbeitet er am gleichen Material, er bedient sich jedoch ganz anderer Mittel und hat vor allem eine völlig andere Zielsetzung. Graphologische Kenntnisse können für den Schriftexperten zwar nützlich sein, aber seine Beweisführung basiert auf anderen wissenschaftlichen Methoden.

Der Graphologe erstellt überwiegend Charaktergutachten. Ein Bedarf an solchen Gutachten besteht bei der Auswahl eines Bewerbers um eine verantwortungsvolle Position oder Stellung in Industrie und Handel. Etwa zehn Prozent der Firmen aus diesen Bereichen bedienen sich dieser brauchbaren, einfachen und ziemlich zuverlässigen Methode. Abgelehnt wird die Graphologie im allgemeinen nur von solchen Menschen, die mit ihrer Methodik und ihren Möglichkeiten nicht vertraut sind.

Es gibt auch Schriftpsychologen, die als Berater in anderen Tätigkeitsbereichen arbeiten, so beispielsweise im Personalwesen, in der Eheberatung, als Anlauf- und Auskunftsstelle für verschiedene Lebensberatungsstellen, als Briefkastenonkel oder vereinzelt auch im schulpsychologischen Bereich.

Sie alle haben eines gemeinsam, nämlich das Bemühen um den Menschen und seine persönliche Problematik, die entweder therapeutisch oder pädagogisch gemildert werden kann. Für den fremden Auftraggeber enthält das graphologische Gutachten neben wertvollen Aussagen über die Persönlichkeit des Probanden oft auch wichtige Erkenntnisse über dessen spezielle Fähigkeiten.

Alle Graphologie will Dienst am Menschen sein, egal unter welcher besonderen Fragestellung sie betrieben wird. Daß seine Arbeit dem Mitmenschen zum Segen gereiche, ist dem Graphologen als Hauptaufgabe gestellt, dessen muß sich jeder, der auf diesem Gebiet tätig ist, jederzeit bewußt sein.

II. Der Aufbau der Persönlichkeit

In seiner Beurteilung und Deutung einer Handschrift gelangt der Schriftpsychologe notwendigerweise zu einer Aussage über die Persönlichkeit und den Charakter eines Menschen. Handelte es sich bei einem Menschen nicht um ein ungeheuer vielschichtiges Wesen, so wäre eine solche Aussage eine einfache Sache. Aus Erfahrung wissen wir aber, daß kein Mensch dem andern gleicht. Erbgut, Lebensumstände, Konflikte, Vorbilder, Erziehung, die Umwelt mit ihren Anpassungsforderungen und nicht zuletzt der Mensch selbst in seinem Selbstverwirklichungsstreben prägen die einzigartige individuelle Persönlichkeit.

Die philosophische Tradition des Abendlandes bedient sich daher, um diese ungeheure Vielfalt in den Griff zu bekommen, von alters her des Prinzips der vertikalen Unterteilung der personalen Einheit. Ob wir mit dem aristotelischen Bild vom Kosmos beginnen, wo zuunterst die gestaltlose Materie und zuoberst der Geist steht, oder PLATONS Unterscheidung von Begierde, Wille und Verstand übernehmen, worin er den Fleisch- vom Seelen- und diesen wiederum vom Geistmenschen abgrenzt, geblieben ist bis heute, wenn auch in Abwandlungen, die traditionelle Dreiteilung der Persönlichkeit in *Leib*, *Seele* und *Geist*. Selbst die Tiefenpsychologie mit ihren Kategorien *ES*, *ICH* und *ÜBER-ICH* hängt im Prinzip der gleichen Auffassung an. Auch LUDWIG KLAGES hat dieses Modell akzeptiert. Eines der bekanntesten Bücher zu diesem Thema ist PHILIPP LERSCHS Werk *Aufbau der Person*. An seiner übersichtlichen Gliederung wollen wir uns im folgenden bei unserer Darstellung der Grundfunktionen der menschlichen Persönlichkeit orientieren. Ohne ein klares Bild vom Aufbau der menschlichen Persönlichkeit kommt sicherlich kein Graphologe aus. Hinter jeder seiner Aussagen steht eine Philosophie, die auf empirisch abgesichertem Grund verankert sein sollte. Daher sind die folgenden psychologischen Grundkenntnisse unabdingbare Voraussetzung für jede schriftpsychologische Tätigkeit.

1. Der Lebensgrund

Die Elementarstufe im Aufbau der menschlichen Persönlichkeit bezeichnen wir als den *Lebensgrund*. Diese Funktion ist Basis aller Befindlichkeiten. Sie ist ebensosehr von genetischen wie von äußeren Einflüssen getragen. Hirnstammtätigkeit und Hirnrindenbeschaffenheit, Hypophyse und Hormondrüsen, Nebennierenaktivitäten und Sexualhormone, Blutdruck und Kreislauf, chemische Einflüsse in Sedativen und Rauschmitteln, Alkohol und andere Drogen, dies alles wirkt unmittelbar auf unseren Lebensgrund ein. Solche Einflüsse können uns zu Euphorie oder Apathie, zu Aggression oder Gleichgültigkeit hin tendieren lassen. Ja sogar die Organe des Verdauungssystems beeinflussen duch ihre Säfte mehr oder weniger unsere seelische Befindlichkeit, gleichermaßen die Umstellung der Drüsentätigkeit in der Pubertät oder im Klimakterium. Im rein organischen Leibgeschehen zeigt sich also der Lebensgrund, der auch Auslöser tiefgreifender seelischer Prozesse sein kann. Man darf den *Lebensgrund* jedoch nicht mit der *Vitalität* beziehungsweise der Lebenskraft verwechseln, die wir zur Bewältigung und Auseinandersetzung mit unserer Umwelt benötigen. Sie ist die allgemeine Lebensenergie – auch Biotonus genannt –, also gleichsam der seelische Elan, der das Temperament mitbestimmt und Schaffenskraft und Entschlußfreudigkeit weitgehend beeinflußt. Allerdings ist sie ein wesentlicher Aspekt des Lebensgrunds, der aber weiters noch von Wetter, Klima, Bodenbeschaffenheit und Vegetation einer Landschaft beeinflußt ist. Selbst der Rhythmus der Jahreszeiten strahlt in unser seelisches Befinden hinein.

Gefühle wie Heimweh und Verliebtsein zeigen, wie auch umgekehrt das Seelische in den leiblichen Bereich hineinwirkt. Schmerz, Wut und Angst schlagen uns auf den Magen, das Wasser läuft einem beim Anblick gewisser Köstlichkeiten im Mund zusammen, die Galle geht einem vor Ärger über, sogar ein Magengeschwür kann durchaus ein Symptom seelisch ungelöster Konfliktsituationen sein, nämlich dann, wenn zwischen dem Wunsch, geliebt zu werden, und der Forderung nach ehrgeiziger Leistung, die das bewußte Ich sich selbst abverlangt, eine schier unüberbrückbare Kluft entstanden ist.

Das genaue Verhältnis zwischen äußerer und innerer Wirkung beziehungsweise innerer Ursache und äußerer Wirkung kann hier außer Betracht bleiben, fest steht, daß sich Körper und Seele *nicht* trennen lassen, sondern beide eine sich durchdringende Ganzheit bilden, sich gegenseitig bedingen und dadurch ergänzen. Der Anstoß zu einem bestimmten Verhalten mag schwerpunktmäßig einmal im Körper liegen oder ein andermal auch im Seelischen, an der Tatsache der integrierten Ganzheit von Körper und Seele ändert sich dadurch nichts. In der Somatopsyche (= Leibseele) sind nach P. LERSCHS Auffassung die Triebe und Begierden lokalisiert, während Gefühle und Strebungen in der Thymopsyche (= Willenseele) fundiert sind, die wiederum von der Noopsyche (= Gemütseele) als Regulativ überlagert ist. Trotz der klaren begrifflichen Trennung ist ein gegenseitiges Durchdringen aller drei Vermögen unabweisliche Voraussetzung der tatsächlichen Leib-Seele-Einheit und -Ganzheit.

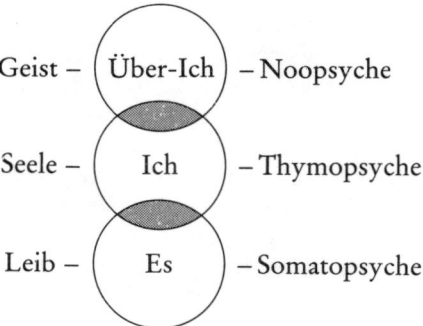

Man kann zwar von einer *Tiefen-* beziehungsweise *Vitalperson* sprechen und sie abgrenzen gegen eine *Kortikalperson* (das heißt gegen die »höheren« Bewußtseinsfunktionen), aber eine solche Abgrenzung dient eigentlich nur der Hervorhebung unterschiedlicher Aspekte eines Kontinuums. Vorstellen, Denken und Handeln gehören ebenso zum Menschen wie das vegetative Funktionssystem. Welche Gewichtung man den einzelnen Funktionen beimißt, ist schließlich Sache der Weltanschauung. Der Unterleib mit Verdauungsapparat und Geschlechtsorganen, die Brust mit Herz und Lunge, der Kopf als Sitz des Willens und des Verstandes dienen nur als Symbole zur Veranschaulichung des Aufbaus einer seelischen Ganzheit, die nicht aus quasigeologischen Schichten besteht, sondern nur als ein unaufhebbarer Zusammenhang funktioniert. Gerät in diesem Ganzen nur ein geringer Teil aus dem normalen Gleichgewicht, reagiert der Körper ebenso wie die Psyche sofort sehr empfindlich. Gerade diese Tatsache kann als Beweis dafür gelten, daß alle drei Bereiche menschlichen Seins eigentlich gleichgewichtig sind.

Wir selbst erleben einen Teil unseres Lebensgrundes als Zustand der Vitalperson, vor allem bei den erwähnten Störungen, aber die Kortikalperson ist sich dessen kaum bewußt, und auch unsere genetischen Bedingungen geraten nur selten in unser Blickfeld und in unser Bewußtsein. Da jedoch das Erbe der gesamten menschlichen Gattung, der Blutstrom, der Familie, Volk, Rasse und schließlich das ganze Menschengeschlecht durchzieht, in uns wirkt, sind wir sozusagen in jedem Gen vorprogrammiert; aus weiter Vergangenheit sind wir nur ein Glied in dieser Lebenskette, das in diesem genetischen Strom fortzeugend in die Zukunft hinüberreicht.

Mögen wir auch als Individuen in diesem Leben mehr oder weniger durch andere Einflüsse mitgeprägt und gestaltet sein, immer ist es das organische Leben, der Lebensgrund, die Elementarstufe, die als Träger der nächsthöheren Stufe, des endothymen Grundes (= des Gemütslebens), unser Dasein vielleicht entscheidender mitbestimmt, als wir selbst es ahnen. Die moderne Überbetonung des Intellekts könnte leicht zu der Annahme verführen, auch eine Persönlichkeit sei machbar. Die Erfahrungen der Menschheitsgeschichte sprechen freilich eine andere Sprache, denn der unwandelbare Lebensgrund ist dem Menschen häufig mehr eine Last als eine Lust, immer aber auch eine Aufgabe, die er mit Hilfe seines seelisch-geistigen Potentials zu bewältigen sucht.

2. Der endothyme Grund

Der *endothyme Grund* ist der Ursprung von Erlebnissen, Stimmungen und Gefühlen, Affekten und Gemütsbewegungen, Trieben und Strebungen. All diese Dinge können wir zwar bis zu einem gewissen Grad unterdrücken, aber hervorrufen können wir sie nicht, das heißt, es geschieht beim Auftreten solcher Regungen etwas mit uns, wir werden innerlich bewegt.

Der *endothyme Grund* ist, auf dem Lebensgrund ruhend, für das bewußte Ich nicht mehr überschaubar oder gänzlich kontrollierbar. Endothyme Erlebnisse gehören der tiefsten und innersten Sphäre unseres Gefühlslebens an. Der endothyme Grund hat drei Erscheinungsformen:

Die Antriebe

Der wichtigste Aspekt des endothymen Grundes sind jene Strebungen, durch die das seelische Leben eigentlich erst in Gang gebracht wird. Wir erleben solche Antriebe (Triebe) als einen Zustand des Mangels und der Bedürftigkeit, und zwar sowohl bei Hunger und Durst als auch wenn Geltungs- und Machtwille betroffen sind. Solange dergleichen Bedürfnisse noch nicht erfüllt sind, drängt es uns in eine Zielrichtung, die uns *den* Weg beschreiten läßt, der die Befriedigung unseres jeweiligen Bedürfnisses am ehesten zu garantieren scheint. Darin liegt der dynamische Charakter allen Seelenlebens begründet. Alle derartigen Antriebserlebnisse sind innere Akte, in denen – menschliches – Leben sich zu verwirklichen sucht.

Der wichtigste Drang ist der zum Leben selbst. An zweiter Stelle kommt das Streben nach Genuß, der Drang zur Lustbefriedigung. Das ist die Ebene der Libido, des Geschlechtstriebs, den SIGMUND FREUD sogar als »den Lebenstrieb« schlechthin bezeichnet hat.

Eine nicht unbedeutende Rolle im menschlichen Leben spielt der Erlebnisdrang, der sich nur in der Begegnung mit der Außenwelt erfüllen kann. Der Mensch möchte sich aber auch als Individuum selbst verwirklichen; aus diesem Drang entspringen: Selbstbehauptungstrieb, Egoismus, Wille zur Macht und das Geltungsbedürfnis genauso wie das Selbstwertstreben.

Alle diese Triebe und Strebungen sind teils angeboren, teils werden sie durch die Umwelt beeinflußt, teils durch Zufallseinflüsse stimuliert. Sie werden auf verschiedene Art und Weise und zu verschiedenen Zeiten in jedem von uns wirksam. Das konkrete Verhalten eines Menschen ist daher nicht von *einer* Triebfeder abhängig, sondern von einem ganzen Bündel verschiedengewichtiger Strebungen, deren Mit- und Ineinander, den verschiedenen Stimmen eines Orchesters vergleichbar, erst das »Klangbild« des menschlichen Antriebslebens ausmachen, das seinerseits wiederum entweder harmonisch oder in verschiedener Weise gestört sein kann. In einem solchen Konzert gibt es auch immer Mißklänge, das heißt seelische Konflikte und Neurosen, die auf eine Lösung drängen und damit zahlreiche Kräfte binden, die, an anderer Stelle eingesetzt, wahrscheinlich erfolgreicher gewirkt hätten.

Unproblematisch lebt nur jener Mensch, dessen Strebungen, egal welcher Richtung, ohne Behinderung Verwirklichung finden. Aber wehe dem, bei dem die geheimsten Wünsche auf der Strecke bleiben. Da kommt es naturnotwendig zu Frustrationen und ihren Folgeerscheinungen: Ersatzbefriedigung und Kompensation treten an die Stelle der eigentlichen Wunscherfüllung und bieten dennoch keine Befriedigung. Es hängt wohl von der genetisch und umweltbedingten Charakterstruktur eines Menschen ab, ob sein Leben in dieser Hinsicht erfolgreich verläuft oder nicht.

Das Verhältnis von Wollen und Können bestimmt den Grad der Harmonie oder Dissonanz im Triebleben eines Menschen. Je mächtiger die Energie eines Antriebs ist, um so mehr sucht diese Strebung die Führung im menschlichen Leben zu übernehmen; je geringer der Energieschub, desto belangloser wird der entsprechende Antrieb für die gesamte Lebensgestaltung.

Antriebsstärke und Nachhaltigkeit bestimmter Triebregungen sind von Individuum zu Individuum unterschiedlich stark ausgeprägt. Wirkungsweise und Bedeutung solch elementarer Aspekte des menschlichen Seelenlebens richtig einzuschätzen, ist für den Schriftpsychologen von entscheidender Wichtigkeit, weil er nur so in der Lage ist, ein zutreffendes Urteil über den Charakter und die Fähigkeiten des Probanden abzugeben.

Die Gefühlsregungen

Alle dem endothymen Grund entspringenden Triebe und Strebungen sind umkleidet von Gefühlsregungen, und diese wiederum sind qualitativ wie quantitativ von den Trieben und Strebungen getönt, eine Einheit, die sich schlechthin nicht trennen läßt. Die Unterscheidung von Trieb und begleitendem Gefühl ist eine rein sprachliche. Je mehr Tiefe ein Gefühl hat, um so intensiver drückt sich darin die Frustration oder die Befriedigung eines Triebwunsches aus. Flache Gefühlsregungen zeugen von einem schwachen Antrieb und verschwinden daher schnell. Affekte sind solche Gefühlsregungen, welche die Kontrollinstanzen des Bewußtseins wegschwemmen, so daß das betroffene Individuum beispielsweise blind vor Wut agiert.

Je tiefer ein Gefühl ist, desto größere existentielle Bedeutung

kommt ihm natürlich zu. In den tiefsten Schichten seines Seins ist der
Mensch immer wieder vor die Entscheidung gestellt, diesen oder
jenen Weg einzuschlagen. Wenn er dabei seinem *wirklichen* Gefühl
genügend Aufmerksamkeit schenkt, so wird es ihm so gut wie immer
den rechten Weg weisen.

Die Gestimmtheiten

Mit den Gefühlen gehen gleichzeitig länger anhaltende Gestimmtheiten des endothymen Grundes einher. So ist zum Beispiel das Trauern
eine aktive Gefühlregung, Traurigkeit hingegen eine Gestimmtheit,
ein Zustand, der als Hintergrund das ganze Wesen durchtönt. Einen
solchen Zustand bezeichnet man im Sprachgebrauch auch als Zumu-
tesein.

Einige solche Gestimmtheiten sind: Zuversichtlichkeit, Frische,
Unwohlsein, das Gefühl von Schwäche oder Stärke, Verspannt- oder
Gelöstheit, Ruhe oder Unruhe. Diese Grundschicht des Erlebens hat
der Mensch noch weitgehend mit dem Tier gemein, aber darauf baut
sich dann bei ihm höheres seelisches und geistiges Leben auf. Diese
»Leibgebundenheit« der Seele – jene Ebene der psycho-physischen
Einheit Mensch, welche die Medizin als Tiefenperson bezeichnet – ist
auch die Basis aller sogenannten psychosomatischen Reaktionen, die
ihrerseits wiederum charakterologische Implikationen haben. ERNST
KRETSCHMER hat das in seinen Arbeiten über die Gestalttypen
nachgewiesen. Ob ein Mensch sich habituell wohl fühlt, müde oder
frisch ist, von körperlichem Behagen getragen oder von Unbehagen
gestört wird, ist für ihn durchaus nicht unbedeutend. Die körperliche
und die seelische Gesundheit bedingen sich nun einmal wechselseitig,
eine Erkenntnis, die sich in der modernen Medizin immer stärker
durchzusetzen beginnt.

3. Die Auseinandersetzung mit der Außenwelt

Haben wir im vorhergehenden Wesen und Funktion des endothymen
Grundes zu verstehen gesucht und dabei auch körperlich-seelische
Strebungen und Zustände und die sie begleitenden Gefühlsströmun-
gen einer näheren Betrachtung unterzogen, so wenden wir uns jetzt
dem Erleben der Außenwelt zu, das ein durch die seelische Verfassung des erlebenden Subjekts so oder so gefärbter physiologischer

Akt ist, der aber seinerseits auch wiederum auf die seelische Verfassung des Subjekts zurückwirkt. Nicht umsonst vergleichen wir unsere Sinne häufig mit auf die Außenwelt gerichteten »Antennen«.

Die Wahrnehmung

Die niederen Sinne: Haut, Geschmacks- und Geruchssinn, senden uns einerseits die Signale der Lebenszuträglichkeit, sind aber zugleich auch Organe des Genusses und können von daher auch ausschließlich Lustgewinn vermitteln. Sie üben jedoch auch einen nicht zu unterschätzenden Einfluß auf unser Sozialverhalten aus, indem sie instinktmäßig Sympathie beziehungsweise Antipathie auslösen, je nachdem ob wir einen anderen Menschen gut leiden oder nicht »riechen« können.

Hören und Sehen sind wegen ihrer größeren Vielseitigkeit und Reichweite höhere Sinnesfunktionen. Sie verschaffen uns unter anderem einen Zugang zur Welt des Geistigen und der Kunst und ermöglichen uns eine intensive Kommunikation mit unserer jeweiligen Umwelt. Das Sehen löst jedoch auch Gefühle aus. Es gibt Form- und Farbseher, letztere sprechen vornehmlich auf Farben an und sind damit stärker Gefühlen und Stimmungen unterworfen, während Formseher die Welt primär im Abstand der objektiven Gegenständlichkeit auffassen.

Das bis hierher Gesagte impliziert schon, daß unsere Sinne durchaus keine objektiven Übermittler der Außenwelt sind. Man sieht, fühlt und interessiert sich im allgemeinen am meisten für das, was der eigenen Stimmungslage jeweils am ehesten entspricht. So unterscheiden sich beispielsweise Mann und Frau schon in ihrer Sinneswahrnehmung oft recht gründlich. Während der Mann in seinem neugeborenen Sohn stolz den Stammhalter erblickt, sieht die Frau in erster Linie den hilfebedürftigen Säugling. Ist das Auto für den Mann vielfach – wenn auch meist unbewußt – ein Prestigeobjekt, so betrachtet die Frau einen schönen Wagen eher als Schmuckstück, in erster Linie jedoch als zweckbestimmtes Fortbewegungsmittel.

Bestimmte Dinge in unserer Umwelt erhalten auf dem Weg über unsere Sinne aufgrund unserer Vorlieben, Interessen und Wünsche erst ihren »Aufforderungscharakter«; was wir wahrnehmen, richtet sich also zunächst einmal nach unseren Strebungen und Gefühlsregungen; so können zum Beispiel bestimmte Sinneseindrücke bestehende Sexualwünsche noch verstärken, wogegen der Anblick eines

Leidenden bei entsprechender Disposition Hilfegefühle hervorrufen kann. Daher ist je nach Interessenlage und Temperament die Empfänglichkeit verschiedener Menschen für ein und denselben visuellen Reiz höchst unterschiedlich ausgeprägt.

Vorstellungsbilder, Gedächtnis und Phantasie

Unser Gegenstandsbewußtsein beruht nicht nur auf der jeweils konkreten Sinneswahrnehmung, sondern ebensosehr auf Erinnerungsbildern und frei assoziierbaren Vorstellungen. Deshalb ist der Mensch fähig, über das konkret Gegebene hinausgehend, ganze Sinnzusammenhänge zu bilden. Das Gedächtnis hat die Funktion, solche Erinnerungsfelder aufzubewahren. Über seine Arbeitsweise herrscht unter Fachleuten im allgemeinen Einigkeit. Am besten behält man, wofür man sich besonders interessiert und was dem eigenen Arbeitsgebiet angehört. Auch behält das Gedächtnis gute Erfahrungen bereitwilliger als schlechte. Offenbar spielt auch der Assoziationszusammenhang, in welchem dem Gedächtnis bestimmte Informationen zugeflossen sind, für das Erinnerungsvermögen eine wichtige Rolle. Diese Erkenntnis stützt auch die pädagogische These, es sei am besten, Kindern den Lehrstoff lustbetont zu vermitteln.

Neben dem Erinnerungsvermögen gibt es die freie Assoziationstätigkeit, das heißt die Phantasie. Ihr kommt im Aufbau der Persönlichkeit eine eminente Bedeutung zu. Schon die Phantasiespiele der Kinder nehmen ja in ihrer Zielrichtung vorweg, was spätere Selbstentfaltung und Selbstverwirklichung erst wirklich gestalten sollen. Das Kind »spielt« Verhaltensweisen Erwachsener durch, um später in ähnlichen Situationen Herr der Lage zu sein. Schon das spielende Kind gibt Aufschluß darüber, wie sich seine persönliche Entfaltung einstmals gestalten wird.

Die schöpferische Phantasie hat bereits kognitiven Charakter, das heißt, sie ist ein Organ der Erkenntnis; sie erkennt sozusagen im voraus das erst noch zu schaffende Gebilde. Eng verwandt mit der Phantasie ist die Intuition, das plötzliche Klarwerden von Sachverhalten und Zusammenhängen. Phantasietätigkeit und Intuition sind jedoch bereits psychologisch letztlich nicht mehr erklärbar. Alle genialen Erfindungen, die der Menschheit Fortschritt und höheres Sinnerleben gebracht haben, sind aus solch intuitiver, schöpferischproduktiver Phantasie geboren, vor der wir nur mit Staunen stehen, sie jedoch nicht mehr wirklich fassen können.

Die welterschließende Leistung der Phantasie ist gewiß von Mensch zu Mensch verschieden, aber auf jeden Fall an der Gestalt der realen Welt mitbeteiligt. Auf diese Weise manifestiert sich die menschliche Seele, das heißt das Prinzip des Gestaltungswillens, in der Außenwelt. Dieses Potential zu verwirklichen ist die Hauptaufgabe des menschlichen Lebens. Um jedoch den eigenen – eingeborenen – Lebensentwurf zu verstehen und zu realisieren, bedarf es vieler Mühen und Anstrengungen. Die Schriftpsychologie kann zu dieser Selbstfindung einen nicht unerheblichen Beitrag leisten.

Denken, Urteilen und Schließen

Kehren wir nun zu den mehr formalen Aspekten der Weltaneignung zurück. Nachdem die wahrgenommene Wirklichkeit vor das Bewußtsein gebracht ist, ist es Aufgabe des denkenden Erfassens, dem jeweiligen Menschen die Einsicht in das sachlich-gegenständliche So-Sein der Wirklichkeit zu geben. Das denkende Erfassen der »Wirklichkeit« setzt ihn instand, sich in seinem Lebensraum zurechtzufinden. Das geschieht in drei Formen: im *Begriff,* im *Urteil* und im *Schluß.* Je mehr klare Begriffe wir haben, desto fundierter ist unser Wissen. Im Urteil wird etwas endgültig festgestellt und damit unserem Verhalten Rückhalt gegeben. Vergleichen wir verschiedene Urteile miteinander, so kommen wir zu Schlüssen. Schlußfolgerungen, zu denen wir aufgrund eigener Erfahrungen gelangt sind, haben für uns einen wesentlich höheren Wert als noch so viele nützliche Gedanken, die andere für uns gedacht haben.

Denken, Urteilen und Schließen sind jedoch prinzipiell nicht Selbstzweck, ihnen folgt das wirkliche Handeln.

Das Handeln

Eine Handlung ist die Verwirklichung eines Begehrens, egal ob sie dem Spieltrieb oder dem Tätigkeitsdrang, einem Genußverlangen oder der Libido, dem Egoismus oder künstlerischem Gestaltungswillen entspricht, immer wird in ihr ein Wunschverlangen seine Erfüllung suchen.

Alle Handlungen sind aber auch Lebensleistungen und zielen auf Erfolg ab. Dieser Erfolg ist für uns lebensnotwendig, denn ohne ihn schreiten wir nicht mehr voran, stagnieren oder fallen sogar zurück.

Nur in einem erfolgreichen Handeln kann der Mensch sich letztlich selbst verwirklichen. Daher ist auch gezielt angestrebter und geplanter Erfolg eine der besten Therapien, um einem Menschen ein etwa verlorenes Selbstwertgefühl wiederzugeben. Die meisten unserer Handlungen sind freilich Gewohnheitshandlungen, die sich weitgehend automatisiert haben.

Daneben gibt es noch Instinkthandlungen, Trieb- und Affekthandlungen, aber auch Handlungen, die auf moralisch-ethischen Grundsätzen beruhen und willensbestimmt sind, und gerade solche Handlungen sind entscheidend für unsere persönliche Entwicklung. Der Wille gibt in jedem Fall sein »Placet«, oder er legt sein »Veto« ein, setzt sich mit Widerständen auseinander und überwindet sich entweder oder auch nicht. Dabei kommt es darauf an, daß der Wille die Kraft findet, nicht immer dem stärkeren Motiv nachzugeben, sondern auch andere Entscheidungskriterien zu berücksichtigen. Danach bedarf es sozusagen nur noch des berühmten »Willensrucks«, um eine Handlung durchzuführen. Das geschieht, weil es sich auch hier meist um häufige Wiederholungen handelt, in der Regel automatisch, das heißt, die Bewußtseinsschwelle wird oft gar nicht mehr erreicht, und damit ist viel seelische Energie gespart für Aufgaben, die anderweitig willensmäßig angegangen werden müssen.

4. Der personale Oberbau: Geist und Wille

An der Nahtstelle von Sinneswahrnehmungen, Triebleben und Denken liegt das *ICH*, das Denken und Wollen und Triebwünsche miteinander koordiniert. Der Mensch hat gerade darin seine Verantwortlichkeit, seine Würde und Freiheit, daß er den endothymen Verlockungen deutlich zustimmend oder ablehnend gegenübertreten kann. Wer wie ein Kind nur aus endothymen Regungen heraus lebt, ist noch keine entwickelte Persönlichkeit; erst wo das Gemüt und das Gewissen zu Kernstücken der Persönlichkeit werden, wo Denken und Wollen regulativ in das »naturhafte« Geschehen eingreifen, da verwirklicht sich auch das personale Selbst, nimmt eine Persönlichkeit Form an.

Auf dem Weg zu solcher Selbstverwirklichung sind wohl die meisten Menschen, aber dieser Weg ist so steinig und schwierig, daß nur wenige den vollen Aufstieg schaffen und das Leben der großen

Masse daher ein mehr oder weniger fruchtloses Mühen bleibt. Die volle Selbstentfaltung setzt das Bestehen eines integrativen Gleichgewichts zwischen unseren diversen Strebungen und den Forderungen des Über-Ich voraus, das auszubalancieren unsere ständige Anstrengung erfordert.

Das individuelle Gepräge eines Menschen wird durch die Art seines Denkens und durch seine Willensbetätigung wesentlich mitbestimmt. Abstraktionsvermögen, realitätsgerechtes Denken, Phantasie, Urteilsfähigkeit, Gedächtnis, all das sind geistige Faktoren, die neben Konzentrationsfähigkeit und logischem Denk- und Kombinationsvermögen Grundvoraussetzung eines erfüllten und in sich abgerundeten Lebens sind. Ist der Willenseinsatz jedoch gering, so wird auch das Denken der Bequemlichkeit anheimfallen. Stärkerer Willenseinsatz fördert entsprechend die geistige Regsamkeit. Allerdings sagt reine Intelligenz nur etwas darüber aus, was ein Individuum zu leisten imstande ist, wie und ob dieses Vermögen jedoch erfolgreich eingesetzt wird, hängt von Willenskraft, Entschlußfähigkeit und schließlich Durchhaltevermögen ab.

Im Vorfeld einer Willensentscheidung konkurrieren immer verschieden starke Motive miteinander, die zu einem Entschluß drängen, der allerdings meistens schon durch die Situation vorgegeben ist. Wer jedoch immer das eine tun, das andere aber nicht lassen will, kommt im Leben nie zurecht. Wer kein Risiko eingeht, keine Verantwortung übernehmen will, anderen zuschiebt, was er selbst entscheiden sollte, der leidet an einem zu schwachen Selbstwertgefühl, manchmal auch nur an eingebildeten Minderwertigkeitskomplexen, die natürlich dann jeden Entschluß lähmen. Solche Menschen bleiben häufig auf der Strecke, während die Entschlußfreudigen in ihrer lebensbejahenden Einstellung in dieser Hinsicht klar im Vorteil sind.

Das Volumen an Willensenergie hat ähnlich wie das Potential an Vitalkraft einen vorgegebenen Umfang, der sich nicht beliebig vergrößern läßt; allerdings kann man den Willen durch gezieltes Training und systematische Übung schulen und festigen. Dadurch wächst aber nicht etwa die psycho-physische Gesamtenergie, nein, der Wille kräftigt sich höchstens an den Widerständen, und in der bewußten Zielsetzung übernimmt er durch ständige Übung leichter organisierende Funktionen. Es gilt nicht umsonst als Zeichen der Reife, wenn wir über unseren Willen verfügen.

Gewinnt der noetische Überbau im Verhalten eines Menschen das
Übergewicht, so sprechen wir von »Kopflastigkeit«; jedenfalls ist das
harmonische Verhältnis, in dem Leib, Seele und Geist stehen sollten,
in einem solchen Fall gestört, da nur die Verstandesseite der Persönlichkeit entwickelt ist. Reiner Intellektualismus ist keine gesunde
Form menschlichen Daseins.

Sind einem Menschen nicht Herz und Verstand Maßstab aller
Dinge, sondern der reine, uneingeschränkte Wille, der sich alle
übrigen Impulse und Regungen gnadenlos unterwirft, so führt das
zwar äußerlich meistens zum Erfolg, innerlich jedoch verarmt ein
solcher Mensch und wird einsam und verhärtet sich, weil ihm die
Verbindung zum endothymen Grund abhanden gekommen ist.

Der goldene Mittelweg, wie er uns in subkortikalen Schriften
häufig begegnet, der zwischen den Weiten des Geistes und des
Gemüts den harmonischen Ausgleich findet, ist ein zwar erstrebens-
wertes Ideal, muß aber von den meisten Menschen in einem lebens-
langen Entwicklungsprozeß hart erkämpft werden. Erst wenn Ruhe
und Ausgeglichenheit des Alters die Wogen ohnehin geglättet haben,
wird dieses Mühen manchmal belohnt. Dem Schriftpsychologen ist
die Aufgabe gestellt, seinen Mitmenschen auf diesem Weg Helfer und
Wegweiser zu sein.

5. Formen der Dissoziation

Es kann vorkommen, daß seelischer Grund und Oberbau, die
natürlicherweise zur Funktionsganzheit integriert sein sollten, sich
voneinander lösen und isolieren. Wir sprechen dann von einer
Spaltung (Dissoziation) der seelischen Schichten. Ursache solcher
Dissoziationen sind:

Die Verdrängung
Eine Verdrängung liegt immer dann vor, wenn bestimmte Regungen
des endothymen Grundes nicht zur Kenntnis genommen werden,
ihre Dynamik aber zu stark ist, um sich ersticken zu lassen. Die
Verdrängung ist dann mehr oder weniger ein feiges Ausweichen, man
drückt sich um eine klare Stellungnahme herum, um die Unlust eines
inneren Konflikts zu vermeiden. Die gefährliche Regung wird daher
aus dem Bewußtsein verdrängt und so scheinbar unschädlich ge-

macht. Das führt aber nur dazu, daß das Verdrängte unterschwellig weiter gärt – der Konflikt behält ja seine energetische Ladung – und die verteufelte Angewohnheit annimmt, gerade immer dann wieder an die Oberfläche zu drängen, wenn es gar nicht in unser Konzept paßt, wie beispielsweise sexuelle Vorstellungen bei religiöser Meditation.

Gegenstand der Verdrängung sind häufig: hemmungsloser Egoismus, Gefühle der Schuld oder Minderwertigkeit, Aggressionen und sexuelle Bedürfnisse, die wir uns im Augenblick nicht erlauben dürfen. Beim Wiederauftauchen solcher verdrängten Gefühle kommt es meistens zu nervöser Unruhe, Unsicherheit und Gehemmtheit, Mißbehagen und Angst, seelischer Verkrampfung oder störender Spannung. Wir bezeichnen solche Erscheinungen, wenn sie bedrohlichen Charakter annehmen, auch als Psychoneurose.

Selbstverständlich hat die Natur Mittel und Wege entwickelt, um die durch die Verdrängung bewirkte Dissoziation der Persönlichkeit – wenigstens zeitweise – wieder aufzuheben. Eine solche Möglichkeit ist der Traum; er ist die Nahtstelle, an der die dissoziierten Schichten der Psyche wieder miteinander in Dialog treten können, wenn das Bewußtsein des Träumenden sich vom Traum sagen läßt, was es am Tag zuvor überhört hat.

Eine positive Art der Verdrängung ist die Sublimierung, bei der die Triebwünsche in geistige, künstlerische, sportliche und andere Leistungen umgesetzt werden. Die einfache Verdrängung bleibt jedoch immer ein erfolgloser Abwehrversuch, der keine Ruhe gibt.

Eine andere Form des Ausweichens liegt vor, wenn die Verdrängung nur unvollständig vollzogen wird und die eigene Unzulänglichkeit und die eigenen Wünsche sich im Mitmenschen in Form positiver (Idealisierung) oder negativer Zuschreibungen widerspiegeln. Subjektive Erlebnisinhalte oder Vorgänge werden dann in ein anderes Objekt verlegt. Diesen Vorgang nennt die Psychologie *Projektion*. Wo die Projektion vorherrscht, überschwemmt sie unsere Wahrnehmung und unser Denken, schließlich unser ganzes Weltbild, weil sie alles Geschehen entsprechend der jeweiligen seelischen Befindlichkeit des betreffenden Subjekts interpretiert.

Wenn wir Menschen begegnen, die durch ihr Aussehen oder Verhalten bestimmte Assoziationen in uns auslösen, so schließen wir nicht selten irrtümlich, daß sie auch charakterlich mit unserem »inneren« Bild von ihnen übereinstimmen. Solche Automatismen oder Fixierungen führen beispielsweise in der Partnerwahl dazu, daß manche Menschen immer wieder auf denselben Typus anspringen. Auf Projektionen oder Idealisierungen beruhende Einschätzungen anderer sind daher meistens falsch. Handschriften, die bewußt dahingehend stilisiert sind, dem Leser ein gewisses – positives – Bild vom Schreibenden zu vermitteln, sollte man daher mit Vorsicht begegnen.

Die Unechtheit

Während die einseitige Orientierung und die Gespaltenheit der Persönlichkeit auch im Alltagsleben leicht zu erkennen sind, ist die *Unechtheit* eine dissoziative Form, die auf den ersten Blick als solche nicht ins Auge springt. Ein unechter Mensch richtet eine äußere Fassade auf, und zwar als bewußte Verdeckung seiner wahren, inneren Vorgänge, seiner Gefühle und Gesinnungen. Eine solche Fassade nennen wir Maske, die oft nur schwer als solche zu erkennen ist, graphologisch jedoch beispielsweise da sichtbar wird, wo Text und Unterschrift wesentlich voneinander abweichen.

Es gibt diese Unechtheit am häufigsten im Zusammenhang mit den Gefühlen. Das menschliche Seelenleben hat ja nicht nur ein inneres, sondern auch ein äußeres Antlitz. Dieses »Sichdarleben« entspricht im allgemeinen dem *wahren* Sein eines Menschen. Wir nennen dieses Sich-Zeigen *Ausdruck*, es ist das Offenbarwerden der Innerlichkeit. Ist aber ein Gefühl in Wirklichkeit gar nicht vorhanden, das heißt, versucht ein Mensch, eine Innerlichkeit vorzutäuschen, die er eigentlich gar nicht besitzt, dann wird sein Gebaren unecht, übertrieben und maniriert und sein Tun zum »Getue«. Selbstverständlich schlägt sich diese Tendenz auch in der Handschrift nieder.

Im Willensbereich liegt eine solche Unechtheit dann vor, wenn der Mensch zwar möchte, aber nicht mit seiner ganzen Entschlußkraft hinter seinen Vorsätzen steht, nicht eigentlich will; er bildet sich nur ein zu wollen und macht sich damit höchstens selbst etwas vor.

Von einer Unechtheit im Denken spricht man, wenn es nicht von der nötigen Überzeugungskraft getragen wird, wenn die Worte zum bloßen Gerede werden, die Gesinnung nicht auf jener tiefen Verantwortung basiert, die sich für echte Werte entschieden hat, wenn die Weltanschauung einer vereinfachenden und intoleranten Ideologie zum Opfer gefallen ist und dem Individuum nicht mehr einen wirklichen existentiellen Halt bietet.

Es gibt noch eine weitere Form unechten Umgangs mit dem Mitmenschen, die völlig wertneutral zu sein scheint und bei Diplomaten und Geschäftsleuten immer dann zum Vorschein kommt, wenn sie nicht auf direktem, sondern mehr auf strategischem Weg zum Ziel zu gelangen trachten. Dieses Verhalten ist keineswegs berufsgebunden, sondern findet sich auch bei solchen, denen es an Durchsetzungskraft mangelt. Gewiß gibt es bestimmte Situationen, in denen es legitim ist, die eigene Innerlichkeit nicht zu offenbaren, das Prinzip des unechten Umgangs mit anderen Menschen ist jedoch abzulehnen. Daran ändern auch alle Hinweise auf die in Politik (»Staatsräson«) und Geschäftsleben üblichen Praktiken nichts; denn Verstellung ist und bleibt ein unlauteres Mittel zur Durchsetzung der eigenen Interessen.

Unechtheit hat verschiedene Wurzeln. Eine dieser Wurzeln ist die vermeintliche oder tatsächliche Erwartungshaltung anderer Menschen, der wir glauben entsprechen zu müssen. So werden Kinder häufig genug gezwungen, dankbar, freundlich oder »lieb« zu sein, obwohl ihnen gar nicht danach zumute ist; altkluge Antworten sind ein typisches Vorzeichen solch falscher Anpassung. Die falsche Berufswahl ist ebenfalls häufig Ursache für unechtes Verhalten. In einem solchen Fall ist ein Mensch vor Forderungen gestellt, die er seelisch gar nicht erfüllen kann. Viele hochgestellte Persönlichkeiten, Priester, Lehrer sowie Väter und Mütter müssen ihren Anvertrauten eine Rolle vorspielen, hinter der keine echte Überzeugung steht; ihre gesellschaftliche Stellung zwingt sie einfach, zwischen ihrer »Persona« und ihrem »Selbst« einen Unterschied zu machen, das heißt, sich anders zu geben, als ihnen ums Herz ist.

Der Drang zur Verstellung wird häufig um so stärker, je gebildeter ein Mensch ist, er wird mehr oder minder zum Schauspieler. Von einem solchen Menschen sagt man dann zu Recht, daß er in dem aufgeht, was »man« von ihm erwartet; viele versuchen ein Leben lang, eine solche Situation zu meistern, und so mancher bleibt dabei menschlich auf der Strecke, weil alle übrigen seelischen Potentiale verkümmern und die Reifung der Persönlichkeit von vornherein blockiert ist.

Eine weitere Ursache der *Unechtheit* liegt im Geltungsstreben. Manch einer möchte gern eine gesellschaftliche Position einnehmen, der er innerlich nicht gewachsen ist. An die Stelle echten *Ausdrucks* tritt dann die *Darstellung*. Die Motivation zum Handeln erwächst dann nicht aus *innerer* Berufung, sondern ausschließlich aus dem Streben nach *äußerem* Erfolg. Weil dem betreffenden Individuum die eigene innere Leere und Unbedeutendheit jedoch irgendwie bewußt ist, verstärkt es nur wiederum seine Bemühungen, nach außen hin zu glänzen und Macht und Einfluß zu gewinnen.

Kompensation und Adäquation

Abschließend müssen wir im Zusammenhang mit der *Unechtheit* noch die Begriffe der *Angleichung* (Adäquation) und des *Ausgleichs* (Kompensation) klären. Die Kompensation ist auch eine Gegenwehr gegen das Minderwertigkeitsgefühl, aber im Grunde genommen ist jedes »Schauspielern« der Versuch, über einen Mangel hinwegzutäuschen, das heißt, ihn auszugleichen. So kann sich auch ein ansonsten echter Mensch unecht verhalten, wenn er sich in eine Situation gestellt sieht, der er nicht gewachsen ist. Wird dann die *Kompensation* sogar noch weit über das erforderliche Maß hinaus praktiziert, so sprechen wir von *Überkompensation,* einer Erscheinung, die der Schriftpsychologe bei der Ausdeutung sehr genau beachten muß, will er sich nicht in Spekulationen über die Persönlichkeit des Probanden verlieren.

Kompensatorische Bemühungen beim Schreiben sind eigentlich recht häufig anzutreffen, denn der erwachsene Mensch versucht genau wie der ABC-Schütze, bei falscher Schreibweise seine Unzulänglichkeit umgehend wieder »auszuputzen«, das heißt sie auf direktem oder indirektem Wege zu berichtigen oder durch Leistungen auf einem anderen Gebiet wieder aufzuwiegen. Es gibt aber auch die Technik, die eigene Unzulänglichkeit zu überspielen, wie etwa durch betonte Forschheit, Imponiergehabe, Anmaßung, Verachtung, Eigensinn und Rechthaberei. Die schon erwähnte Geltungssucht ist oft das Ergebnis solch eines überkompensierenden Verhaltens.

Neben der situationsbedingten Unechtheit kennen wir noch die habituelle. Menschen, die sich gewohnheitsmäßig verstellen, werden im Sprachgebrauch häufig als »Theaternaturen« bezeichnet. Sie wollen um jeden Preis mehr scheinen, als sie sind.

Ergänzend wäre noch ein Wort zum Begriff der seelischen Substanz zu sagen. Zwar läßt sich nicht genau bestimmen, *was* sie ist, die Erfahrung zeigt jedoch, *daß* sie ist. Wir erleben sie als Fülle und Tiefe des endothymen Grundes. Je echter ein Mensch in seiner Haltung ist, desto mehr ist er auch mit sich selbst eins, und je unechter, desto mehr sind seine Taten »Mache«, wirkt er gekünstelt und unnatürlich.

Alle *echten* Eigenschaften eines Charakters sind ursprünglich unbewußt, während alle bewußten, nachgebesserten und absichtlichen Handlungsweisen und Haltungen sich der *Unechtheit* annähern. Daher sollten wir alle uns bemühen, nach dem Grundsatz zu leben: »Werde, wer du bist!«

6. Das Unbewußte

Die Bezirke unserer Seele reichen weiter und tiefer, als unser Bewußtsein je ausloten könnte. Bleiben uns so elementare Lebensvorgänge wie Blutkreislauf und Nervenfunktionen schon unbewußt, so nötigt uns dennoch die Erfahrung, ein *Unbewußtes* anzunehmen, aus dessen Tiefe frühere Erlebnisse plötzlich in Form gewisser Vorstellungen wieder aufsteigen können. Wo und in welcher Form diese Erlebnisse in der Zwischenzeit aufbewahrt waren, wissen wir nicht. Ähnlich verhält es sich mit unseren genetischen Anlagen, sie sind uns eingegeben und aktivieren sich erst in dem Augenblick, da sie gebraucht werden.

Eine spezielle Form der Bewußtseinsunfähigkeit bestimmter Impulse liegt dann vor, wenn das Individuum »unliebsame« Regungen erst gar nicht ins Bewußtsein aufsteigen läßt, sondern sie verdrängt. Es leistet dann solchen Wünschen Widerstand, die es aufgrund seiner lebensgeschichtlichen Konditionierungen für unzulässig hält. Die unterdrückten Impulse laden sich jedoch mit einer derart starken Energie auf, daß das Bewußtsein all seine Kraft zu ihrer Verdrängung aufwenden muß und der davon betroffene Mensch unter einer ungeheuren inneren Spannung steht. Die verdrängten Regungen entwickeln sich nun zu seelischen Nebenzentren, die in eigener Regie arbeiten, und zwar unter Umgehung des personalen Oberbaus, und damit für den Neurotiker zu einer ständigen Störungsquelle werden. Solche seelischen Abspaltungen oder Nebenzentren verursachen laut SIGMUND FREUD nicht nur Zwangsneurosen und Hysterie, sondern führen auch zu Fehlleistungen beim Sprechen (sich versprechen) und beim Lesen (sich verlesen) und zu einer symptomatischen Vergeßlichkeit.

7. Die Psyche in tiefenpsychologischer Sicht

Im folgenden wollen wir uns mit den drei Hauptschulen der *Tiefenpsychologie* befassen. Es handelt sich dabei um die von SIGMUND FREUD begründete *Psychoanalyse*, die von ALFRED ADLER entwickelte *Individualpsychologie* und um C. G. JUNGS *komplexe Psychologie*.

Als Schriftpsychologe kann man an den bahnbrechenden Erkenntnissen der Tiefenpsychologie nicht achtlos vorübergehen. Erst seit S. FREUD ist der Begriff des Unbewußten grundlegender Bestandteil jeglicher psychologischer Theorie und Praxis. Daher ist es unumgänglich, daß wir uns wenigstens mit den Grundbegriffen der drei tiefenpsychologischen Richtungen vertraut machen.

Sigmund Freud und die Psychoanalyse

SIGMUND FREUD erklärt den Sexus zum Lebenstrieb schlechthin. Fehlgeleitete oder blockierte sexuelle Triebenergien sind daher für einen Menschen die größte Störquelle in seinem Leben. Alles Bewußtsein ruht auf dem Unterbewußtsein, dem auch die eigentlichen Energiequellen (Triebe) des Individuums entspringen. Allen seelischen Störungen liegt laut FREUD ein Triebkonflikt zugrunde. Die Tendenz unserer Triebe entspricht in der Regel nicht den Forderungen der Gesellschaft, daher müssen wir sie bändigen.

Für den Umgang mit den Trieben gibt es vier Möglichkeiten: Man kann erstens den Trieb ausleben und zweitens ihn sublimieren, das heißt, seine Energie so weit umwandeln, daß er nicht mehr als Sexus erkennbar wird. Möglichkeiten einer solchen Umwandlung bieten geistige, künstlerische oder sportliche Aktivitäten. Ein dritter Weg des Umgangs mit Triebforderungen ist die sanfte Verdrängung, die darin besteht, daß man Ersatzbefriedigung sucht. Diese Art der Triebverarbeitung ist jedoch schon neurotisch zu nennen. Die vierte und letzte Weise der Auseinandersetzung mit unseren Triebimpulsen besteht in ihrer radikalen Verdrängung. Folge solcher Verdrängung sind jedoch schwere Neurosen, deren Bewältigung so viel Energie aufzehrt, daß für die eigentliche Lebensbewältigung kaum noch Kraft übrigbleibt.

Die Gratwanderung also, die der Mensch zu vollziehen hat, besteht darin, einen erträglichen Ausgleich zwischen den Forderungen des Triebs und der Gesellschaft (Moral) zu finden. Triebmächte lassen sich nun einmal nicht ungestraft unterdrücken, daher ist jeder einzelne von uns vor die Aufgabe gestellt, die »Forderungen der Natur« mit dem menschlich Vertretbaren auszusöhnen.

SIGMUND FREUD hat auch als erster die grundlegende Bedeutung der Mutter- beziehungsweise Elternliebe für die zukünftige Entwicklung des Kindes erkannt. Das Kind in seiner Angewiesenheit auf den Erwachsenen bedarf der ständigen Versicherung, daß die Mutter oder die Eltern es lieben, sonst verliert es das Gefühl der Lebenssicherheit. Liebesverlust und Liebesentzug sind die großen ersten Leiden des Menschen, und ihr Ausmaß und die Art und Weise ihres Auftretens haben oft schicksalhafte Folgen für sein weiteres Leben.

Wenn die Mutter(liebe) fehlt, ist das Kind gezwungen, seinen ungestillten Bedürfnissen kompensatorisch Befriedigung zu verschaffen. Genau an diesem Punkt liegt der Ursprung der Neurose. Das Schwanken zwischen »Ich soll«, »Ich kann nicht«, »Ich möchte« und »Ich darf nicht« kann zu schwerwiegenden seelischen Konflikten führen, deren Lösung dann mit unangemessenen Mitteln angestrebt wird. Der Neurotiker greift deshalb im allgemeinen auf regressive (= kindliche) Mechanismen der Konfliktverarbeitung zurück, die seinen Konflikt nur verstärken und ihrerseits wiederum neue Angstschübe und Zwangsvorstellungen auslösen und damit der Neurose immer neue Nahrung geben.

Es ist das Verdienst FREUDS, solche bis dahin unbekannte Mechanismen aufgezeigt zu haben. Seine Lehre fand jedoch nicht nur Anerkennung, sondern auch Widerspruch. Die von ihm entwickelte Methode der Psychoanalyse ist zwar auch heute noch weit verbreitet, viele ihrer dogmatischen Feststellungen, besonders hinsichtlich der Rolle der Sexualität, gelten jedoch inzwischen als einseitiger Reflex viktorianischer Lebensverhältnisse.

Alfred Adlers Individualpsychologie

ALFRED ADLER, der lange ein Schüler SIGMUND FREUDS war, ging später in seiner *Individualpsychologie* eigene Wege. Für ihn war nicht mehr der *Sexus* die entscheidende Lebensmacht, sondern das *Machtstreben* oder – negativ ausgedrückt – das in seinem Machtstreben blockierte *Minderwertigkeitsgefühl*. Die meisten Kulturmenschen leiden – allerdings unbewußt – in irgendeiner Hinsicht unter diesem Gefühl und setzen sich kompensatorisch damit auseinander, das heißt, sie versuchen, durch besondere Leistungen auf irgendeinem Gebiet »Unzulänglichkeiten« vergessen zu machen.

Eine andere Weise, Minderwertigkeitsgefühle zu »verarbeiten«, bietet das Ressentiment. Das Individuum sagt sich dann: »Eigentlich bin ich viel mehr als die anderen, die mir im Leben überlegen sind.« Um nun diese »eigentliche« Überlegenheit zu retten, wendet sich ein solcher Mensch praktisch von der Realität ab, er flieht vor der Wirklichkeit und baut sich innerlich ein völlig unrealistisches Selbstbild auf, mit dem er im Leben permanent scheitert, was seine Minderwertigkeitsgefühle und die daraus resultierenden Ressentiments nur wiederum verstärkt. Einen Ausweg aus diesem Teufelskreis bietet nur die Frage: »Was nützt mir meine (seelische) Krankheit? Was versuche ich auf diesem indirekten Weg zu erreichen?« Wer sich diese Frage nicht stellt, verstrickt sich nur immer tiefer in das gerade beschriebene System des Ausbalancierens der eigenen Unzulänglichkeiten durch vermeintliche Absicherungen und Überkompensationen.

Im zweiten Schritt sollte sich der unter Minderwertigkeitsgefühlen Leidende Rechenschaft über Art und Bezugspunkte dieser Empfindungen geben und dann dahin gelangen, seine Schwächen zu akzeptieren, um auf diese Weise sein seelisches Gleichgewicht wiederzufinden. Die Therapie basiert also auf der Annahme, daß objektive Selbsterkenntnis zur Heilung führen werde. Zeigen sich bei dem Behandelten erste Anfangserfolge, so wird er von seiten des Therapeuten ermutigt, damit er Schritt für Schritt lernt, daß er keiner Fassade und keiner Unechtheit mehr bedarf, um auch mit seinen gegebenen Schwächen vor der Umwelt zu bestehen.

Das größte Hindernis für die Entfaltung des Macht- und Geltungsstrebens ist das Leben in der Gemeinschaft. Aber wir müssen, um vor uns selbst zu bestehen, den Kampf mit dem Leben aufnehmen. Überall ist für uns Konkurrenz. So erfährt beispielsweise ein Mann, der in der Liebe abgelehnt oder von einem Nebenbuhler aus dem Feld geschlagen wird, eine empfindliche Verwundung seines Machtstrebens. Wer unterliegt, egal wo, bekommt Minderwertigkeitsgefühle. Wer jedoch aufgrund solcher Erfahrungen dem Lebenskampf ausweicht, sich in Selbstmitleid oder Krankheit flüchtet und alles passiv laufen läßt, dem gleiten die Zügel vollends aus der Hand, und er endet als bedauernswertes Opfer seiner eigenen Lebensuntüchtigkeit.

So konsequent die Individualpsychologie auch aufgebaut ist und so richtig sie auch gewisse Aspekte des menschlichen Verhaltens darstellt, sie geht dennoch von falschen Voraussetzungen aus. Der Begriff des Machttriebs orientiert sich zu sehr an den teilweise recht verschwommenen lebensphilosophischen Vorstellungen der Jahrhundertwende. Man kann nicht als Macht und Geltungsstreben bezeichnen, was die Natur in einem völlig gesunden Existenzdrang hervorbringt. Einen wesentlichen Fortschritt muß man A. ADLER jedoch zugestehen: Während FREUD einem weitgehend mechanistischen Wissenschaftsbegriff anhängt, appelliert ADLER an den freien Willen des Individuums, wobei seine Zielsetzung als pädagogisch durchaus wertvoll anzusehen ist.

Die komplexe Psychologie Carl Gustav Jungs

Der dritte bahnbrechende Tiefenpsychologe ist CARL GUSTAV JUNG mit seiner Lehre vom *kollektiven Unbewußten.* Er versteht darunter den seelischen Niederschlag gewisser Urerfahrungen, die allen Menschen gemeinsam sind und beispielsweise in Kunst, Religion und im Traum in Form von *Archetypen* (= Ursymbole) in Erscheinung treten. Sie haben Geburt und Tod, Reifung und Selbstentfaltung zum Gegenstand. C. G. JUNG hält dieses Unbewußte für den Ursprung alles Schöpferischen, es enthält gleichsam die Lebensgesetze selbst in anschaulicher Form.

Neben dem *kollektiven* gibt es noch ein *persönliches Unbewußtes,* in dem noch nicht oder nicht mehr bewußtseinsfähige Regungen und Impulse »gespeichert« sind. Der Überbewertung der Sexualität bei FREUD setzt JUNG einen allgemeinen Begriff der Lebensenergie entgegen und erschließt der Neurosenlehre damit eine ganze Reihe neuer Aspekte. Er hat auch den Begriff des *Schattens* in der Psychologie eingeführt, womit all jene seelischen Tendenzen bezeichnet sind, die im Bewußtsein des jeweiligen Individuums noch keine Anerkennung gefunden haben. Zum Schatten des Mannes gehört seine unbewußte weibliche Seite, die *Anima,* die umgekehrte Erscheinung bei der Frau bezeichnet C. G. JUNG als *Animus.*

Ziel von JUNGS analytischer Psychologie war es, Brücken zwischen Bewußtsein und Unbewußtem zu bauen, um das Handeln vom Gesichtspunkt des Bewußtseins wie des Unbewußten aus transparent zu machen und damit eine Versöhnung der menschlichen »Tages-« mit seiner »Nachtseite« herbeizuführen. Auf diese Weise hoffte er, die häufig so folgenreiche Gespaltenheit des modernen Menschen, dessen Rechte nicht weiß, was die Linke tut, zu überwin-

den und ihm auf psychologischem Weg jene existentielle Veranke-
rung zurückzugeben, die ihm seit dem Verlust seiner religiösen
Bindung in wachsendem Maße abhanden gekommen ist.

Das Problematische an C. G. JUNG ist seine Begriffsbildung, die
zwischen Tatsachenaussagen und symbolischen Umschreibungen
häufig nicht klar unterscheidet. Es ist jedoch sein Verdienst, SIG-
MUND FREUDS monokausales, mechanistisches Weltbild gesprengt
und viel zur Verbreitung eines organischen und multidimensionalen
Verständnisses seelischer Vorgänge beigetragen zu haben. Die moderne Psychologie verdankt ihm entscheidende Anstöße. Die Psy-
chotherapie insbesondere hat von ihm wertvolle Anregungen erfahren, besonders auf den Gebieten der Traumdeutung, der freien
Assoziation und hinsichtlich der psychologischen Ausdeutung spontan gemachter oder gezeichneter Bilder, wie sie in manchen Testverfahren dem Probanden abverlangt werden. Im übrigen hat C. G.
JUNG sich wesentliche Verdienste um die Kulturgeschichte erworben,
da er sich bei der Erläuterung seines Symbolbegriffs in erheblichem
Maße auf fernöstliches Gedankengut und Anschauungsmaterial ge-
stützt hat.

Alle drei beschriebenen Richtungen der Tiefenpsychologie stimmen
darin überein, daß auch moralische Regungen der Verdrängung
anheimfallen können; Regungen etwa des Gemütes oder des Gewissens. Häufig genug werden jedoch auch Empfindungen des Mitge-
fühls und der echten Liebe, aber ebenfalls elementare religiöse Fragen
verdrängt, deren Unterdrückung in der Folge zu einer Störung des
seelischen Gleichgewichts und damit der ganzen Persönlichkeit
führen kann.

Der tiefste und letzte Zug allen menschlichen Seins liegt jenseits
der Erkenntnisfähigkeit aller empirischen Psychologie. Das meta-
physische Geheimnis der Individualität läßt sich nicht rational
erfassen und zum Gegenstand der Aussage machen. Allein in der
Liebe ist dem Menschen ein Organ verliehen, den anderen in seiner
Einmaligkeit, Unvertauschbarkeit und Unwiederholbarkeit zu sehen. Jeder Psychologe – und dazu gehört auch der Schriftpsychologe
– sollte daher das Unsagbare respektieren. Helfen kann er seinen
Mitmenschen nur, wenn er an den Grenzen seiner Wissenschaft
haltmacht und die Würde und Einmaligkeit des Individuums unange-
tastet läßt.

III. Subjektive und objektive Möglichkeiten und Grenzen der Schriftpsychologie

1. Die Person des Beurteilers

Die Erstellung eines Schriftgutachtens unterliegt zwei Bedingungen. Bei der Analyse der Schriftprobe kann sich der Schriftpsychologe auf seine psychologischen, charakterologischen und graphologischen Kenntnisse stützen, die einen objektiven Befund ermöglichen. Schwieriger hingegen ist die Interpretation dieses Befundes, weil dabei die subjektiven Voraussetzungen des Graphologen erheblich an Gewicht gewinnen. Jeder Diagnostiker neigt infolge seiner individuellen Persönlichkeitsstruktur dazu, gewisse Vorlieben, Vorurteile und Einseitigkeiten, die er selbst kaum bemerkt, in seine Beurteilung einfließen zu lassen. Wenn er sein eigenes Leitbild zu hoch angesetzt hat, so wird er auch von seinen Probanden Unmögliches verlangen und ihnen in aller Regel ein schlechteres »Zeugnis« ausstellen, als es eigentlich angemessen wäre. Es ist außerdem eine alte Erfahrung, daß der Graphologe solche Menschen am besten beurteilen kann, die nicht zu hoch oder zu tief über beziehungsweise unter seinem eigenen Persönlichkeitsniveau stehen, daß er also am ehesten Zugang zu solchen Menschen hat, die ihm ähneln.

Psychologisches Fingerspitzengefühl und ein gutes sprachliches Gestaltungsvermögen sind zwei weitere Begabungen, die der Diagnostiker besitzen sollte, wenn er in seiner Interpretation die wirkliche Persönlichkeit des Probanden möglichst präzise beschreiben will. Das setzt nicht nur ein fundiertes Allgemeinwissen, sondern auch Vielseitigkeit und Beweglichkeit in der Auffassung sowie emotionale Flexibilität voraus. Verantwortungsbewußtsein und Gewissenhaftigkeit sind für einen Schriftpsychologen ebenso unerläßlich wie ausreichende Menschenkenntnis.

Bei der Beurteilung einer Schrift treffen zwei Werthaltungen aufeinander, diejenige des Diagnostikers und die des Diagnostizierten, deren unvoreingenommener Vergleich ein weitgehend objekti-

ves Urteil ermöglicht. Zusätzliche Schwierigkeiten tauchen besonders dann auf, wenn der Auftraggeber als Dritter im Bunde den
Graphologen auf seine eigene Wertskala verpflichten will. Sowohl
der Proband als auch der Schriftpsychologe und der Auftraggeber
sind jeweils Repräsentanten einer bestimmten Mentalität und eines
individuellen Weltbildes. In einer solchen Situation muß der Graphologe versuchen, in pädagogischer Verantwortung zuerst die Motive
des Schrifteigners zu erkennen, weil sich aus ihnen dessen Verhalten
und Charakter am besten erklären lassen. Dabei sollte die eigene
Wertmeinung höchstens als Folie, nicht jedoch als einziger und
letzter Maßstab der Beurteilung dienen.

2. Das Gesetz der Energieerhaltung

Jeder Mensch wird in all seinen Lebensäußerungen von einem
physisch-psychischen Kraftpotential getragen. C. G. JUNG zufolge
gilt im psychologischen genau wie im physischen Raum das Gesetz
der Energieerhaltung. Daher bleibt erstens die Gesamtenergie eines
menschlichen Organismus stets gleich (= Konstanzprinzip), und
wird zweitens jede Energiemenge, die innerhalb des psycho-physischen Organismus zur Erzeugung eines Zustandes aufgewandt und
verbraucht wird, durch ein gleich großes Quantum der gleichen oder
einer anderen Energieform ersetzt (= Äquivalenzprinzip).

Dieser Grundsatz zwingt zu der Annahme, daß das Energiepo-
tential des Individuums, falls es nicht durch Krankheit oder Alter
geschwächt ist, sich zeitlebens gleich bleibt, sich aber keinesfalls
mehren oder mindern läßt. Das heißt, Vitalität und Antriebskräfte
einer Person sind immer gleich stark oder schwach, eine Tatsache, die
wir bei der Erteilung von Ratschlägen in Betracht ziehen müssen.

Und noch eines: Da alle Lebensvorgänge innerhalb eines Organismus, jedoch auch innerhalb größerer Gruppierungen von Lebewesen
aufeinander bezogen sind und sich gegenseitig durchdringen, strebt
auch die menschliche Psyche nach einem Ausgleich zwischen ihren
diversen Strebungen und Tendenzen. Folglich wird ein antriebs-
schwacher Mensch, dessen geistige Fähigkeiten jedoch über dem
Durchschnitt liegen, immer versuchen, mit seiner Stärke auf diesem
Gebiet seine Vitalschwäche auszugleichen; und umgekehrt wird ein
intellektuell weniger gut ausgestatteter Mensch mit seinen vitalen
Möglichkeiten zu imponieren versuchen, damit er Anerkennung

findet und sein Defizit an Bedeutung einbüßt. Solche Mechanismen zielen darauf ab, überall dort, wo der Mensch körperlich und seelisch zur Selbstbehauptung in der Welt und in seinem Leben nicht hinreichend ausgestattet ist, ein sekundäres Sicherungssystem zu installieren. Isoliert dieses System das Individuum von seinen Mitmenschen, so sprechen wir im Sinne der Tiefenpsychologie von einer neurotischen Abwehrhaltung. Da solche Abwehrmechanismen auch immer Einfluß auf den körperlichen Ausdruck nehmen, finden sie in der Handschrift einen entsprechenden Niederschlag.

3. Kompensation und seelisches Gleichgewicht

Die Erfahrung lehrt uns, daß alle Mängel, ob körperlicher oder seelischer Art, vom Menschen auf irgendeine Weise kompensiert werden. Sowie eine Störung auftritt, reagieren Organismus und/oder Psyche umgehend darauf. Daher ist es eine der Hauptaufgaben der Handschriftanalyse, solche »Schwachstellen« zu erkennen und festzustellen, wie und mit welchem Erfolg der betreffende Proband diesen Mangel ausgeglichen hat. Eine derartige Beurteilung sollte jedoch nicht auf Vermutungen und Spekulationen basieren, sondern aus den Merkmalen der Handschrift selbst nachgewiesen werden können. Es ist nur allzu verständlich, daß ein Mensch darum bemüht ist, in jeder Lage sein Gesicht zu wahren, das heißt Schwächen, die nicht offenbar sind, vor anderen weitgehend zu verbergen. Diese Neigung als Unehrlichkeit zu deuten ist ebenso falsch wie das Gegenteil, nämlich die Demonstration von Stärke schon mit Stärke selbst zu verwechseln. Beide Verhaltensweisen sind jedoch gelegentlich zur Erhaltung eines gesunden Selbstwertgefühls notwendig.

4. Die Motivationstheorie

Erfahrungsgemäß hat jeder Mensch Bedürfnisse und ist im allgemeinen darauf aus, diese möglichst umgehend zu befriedigen, seien sie körperlicher, seelischer oder geistiger Natur. Das dient nicht nur dem Spannungsausgleich, sondern vor allem der Aufrechterhaltung des inneren Gleichgewichts. Dieses geschlossene System der Bedürfnisbefriedigung wird jedoch durch eine auf die Welt gerichtete Tendenz ergänzt, deren Ziel nicht unmittelbare Bedürfnisbefriedigung, sondern Selbstverwirklichung und Kommunikation ist. Im Gegensatz zur Psychoanalyse, die den Sexualtrieb zum Motor allen menschlichen Handelns schlechthin erklärt, behauptet die »humanistische« Psychologie einen Vorrang des Strebens nach Selbsterhaltung. Auch dabei versucht der Mensch natürlich, soweit wie möglich sein seelisches Gleichgewicht zu erhalten. »Wenn der Mensch seinem Gewissen folgt, lebt er sinnvoll und entfaltet seine besten Kräfte«, sagt ERICH FROMM. Neurotisch wird man immer nur aus Unsicherheit, aus Angst, die das Resultat mangelnder Liebe und ungünstiger Sozialisationsbedingungen sind.

A. MASLOW und CH. BÜHLER sind die Hauptvertreter der Selbstverwirklichungstheorie. CH. BÜHLER unterscheidet vier nach dem Lebensalter gestaffelte Motivationsgruppen. So strebt das Kleinkind vornehmlich nach »sinnlichem Genuß«, nach Liebe, nach Geborgenheit und Wohlleben, das Schulkind mehr nach selbstbeschränkender Anpassung, wogegen der Jugendliche und der Erwachsene sich einem mehr expansiven Schaffen öffnen, mit zunehmendem Alter tritt dann der Wunsch nach innerer Harmonie und Frieden mit sich selbst in den Vordergrund.

Die Erfüllung seiner Wünsche hängt dabei wesentlich vom körperlichen, seelischen und geistigen Potential eines Menschen ab, aber auch von seinen Wertmaßstäben und seinen materiellen und ideellen Zielen. Gleichermaßen spielt die Identifizierung mit Vorbildern für die Entwicklung eines Individuums eine entscheidende Rolle. Zwar drängen uns die Triebe ständig zur körperlichen und seelischen Bedürfnisbefriedigung, aber unser Drang nach Selbstentfaltung und innerem Wachstum treibt uns an, nicht nur intellektuell, sondern auch in unserem kommunikativen Handeln und existentiell eine Verantwortung zu übernehmen, deren Vorhandensein oder Fehlen auch in der Handschrift Ausdruck findet. Daher kann der Schriftpsychologe eine Antwort darauf geben, ob und in welchem Maße ein Mensch diese Verantwortung übernommen hat, ob er mehr aus materiellen oder ideellen Motiven handelt, ob echter Ehrgeiz ihn beflügelt oder nur Karrieresucht, ob seine Gutmütigkeit ihn zu einem angepaßten und sympathischen Mitarbeiter oder zu einem ausnutzbaren Objekt stempelt, ob Tatkraft für ihn charakteristisch ist oder seelische Schlaffheit, ob er seinem Tun einen existentiellen Sinn zu geben weiß, welche Motivationsstufe er erreicht hat oder ob er sich noch ziel- oder willenlos treiben läßt.

In diesen Entwicklungsprozeß eines Menschen wirkt eine Unzahl von Faktoren hinein, nicht allein Vitalität und Willenskraft, sondern auch Bildung und Erziehung, hirnphysiologische Tendenzen und die konkreten Lebensbedingungen. Dem einen ist die Selbstverwirklichung buchstäblich als Glück in den Schoß gelegt, der andere wird aber tragisch scheitern. Daher sollte man als Diagnostiker unter Berücksichtigung solcher Zusammenhänge nur ein dem Einzelfall angemessenes Urteil fällen.

5. Graphotherapie als Lebenshilfe

Abschließend möchte ich noch kurz auf ein weiteres Anwendungsgebiet der Schriftpsychologie eingehen. Die Sozialpsychologie kennt ein Fundamentalprinzip, das als »ideomotorisches Gesetz« oder auch als CARPENTER-Effekt bezeichnet wird. Es besagt, daß jede Wahrnehmung oder Vorstellung einer Bewegung in uns einen leisen Mitvollzug dieser Bewegung erzeugt. W. HELLPACH hat in seinem Werk *Deutsche Physiognomik* die Gültigkeit dieses Gesetzes auch auf sprachlichem Gebiet überzeugend nachgewiesen. Unter anderem stellt er in seiner Arbeit die folgende These auf: »Vom sozialpsychophysischen CARPENTER-Effekt geht aber auch auf die Dauer, und wieder namentlich bei jüngeren Menschen, eine individualpsychologische Rückwirkung aus. Mit der äußeren Beherrschtheit und Gelassenheit stellt sich auch eine innere Anähnelung an die Seelenverfassung ein, die jenen zugrunde liegt.«

Da das Schreiben mit der Hand ebenfalls ein Bewegungsablauf ist, besteht auch die Möglichkeit, über eine graphotherapeutische Schulung die seelische Entwicklung, insbesondere von Kindern, positiv zu beeinflussen. Der Verfasser selbst hatte Gelegenheit, im Rahmen jahrelanger Versuche mit Schulkindern die Wirksamkeit dieser Therapie zu erproben. In diesem Zusammenhang sei auf das graphotherapeutische Werk *Die gute Handschrift* von F. KONZ sowie auf die eindrucksvollen Arbeiten von MAGDALENA HEERMANN (Bielefeld), die diese Therapie mit medizinischer Unterstützung zu einer echten Lebenshilfe für gestörte Kinder aufgebaut hat, hingewiesen.

Es ist also mit Hilfe der Schreiberziehung auch noch bei Erwachsenen möglich, eine Rückwirkung auf seelische Haltungen, wie beispielsweise die Selbstdisziplin, zu erzielen. Auch der Schönschreibunterricht, der bis 1941 in den Lehrplänen der preußischen Schulverwaltung für das dritte und das vierte Schuljahr noch wöchentlich zwei Stunden umfaßte, hatte eine solche selbstdisziplinierende Wirkung. Es ist kaum verständlich, warum man in der Zwischenzeit so wertvolle Erziehungsmittel über Bord geworfen hat. Das offenkundigste Resultat dieser Entwicklung ist die bei Kindern und Jugendlichen heute so weit verbreitete Verwilderung der Schrift. Wie einfach wäre dem durch bewußtes »Schönschreiben« wieder abzuhelfen.

Man darf freilich keine Wunderdinge von der Graphotherapie erwarten, doch kann sie vor allem psychomotorisch leicht gestörten Kindern zu einer spürbaren Verbesserung ihres Zustandes verhelfen. Auch für die Schreibtherapie gilt der allgemeine Grundsatz, daß man seine Stärken nutzen sollte, um derart ein Gegengewicht gegen die eigenen Schwächen zu schaffen. Wer nach dem Prinzip der kleinen Schritte taktisch klug vorgeht, für den kann eine Graphotherapie – wenn auch nur die Disziplinierung der eigenen Schrift – durchaus einen Beitrag zur Stabilisierung der eigenen Situation leisten.

6. Zusammenfassung

Wir haben in einem kurzen Abriß das weite Feld der Psychologie durchschritten und jene psychologischen Grundbegriffe herausgestellt, die für die Arbeit eines Schriftpsychologen unverzichtbar sind. Natürlich reicht es nicht aus, dieses psychologische Grundwissen wie einen Besitz zu betrachten und sich darauf auszuruhen. Ein guter Schriftpsychologe ist nur, wer sein psychologisches Wissen ständig erweitert und erneuert; denn nur wer selbst in ständigem innerem Wachstum begriffen ist, kann berechtigterweise ein Urteil über die voraussichtliche charakterliche Entwicklung anderer Menschen abgeben. Das in den folgenden Kapiteln ausgebreitete graphologische Basiswissen wird niemanden zum kompetenten Graphologen machen, dazu bedarf es einer längeren Erfahrung. Deshalb sollte der Anfänger – aber auch der fortgeschrittene Schriftpsychologe – seine Analysen sooft wie möglich einer Gegenkontrolle unterziehen, um auf diese Weise die eigenen diagnostischen Stärken und Schwächen realistisch einschätzen zu lernen. Nur so gewinnt der Neuling auf die Dauer die nötige Selbstsicherheit und Selbstbestätigung, ohne die auch der beste Schriftpsychologe nicht auskommt.

IV. Die Schrifterfassung

1. Art und Umfang der Deutungsunterlagen

Graphologische Eignungsgutachten haben in den letzten Jahrzehnten in Industrie und Handel zur besseren Auslese von Stellenbewerbern breite Anwendung gefunden. Nach statistischen Erhebungen aus dem Jahre 1982 machen sich etwa zehn Prozent aller Wirtschaftsunternehmen die Möglichkeiten der Graphologie zunutze. Da die Handschrift eines Bewerbers leicht zu erhalten ist, wird der schriftpsychologischen Analyse häufig der Vorzug vor anderen psychodiagnostischen Testverfahren gegeben. Ein verantwortungsvolles graphologisches Gutachten läßt sich nur erstellen, wenn dem Diagnostiker genügend handschriftliches Material von seiten des Probanden vorliegt.

Vorab ein Grundsatz: Je mehr handschriftliches Material dem Graphologen zur Verfügung steht, desto differenzierter wird auch das von ihm entworfene Charakterbild ausfallen. Darüber hinaus unerläßlich sind Angaben über das Alter, das Geschlecht und den Beruf des Schreibers. Im übrigen sollte der Proband in einer kurzen Anmerkung Auskunft über das von ihm in der Schule erlernte *Ausgangsalphabet* geben. Erwünscht sind auch Angaben über seinen oder ihren Bildungshintergrund und über belastende Lebensumstände. Hilfreich wären auch Informationen über einschneidende Kindheitserlebnisse oder Krankheiten, die zu einer Veränderung des Verhaltens geführt haben (etwa Kinderlähmung), schließlich über schwere Schicksalsschläge, wie zum Beispiel Scheidung der Eltern. Linkshändigkeit ist zwar von sekundärer Bedeutung, darüber informiert zu sein kann jedoch für den Graphologen nützlich sein.

Die Schriftprobe sollte wenigstens zehn fortlaufende Zeilen auf unliniertem Papier (DIN A5 oder besser DIN A4) umfassen und mit Datum und Unterschrift versehen sein. Man darf niemals ein graphologisches Urteil über jemanden fällen, dessen Unterschrift man nicht mit der Textschrift verglichen hat; umgekehrt läßt eine Unterschrift allein nur bruchstückhafte Aussagen zu. Liegen außer der Schriftprobe noch Zeugnisse, Referenzen und ähnliche Beurteilungen – auch mündlicher Art – vor, so sollte der Schriftpsychologe sie nach Abschluß seiner Analyse in seine Interpretation einbeziehen, wenn es zum besseren Verständnis der Persönlichkeit des Probanden beiträgt. Auch psychologische Beobachtungen, wie sie beispielsweise am Schreibstil zu machen sind, dürfen nur als Hinweis auf persönliche Eigenarten des Schreibers betrachtet werden, sind aber nicht als graphologische Erkenntnisse auszuwerten. Da Bewerbungsschreiben meistens in »Sonntagsschrift« abgefaßt sind, ist eine spontane Schriftprobe für die graphologische Ausdeutung geeigneter. Reine Alltagsnotizen, wie sie sich auf Schmierzetteln und in Stundenprotokollen finden, verzerren das Bild zur anderen Seite hin. Aufschluß über das Verhältnis des Probanden zu räumlichen Relationen können von ihm beschriftete Briefumschläge liefern. Generell sind mit einem Füller abgefaßte Schriftproben zuverlässiger zu analysieren als mit Kugelschreiber, Bleistift oder Faserstift geschriebene. Postkarten und vorgedruckte Fragebogen eignen sich nicht zu einer schriftpsychologischen Deutung, weil sie den Schreibenden in seiner räumlichen Entfaltung behindern.

Unentbehrliche Hilfsmittel bei der praktischen Arbeit des Graphologen ist eine acht- bis fünfzehnfach vergrößernde Lupe. Sie ermöglicht ein einwandfreies Erkennen der Strichstruktur. Ein durchsichtiger Winkelmesser und ein Millimetermaß sind zur Lage- und Ausdehnungsmessung unverzichtbar; man halte sich überhaupt zuerst an meßbare, danach erst an die schätzbaren Merkmale des Schriftbildes. Das Auge schult sich nicht bei nur flüchtigem Betrachten des Schriftbildes; wenn man sich genügend Zeit nimmt, entdeckt man im allgemeinen auch noch charakteristische Merkmale, die dem Auge beim ersten Hinsehen entgangen sind. Je intensiver man eine Schrift aus den verschiedensten Blickwinkeln betrachtet – das heißt, indem man das Blatt falsch herum hält oder es im Gegenlicht einer Lampe von hinten anschaut –, desto mehr erschließen sich einem ihre charakteristischen Eigenheiten.

Der Auftraggeber erwartet von einem Graphologen eine ziemlich hohe Treffsicherheit, und die ist nur bei ganz gewissenhafter Prüfung der Schrift möglich. Je umfangreicher die Zahl der Schriftproben, desto sicherer gelangt der Diagnostiker zum richtigen Ergebnis. Das graphologische Sehen will systematisch und mit Ausdauer erlernt sein, daher sei jedem Anfänger in diesem Wissenschaftsbereich dringend empfohlen, Schriftpsychologie nicht in Eigenregie zu betreiben, sondern so lange einen erfahrenen Diagnostiker zu Rate zu ziehen, bis er selbst genügend Sicherheit gefunden hat.

2. Die Schriftnorm als Ausgangsbasis

Jede Schrift ist zunächst einmal Produkt einer bestimmten *Schreibschule,* wovon es, regional und nach Ländern abgegrenzt, verschiedene gibt. Zur Zeit werden in der Bundesrepublik Deutschland und in der Deutschen Demokratischen Republik unterschiedliche Schriftvorlagen verwendet, selbst in Bayern weicht die Norm von den übrigen Bundesländern um ein Geringes ab, ein wenig mehr schon in Österreich und in der Schweiz und erst recht in den anderer europäischen Ländern und in den Vereinigten Staaten. Ein Graphologe, der diese verschiedenen *Grundlagenalphabete* nicht kennt, kann nur bedingt zuverlässige Aussagen machen.

Für Kinderkritzeleien im Vorschulalter gelten noch einheitliche Beurteilungskriterien (siehe dazu G. BESCHEL: *Kritzelschriften).* Auch solche Kritzeleien sind in gewissem Sinne deutbar, aber die persönliche Gestaltung der Handschrift fängt erst da an, wo eine erlernte Norm nach eigenem Willen, eigener Motorik und individuellem Empfinden und Geschmack umgestaltet wird. Das beginnt schon beim Erlernen des ersten Buchstabens. Wenn dreißig ABC-Schützen in einer Schulklasse nach der gleichen Vorlage einen Buchstaben schreiben lernen, ergeben sich schon in diesem Stadium dreißig verschieden gestaltete Formen, das Bild wird um so vielfältiger, je komplizierter etwa ein Großbuchstabe zu schreiben ist.

Die meisten Kinderschriften sind jedoch im Durchschnitt bis etwa zum zehnten Lebensjahr ziemlich normnah und formtreu. Individuelle Unterschiede zeigen sich lediglich im *Druck,* in der *Weite,* in der *Lage,* in *gelockerten* und *versteiften* Formen. Die Eigengestaltung verstärkt sich dann krisenhaft in der Pubertät, sie ist ein guter Gradmesser nicht nur für die Schreibreife, sondern überhaupt für den persönlichen Reifungsgrad (siehe dazu D. GRAMM: *Graphologie der Schülerschrift).* Je weiter der junge Mensch von der erlernten Norm abweicht, um so mehr tritt seine Eigenart hervor, und um so

ausdrucksstärker und damit aussagekräftiger ist seine Schrift. Aber
auch Entwicklungshemmungen lassen sich anhand der *Formtreue*
feststellen.

3. Ausdrucks- und Darstellungsprinzip

Wenn man sich mit den verschiedenen graphologischen Schulen und
Richtungen auseinandersetzt, bleiben schließlich immer drei Haupt-
verfahren übrig, wie man als Graphologe die Bedeutung der einzelnen Schrifttypen aufschlüsseln kann. Das erste dieser Verfahren ist
die sogenannte *Ausdruckskunde*, wie sie Ludwig Klages begründet
hat. Das zweite basiert auf den bewegungs- und hirnphysiologischen
Erkenntnissen Professor R. Pophals, auf die sich H. Pfanne in
seinem *Lehrbuch der Graphologie* stützt. Die dritte Methode
schließlich ist die von Max Pulver entwickelte Deutung der Schrift
in ihrem *Symbolgehalt*.

Das Gute ist, daß man alle diese Wege gleichzeitig beschreiten
kann; keiner schließt den anderen aus, im Gegenteil, sie ergänzen
einander recht sinnvoll. Im fünften Kapitel dieses Buches, das eine
eingehende Erläuterung der Bedeutung der einzelnen Schriftmerkmale enthält, sind die drei Betrachtungsweisen so miteinander kom-
biniert, daß dadurch eine differenzierte Schriftanalyse wesentlich
erleichtert wird. Im Grunde genommen ist natürlich jede graphologische Auswertung ein Problem der Ausdruckskunde. Deshalb wollen
wir uns jetzt zunächst diesem Zusammenhang zuwenden.

Vom *Ausdruck* spricht man, wenn zwischen einer sinnlich wahr-
nehmbaren Erscheinung der körperlichen Außenwelt und einer
Gegebenheit der seelischen Innenwelt ein polarer Zusammenhang
besteht. Lassen Sie mich Ihnen ein Beispiel geben: Ein großer Hund
kommt auf einen Menschen zu, der sich vor ihm fürchtet. Unwillkürlich nimmt dieser Mensch sofort eine Abwehrhaltung ein. Oder:
Ein freundlicher Zeitgenosse grüßt uns. Wir erwidern den Gruß mit
freundlicher Miene und drücken durch unser Verhalten aus, daß wir
seine Geste verstanden und wohlwollend aufgenommen haben. So
zeigt sich in der Regel auf unserem Gesicht, wie uns innerlich zumute
ist. Demnach verraten Gesten, Mimik und Bewegungen, was innerlich in uns vorgeht. Gleichsam als ein Sonderfall fällt die Schrift als
fixierte Geste auch in diese Kategorie, da Schreibbewegungen vom

gleichen Gehirnzentrum aktiviert werden wie auch die übrigen Bewegungen.

Wenn man einmal die Schrift als *Geste* erkannt hat, dann liegt es eigentlich nahe, zum Beispiel die *Girlande* als einladende oder wohlwollende Geste zu deuten, die *Arkade* als Ausdruck einer Schutzhaltung und den *Winkel* als kompromißloses Entweder–Oder.

Zwischen Leib und Seele besteht ja eine ständige Wechselwirkung, die sich vor allem in automatisierten Willkürbewegungen zeigt. Dieser körperliche Ausdruck ist vor allem Wesensausdruck der Persönlichkeit. In seinem zu Papier gebrachten Selbstausdruck offenbart der Schreiber seine seelische Struktur, die jedoch mit dem äußerlich erkennbaren Verhalten *nicht* übereinzustimmen braucht.

Wir unterscheiden daher zwei Spielarten des Ausdrucks, den direkten und den indirekten. Direkt ist der Ausdruck dann, wenn er unmittelbar den Tiefenbereichen der Psyche, dem Vitalbereich oder dem Ich-Bereich entspringt. In der Schriftpsychologie hat sich dafür die Bezeichnung »expressiver« Ausdruck eingebürgert. Wenn die im körperlichen Ausdruck sichtbar werdenden Regungen hingegen zuvor eine Bewußtseinskontrolle passiert haben und der Ausdruck gleichsam stilisiert ist, dann spricht man in Anlehnung an Ludwig Klages von *Darstellung*. Diese Haltung zielt immer auf Erfolg, das heißt, der sich Produzierende will mit seinem Verhalten unmittelbar eine beabsichtigte Wirkung erzielen. So deutet beispielsweise für den Graphologen ein besonders groß geschriebener Anfangsbuchstabe immer auf ein in Aufwallung gesteigertes Selbstwertgefühl hin. Grundsätzlich läßt sich nicht ausschließen, daß *Ausdruck* und *Darstellung* gleichzeitig auftreten können. Entspringt die Bewegung einem unzensierten Gefühlsantrieb, dann handelt es sich wirklich um *Ausdruck*, ist jedoch der »Ausdruck« inszeniert, dann liegt der Geste ein Darstellungswunsch zugrunde.

Auf konkrete Beispiele angewandt, bedeutet das: Entspringt die Größe einer Schrift einem starken Antrieb, was sich unter anderem durch starke Druckbetonung manifestiert, so ist das ein wirklicher *Ausdruck* der Persönlichkeit. Erkennt man in ihr jedoch vornehmlich eine Vorliebe für Größe, was bei gleichzeitiger Druckschwäche häufig der Fall ist, dann ist die Größe der Schrift *Darstellung*. Die *Weite* einer Schrift resultiert entweder aus *Expansionsdrang* = Ausdruck oder aus bloßer *Breitspurigkeit* = Darstellung. Noch prägnanter kann man sagen: Ausdruck finden wir in der Bewegung, Darstellung hingegen bedient sich formaler Elemente und gestaltet allzu bewußt den Raum. RUDOLF HEISS hat den Unterschied folgendermaßen definiert: »Im *Bewegungsbild* finden wir vor allem Anlagen und Eigenschaften des seelischen Ablaufs, im *Raumbild* erscheinen die Eigenschaften der Umweltbezogenheit und Umweltorientierung, im *Formbild* endlich die Eigenschaften der Persönlichkeit im engeren Sinne.«

Beschränkte sich die Schriftdeutung auf die hier dargelegten Aspekte, dann wäre sie im Grunde genommen eine relativ einfache Sache, aber schon LUDWIG KLAGES weist darauf hin, daß jedes einzelne Ausdrucksmerkmal überhaupt und vor allem jedes Schriftmerkmal seiner Natur nach mehrdeutig ist und seine Eindeutigkeit erst im Zusammenhang mit dem Ganzen gewinnt.

Abschließend sei noch gesagt, daß nicht unbedingt alle Menschen ihr bevorzugtes Ausdrucksfeld in der Handschrift haben; das gilt nicht nur für Schreibungeübte, sondern manchmal auch für geistig hochstehende Menschen, deren Ausdrucksschwerpunkt jedoch in anderen Bereichen liegt. In solchen Fällen sind Schriftdeutungen unergiebig, so daß man von einer Aussage überhaupt absehen sollte. Diese Situation tritt jedoch nur recht selten ein.

4. Bildcharakter und Symbolbedeutung

Über die *Symbolik* und ihre Bedeutung für das menschliche Verhalten und in der Sprache haben wir bereits im Eingangskapitel ausführlich gesprochen. Hier geht es uns nun speziell um den Symbolcharakter der Handschrift, der sich erst über die räumliche Anordnung der Schrift und im Zusammenhang erschließt.

Das Blatt Papier ist – in der Regel – der Wirkungsraum des Schreibenden, und nach seinen vorgegebenen Maßen ist dieser Raum begrenzt. Ränder und Abstände nach oben beziehungsweise unten haben ebenso ihre symbolische Bedeutung wie Zeilen- und Wortabstände. Bleiben wir aber zunächst einmal beim Wort selbst. Wir teilen die Buchstaben in Zonen ein, wobei zum Beispiel das *m* nur die Mittelzone einnimmt, das *b* in seinem oberen Teil die Oberzone mit einschließt, und das *g* in seinem unteren Teil die Unterzone, das *f* aber alle drei Zonen umfaßt.

= Oberlänge (OL) obere Zone —— Geist/Über-Ich
= Mittellage (ML) mittlere Zone —— Seele/Ich
= Unterlänge (UL) untere Zone —— Leib/Trieb/Es

Der Oberzone ordnet man das Höhere, Geistige, Ideale, die Phantasie zu. Die Mittelzone, das Zentrum, symbolisiert das Ich, das Personale, das Seelische, wogegen der Unterzone das Leibliche, Materielle, Instinkthafte, Niedrige und Triebhafte zugeschrieben wird.

Die Rechts-links-Symbolik sagt in ihrem Richtungscharakter viel über die Mentalität eines Menschen aus. Der Linkszug 🔄 weist zurück auf den Anfang, das Ich, das Innere, das Vergangene, deutet also auf Introvertiertheit hin, wogegen der Rechtszug ↗ auf die Zukunft und das Kommende verweist und vorwärts gerichtet ist. Er symbolisiert Aktivität, Tätigkeitsdrang und Extrovertiertheit.

Der Zwischenraum zwischen den einzelnen Wörtern beträgt normalerweise eine Buchstabenbreite (m). Ist er größer, so zeigt das eine relativ große Distanz zur Umwelt an, er symbolisiert dann gleichsam den »Inselcharakter« der Existenz des Schreibers. Ist der Abstand jedoch gering, läßt sich daraus auf eine ebenfalls geringe Distanz des Probanden zu seinen Mitmenschen schließen. Den Symbolgehalt von Zeilenabständen und Rändern möge man der Tabelle im fünften Kapitel unter dem Stichwort *Raumbild* entnehmen.

Aber auch die *Linienführung* sagt etwas über den Schreiber aus. Je gerader sie ist, desto mehr möchte der Schreiber das Eindeutige, Stabile, Feste und Klare betonen, wogegen die bogige Linie das Schmiegsame, Gelöste, Emotionale, aber auch Labilität andeutet. Im Abstrich einer Schrift zeigt sich, ob der Proband selbständig ist und was für ihn wesentlich ist, im Aufstrich kommt das Wesentliche zum Ausdruck. Im Abstrich liegt auch der natürliche *Druck*. Wird dieser Druck auf die Basis oder gar in den Aufstrich verlagert, so verkehrt sich damit die gesamte Symbolik. Die symbolische Signifikanz der einzelnen Merkmale sollte man niemals dogmatisch betrachten, sondern immer nur im Zusammenhang mit den anderen Merkmalen.

5. Hirnphysiologische Einflüsse auf das Schriftbild

Beim Schreiben werden Streck- und Beugemuskeln in Bewegung gesetzt. Dazu erhalten sie vom Nervensystem die entsprechenden

Befehle. Die Vermittlung dieser Befehle geschieht auf zwei Wegen, über die *sensorischen,* aufsteigenden und die *motorischen,* absteigenden Bahnen. Die aufsteigenden Bahnen leiten die von der Peripherie des Körpers her eindringenden Reize zur Zentrale, dort werden sie in Bewegungsimpulse umgesetzt und durch die absteigenden Bahnen an das Muskelgewebe weitervermittelt.

Die Steuerungszentren des Schreibens sind *Hirnstamm* (= Subkortex) und *Hirnrinde* (= Kortex). R. POPHAL definiert ihre Funktionen folgendermaßen:

1. Die Hirnrinde ist das Zentrum der spezifisch menschlichen Funktionen, zu denen auch das Schreiben gehört.
2. Wir erlernen das Schreiben willkürlich und sind gehalten, Vorlageformen in wesentlichen Punkten beizubehalten, um uns schriftlich verständlich zu machen.
3. Alle diese Willkürbewegungen, insbesondere die Bewegungsnachbildung gemäß Vorlage, werden von der Hirnrinde gesteuert.
4. Man kann nichts schreiben, was man nicht vorher gedacht hat, und auch für diese Denkprozesse ist die Hirnrinde zuständig.
5. Die Willkürbewegung des Schreibens kann, wie alle Willkürbewegungen, automatisiert werden und geht dann in das vom Hirnstamm gesteuerte motorische System über. Dieser Hirnstamm ist der entwicklungsgeschichtlich ältere Hirnteil. Bei Säuglingen ist er der anfänglich einzig funktionsfähige Gehirnteil.

Der Hirnstamm wiederum enthält zwei Funktionen, die für das Schreiben von besonderer Bedeutung sind: das *Pallidum* und das *Striatum.* Die Bedeutung der beiden Hirnstammteile erkennt man am besten, wenn sie geschädigt sind oder ausfallen, weil sich dann die gesamte Motorik verändert. Es ergeben sich im Endeffekt vier Schreibtypen: pallidär, striär, subkortikal und kortikal.

1. Wir sprechen von einer *Pallidumschrift,* wenn ungezügelte, ungehemmte, ausfahrende und vor allem unkoordinierte Hin- und Herbewegungen das Schriftbild prägen.

Pallidumschrift

2. Das *Striatum* wirkt genau entgegengesetzt, es bremst und hemmt die pallidären Impulse, so daß eine unsichere, gehemmte, versteifte Schrift entsteht, die dazu noch unzulänglich koordiniert ist.

Striatumschrift

3. Die eigentliche Hirnstammwirkung zeigt uns die ausgewogene *subkortikale* Schrift. In ihr sind alle Bewegungen rhythmisch und wie selbstverständlich koordiniert. Solche Schreiber sind in jeder Lage ausgeglichen und haben es in der Bewältigung ihrer Lebensaufgabe leichter als andere.

subkortikale Schrift

4. Die Hirnrinde nun erzeugt Einzelbewegungen, die eine mehr oder minder vom Geist oder vom Willen gesteuerte Koordination aufweisen; sie wirkt daher mehr regelnd als rhythmisch, im Einzelfall bewirkt sie auch ein Überwiegen der formalen und räumlichen Elemente. Typische *Kortexschriften* sind Schul- und Zuchtschriften. Sie neigen zu Manieriertheiten und darstellenden Elementen.

[handschriftlicher Text]

Kortexschrift

Es wäre nun für den Schriftpsychologen ein leichtes, ließen sich alle Schriften in eine der vier Kategorien einordnen, aber es ist leider wie bei allen Typisierungen: die Mischformen überwiegen. Deshalb lassen sich im Einzelfall nur mehr oder minder starke Tendenzen aufzeigen und entsprechend ihrer Gewichtung bewerten:

1. Eine Pallidum-Vorherrschaft spricht entweder für die Vorherrschaft der Antriebe oder aber für unzureichende unwillkürliche Hemmungen.
2. Die Striatum-Vorherrschaft weist entweder auf zu geringe Antriebe oder auf relativ starke unwillkürliche Hemmungen hin.
3. Überwiegender Hirnstammeinfluß spricht für Ausgewogenheit und Einheitlichkeit des psychischen Grundes.
4. Eine Hirnrinden-Vorherrschaft (Kortikalschrift) deutet auf geistige und willentliche Einflüsse verschiedenster Art hin, zugleich jedoch auch auf starke darstellende Elemente.

Das *Lehrbuch der Graphologie* von HEINRICH PFANNE kommt auf der Basis dieser hirnphysiologischen Kategorisierung zu ganz ähnlichen Typisierungen wie andere graphologische Richtungen und Schulen auch.

Dieses Kapitel wäre unvollständig, würden wir nicht einen Begriff näher erläutern, der ebenfalls aus der Bewegungsphysiologie stammt, nämlich den der *Versteifung*. Muskel-, also auch Schreibbewegungen können locker oder verkrampft, genauer ausgedrückt: *versteift* sein. Jegliche »Lockerheit« wird einem angemessenen Verhältnis von Pallidum und Striatum verdankt, wobei der pallidäre Einfluß ein wenig überwiegen dürfte. Wo diese beiden Funktionen in einem ausgeglichenen Verhältnis zueinander stehen, fließt die Schrift leicht, locker, zügig, rhythmisch und gut koordiniert, aber nicht ausgesprochen regelmäßig dahin. Scharfe *Winkel* sind dann ebenso selten wie eindeutige *Faden*. Solche Schriften sind elastisch und haben meist kurvige Bindungsformen, sie bevorzugen die *Girlande* und weisen einen guten *Verbundenheitsgrad* auf.

Versteifte Schriften können sowohl vom striären als auch vom kortikalen Bereich her gebremst sein. *Formbetonung* und *Regelmaß* sind zum Beispiel kortikalen Ursprungs; eine solche Schrift wirkt gesteuert, gehalten, gebremst und straff. Bei striärer Versteifung ist die Bewegung eingeengt, die Schrift wirkt gestaut, spröde, zittrig, unsicher, sperrig und ohne Fluß. Ungleichmäßige Bindungsformen, Wechsel von Arkade und Winkel und ein vermischter Verbundenheitsgrad sind weiterhin dafür typisch. Die Bedeutung der einzelnen Versteifungsgrade finden Sie im fünften Kapitel unter dem Oberbegriff *Formbild* erklärt.

6. Formhöhe und Variationsbreite

Jede Handschrift ist von ihrem Schreiber individuell geprägt und sagt damit etwas über seine persönliche Entwicklungsstufe aus, aber auch über die Möglichkeiten und Grenzen seiner weiteren Entfaltung gibt die Schrift Auskunft. Das Gesamtbild einer individuellen Schrift entscheidet daher darüber, ob die Deutung in eine eher positive oder negative Richtung geht. LUDWIG KLAGES hat für diesen Gesamteindruck den Begriff des *Formniveaus* eingeführt; freilich war ihm dieser Begriff selbst nicht ganz klar. Spätere Autoren versuchten, differenziertere Bezeichnungen zu finden; so sprach RODA WIESER von einem *Grundrhythmus*, MAX PULVER von *Wesensgehalt* und RUDOLF HEISS von *Formrhythmus*. Manche kommen auch gleich ganz ohne diesen Begriff aus, so H. PFANNE; WILHELM H. MÜLLER und ALICE ENSKAT lösen ihn in verschiedene Aspekte, wie *Quantität der Bewegung, Elastizität der Spannung* und *Qualität der Form*, auf, die erst gemeinsam einen Gesamteindruck ergeben.

Trotz aller Widersprüche im einzelnen kann die Graphologie auf eine gewisse Kategorisierung nicht verzichten, ja sie ist zur genaueren Interpretation der oft mehrdeutigen Einzelmerkmale sogar unumgänglich.

Um nicht auf L. KLAGES' sehr allgemein gehaltenen Begriff des Formniveaus angewiesen zu sein, ziehe ich die Bezeichnung *Schriftformat* vor. Die Ausprägung des Schriftformats wird am Entwicklungsgrad des Schriftbildes bemessen, den es in jedem Einzelfall zu bestimmen gilt. *Format* wird dabei zugleich auch in seiner charakterologischen Bedeutung verstanden und umfaßt ein ganzes Spektrum von Entwicklungs- und Reifegraden.

Doch zunächst wollen wir uns nun mit den fünf Abstufungen des Schriftformats, das heißt seiner variierenden *Formhöhe* auseinandersetzen:

Ein *sehr hohes Format* zeigt eine Schrift, die einen sichtlich persönlichen Stempel trägt und die erlernte Schablone ihres Ausgangsalphabetes durch einen hohen Grad an Eigenart ersetzt hat, dabei zugleich lebendig und ausgewogen ist, echt und aufrichtig wirkt und alle darstellenden Elemente vermeidet. Eine optimale Aufteilung des Raumes und ein hohes Maß an Gestaltungskraft sprechen ebenfalls für ein sehr hohes Format.

Formhöhe 1 mit Tendenz nach 2

Auch in der *zweithöchsten Formstufe* erwarten wir noch klare und eigengeprägte Formen, einen guten Ablaufrhythmus und eine übersichtliche Gliederung. Es können aber schon darstellende Momente mit einfließen, und die Ausgewogenheit erreicht nicht mehr ganz den Grad der ersten Stufe.

Formstufe 2

In der *dritten Formstufe* zeigen Bewegungs-, Form- und Raumbild nur mäßige Abweichungen von der erlernten Norm. Der Eigenartsgrad hält sich in Grenzen. Die Lebendigkeit der Schrift ist wegen ihrer Annäherung an die Vorlage schon sichtbar geringer. Solche Schriften lassen sich oft nur schwer einordnen, weil auf den ersten Blick nur wenig Individualität in ihnen zu erkennen ist.

Formstufe 3

Das gelingt uns schon weit besser in der *Formstufe vier*, die meist deutlich erkennbare Störfaktoren im Gesamtbild aufweist. Die Schrift ist auf dieser Formstufe schon recht unausgewogen, und die darstellenden Züge nehmen zu. Im übrigen erscheint diese Schrift unelastisch und von nur geringer Gestaltungskraft geprägt. Zu diesem Typus gehören auch manierierte und stilisierte Schriften.

Formstufe 4

Der *Formstufe fünf* ordnen wir solche Schriften zu, die man als nicht gelungen bezeichnen muß. Ihr Fluß ist meist stark gestört, sie sind steif und nur ungenügend geordnet. Es mangelt ihnen an Ausgewogenheit, und sie neigen zu Übertreibungen.

Formstufe 5

Es ist nun natürlich wiederum nicht so, daß wir jede Schrift präzise einer der fünf Formstufen zuordnen können. Die Vielschichtigkeit des menschlichen Charakters führt notwendig zu gegensätzlichen Strebungen in ein und demselben Individuum. So ist es nur zu wahrscheinlich, daß die meisten Schriften Tendenzen entweder nach oben oder nach unten aufweisen. Bestimmte Schriftzüge mögen im Einzelfall sehr wohl gekonnt, echt gestaltet und in sich ausgewogen sein und damit einer höheren Formstufe angehören, als es dem Gesamtbild entsprechen würde. Umgekehrt kann das Gesamtbild einen überwiegend positiven Eindruck hinterlassen, wogegen einzelne gestörte Schriftzüge darin einer niedrigeren Formstufe anzurechnen sind. Solche Widersprüchlichkeiten richtig zu sehen und einzustufen, ist erste Aufgabe des Schriftpsychologen, will er dem Schreiber mit seiner Beurteilung gerecht werden.
(Siehe dazu die Tabellen S. 63–65.)

7. Schriftdominanten und signifikante Merkmale

Hat sich der Diagnostiker mit der Festlegung des Schriftformats, das heißt der Formstufenhöhe erst einmal eine solide Deutungsbasis geschaffen, so geht er einen Schritt in der selektiven Richtung weiter, das heißt, er wählt jene *Einzelschriftmerkmale* aus, die charakteristisch für die zu analysierende Schrift sind.

Übersichtstafel zur Ermittlung des Schriftformates (Formhöhe)

Kriterien der Formhöhe	Stufe 1	Stufe 2	Stufe 3	Stufe 4	Stufe 5
Ausgangsalphabet	eigengestaltet	vereinfacht	gut zu erkennen	manieriert, stilisiert	stark vernachlässigt
Norm	überwunden	frei gestaltet	Anlehnung an	verarmt, schablonenhaft	überladen, zerrissen
Eigenart	hoch	erkennbar	mäßig	kaum	keine
Gestaltung	kreative und gekonnte Form	eigengeprägte Form	vorhanden	wenig	keine
Gliederung	optimal	übersichtlich	noch übersichtlich	tritt nicht hervor	ungeordnet, keine
Ablaufrhythmus	ausgewogen, ebenmäßig, durchgeistigt	glatter Ablauf, Bewegungsbetonung	leichte Ablaufstörungen, getaktet, regelmäßig	unausgewogener Bewegungsablauf, gestört, unruhig, unebenmäßig	monoton, verkrampft, stärker gestört oder gehetzt, chaotisch
Echtheit	persönlicher Stempel	stilvoll	fremde, übernommene Züge	Wechselbindungen, betonte Anfangszüge	sich stärker widersprechende Schriftmerkmale
Lebendigkeit	ansprechend	etwas reguliert	Schablonennähe	wenig, eher starr	Übertreibungen oder unlebendig, tot
Darstellungsmerkmale	keine	geringe	einzelne, Betonung an Großbuchstaben	auffallend und deutlich sichtbar	übertriebene Bereicherung
Elastizität/Versteifung	elastisch	locker	ausgeglichen	unelastisch, gestört	verkrampft
Störfaktoren	keine	kaum	leichte	deutliche	viele

Charaktereigenschaften und Verhaltensweisen, die dem Schriftformat (Formhöhe) entsprechen

Formhöhe	1	2	3	4	5
allgemeines Verhalten	profilierte Persönlichkeit, großmütig, innerlich ausgeglichen, hat Ausstrahlung	geradlinig, gemessenes Auftreten, tolerant, gesinnungsfest, ethische Einstellung	konventionsgebunden, konservativ, Verzicht auf eigene Form, Vorsicht, gemäßigt	individualistische Tendenzen, verschiedene Hemmungen, Maske, Darstellungswille	doppelte Moral, überheblich, labil, gewissenlos, hohe Störanfälligkeit
geistige Fähigkeiten	souveräner Überblick, hat geistig alles im Griff, sehr produktiv	Weitblick, logisches Denken und Planen, Kritikfähigkeit, selbständiges Urteilsvermögen, Phantasie	hat Durchblick, vernünftiges Urteil, überlegt, kommt zurecht, ordnungsliebend	hat noch Einblick, Mangel oder Übermaß an Phantasie, mühsames Denken, oberflächlich	unzureichende Geistesgaben, unklares und verworrenes Denken, dumm, geistig blind
Willensbereich	hohe Selbstdisziplin, feste Hand, innerlich gefestigt, Freimut, sehr konsequent, viel Unternehmungsgeist	hat sich in der Gewalt, Kontrolle der eigenen Leistung, zielstrebig, Ausdauer, Fleiß, Schwung, Elan	Selbstbeschränkung, willig, beständig, gehorsam, aktiv, Ehrgeiz als Kompensation	starres Festhalten, verkrampft, stur, eigenwillig, Opposition, Mangel an Zucht und Ordnung	Herrschsucht, rechthaberisch, aggressiv, Willkür, Ablehnung von Gesetz und Norm
Ich-Bereich	gesundes Selbstbewußtsein, innere Sicherheit, Würde	selbstsicher, natürlich gehobenes Selbstwertgefühl	verständige Selbsteinschätzung, gesundes Ego, Haltsuchen an fremden Normen	sich wichtig machen, Geltungs- und Machtbedürfnisse, eitel, vorurteilsbeladen	egozentrisch, arrogant, hysterisch, anmaßend, sich maßlos überschätzend

charakterologischer Bereich

Formhöhe	1	2	3	4	5
Fühlen, Gemüt	ausgeglichene und stabile Gefühlslage	gefühls- und instinktsicher, Gemütswärme, ernst, sensibel, natürliche Hingabe	aufgeschlossen für Gemütswerte, wache Sinne, sanftes Gemüt	Gefühlsarmut oder Überschwang, steht unter seelischem Druck, neigt zu Ausschweifung, geringes Zartgefühl, Weichling	überspannt, falsches Pathos, depressiv, grobe Sinnlichkeit
Vital-bereich	vitale Verwurzelung, mannhaft	gesundes Lebensgefühl, intensiv psychisch belastbar, zäh, tatbereit	ökonomischer Kräfteeinsatz, biologisch angepaßt, Zurückdrängen der leiblichen Triebe, etwas gehemmt	neurotische Verdrängung oder Angst, innere Unsicherheit, gereizt, genießerisch, antriebsschwach oder triebbetont, degeneriert	hemmungslos, maßlos, haltlos, schwulstig, süchtig, feige, animalisch
mit-menschlicher Bereich	Hilfsbereitschaft, Ritterlichkeit, Wohlwollen und Güte als Grundhaltung	gutmütig, mitfühlend, hilfsbereit, herzlich, verständnisvoll, geduldig	brav, subaltern, anpassungsbereit, verträglich, konfliktscheu, autoritätsgläubig	kontaktarm, verführbar, anpassungsunwillig, mißtrauisch, berechnend, zu glatt	rücksichtslos, brutal, böswillig, dreist, schroff, verlogen, falsch
Leistungs-bild	Führungstalent, vorbildliche Berufshaltung, unbedingt aufrichtig, geniale Fähigkeiten	verantwortungsbewußt, zuverlässig, gründlich, geschickt, beweglich, diplomatisch	Dienst nach Vorschrift, praktischer Sinn, nicht übermäßig engagiert, solide, unvoreingenommen	schwerfällig, bequem, Pedant, unflexibel, unbeständig, kein Sinn für Qualität, oberflächlich, lavieren	Bluffer, Chaote, pflichtvergessen, faul, anarchisch

Nach graphologischer Auffassung ist die Handschrift bekanntlich eine Geste beziehungsweise im Raum zur Form erstarrte Bewegung. Bewegungs-, Raum- und Formbild sind also die Grundlage, von welcher der Schriftpsychologe ausgeht. Einige dieser Elemente sind meßbare Größen, andere müssen richtig eingeschätzt werden, und damit bleiben subjektive Einflüsse auch in der Beurteilung nie ganz ausgeschlossen, dessen sollte sich der Graphologe bei allem Bemühen um Objektivität stets bewußt bleiben.

Kehren wir nun zurück zu jenen unverwechselbaren *Merkmalen* einer Schrift, die ihr das individuelle Gepräge verleihen. In diesen Merkmalen offenbaren sich sowohl die *Verlaufsgestalt* und die ihr zugrundeliegende *Urgeste* als auch das unbewußte *Selbstbild* des Schreibers, das er anderen Menschen vermitteln möchte. Es erhebt sich jedoch in diesem Zusammenhang die Frage, wo eine charakterologische Deutung ihren jeweiligen Angelpunkt hat, das heißt jenes Motiv, das ganz maßgeblich das Handeln eines Menschen bestimmt. Früher ging man zu diesem Zweck konsequent alle spezifischen Merkmale einer Schrift durch und trug sie in Merkmalprotokolle ein. So ergaben sich dann bestimmte graphische Kurven und Linien, aus denen sich die Charakterstruktur des Probanden quasi ablesen ließ.

In unserer selektiven Methode hingegen isolieren wir zunächst all jene Merkmale, welche die *Eigenart* einer Schrift ausmachen, die also sofort ins Auge fallen und daher *dominant* sind. Wir bezeichnen solche Schriftmerkmale als *Dominanten,* und ihnen kommt für die Deutung eine Schlüsselposition zu. Ob eine Handschrift von ihrer *Größe,* ihrer *Lage,* dem *Druck* oder der *Teigigkeit* geprägt ist oder ob *Arkaden* oder *unnötige Bereicherung* die auffallendsten Merkmale sind, gibt dem Schriftpsychologen genauen Aufschluß darüber, welche Charakterzüge im Gesamtbild der Persönlichkeit vorherrschend sind.

In den meisten Schriften sind vier bis fünf solcher dominanter Züge vorhanden, die dann in Verbindung mit der jeweils erreichten Formstufe eine erste Grobanalyse gestatten; die weiteren Feinheiten ergeben sich aus der anschließenden Bestimmung der *signifikanten Merkmale.* Das sind solche Schriftzüge, die zwar nicht unmittelbar ins Auge fallen, aber doch immerhin für den jeweiligen Schreiber charakteristisch sind.

Mit der Herausstellung *dominanter* und *signifikanter Merkmale* hat der Schriftpsychologe nun schon ein relativ differenziertes Charakterbild des Probanden. Abschließend sollte er die Schrift jedoch noch einmal genau in Augenschein nehmen, um zu überprüfen, ob er nicht irgendwelche Merkmale übersehen hat.

Die in den üblichen *Deutungstabellen* den einzelnen Merkmalen zugeordneten Eigenschaften sind häufig mehrdeutig. Ihre präzise Bedeutung ergibt sich erst im Gesamtkontext. Dabei braucht sich der Diagnostiker noch nicht einmal an den Wortlaut dieser Zuordnung gebunden zu fühlen. Er kann ihnen im Einzelfall also durchaus von ihrer Schärfe etwas nehmen oder umgekehrt sie in ihrem positiven Gehalt ein wenig einschränken. Wichtig ist nur die Stimmigkeit aller Einzelmerkmale innerhalb des Gesamtbildes. Man sollte also schließlich imstande sein, die eigene Deutung auch im einzelnen zu begründen. Gewiß spielt auch die Intuition eine wichtige Rolle. BRODER CHRISTIANSEN und ELISABETH CARNAP halten die Intuition sogar für Anfang, Mitte und Ende jeder Schriftdeutung. Ich bin im Gegensatz dazu allerdings der Meinung, daß die in einem Gutachten dargelegte Beurteilung unbedingt begründbar und nachvollziehbar sein sollte.

Im übrigen sollte der Graphologe den *Dominanten* keinen *alleinigen* Vorrang vor anderen Merkmalgruppen einräumen. Den *sekundären Merkmalen* kommt nur ein etwas geringeres Gewicht zu als den Dominanten. Alle Befunde sind miteinander abzustimmen und im Gesamtzusammenhang zu begründen, wobei *graphologisches* mit *psychologischem* Denken in Einklang sein sollte. Nur so wird ein klares, treffendes und in sich stimmiges Bild des jeweiligen Schrifteigners Resultat der Deutung sein.

8. Das Merkmalprotokoll

Nach Ermittlung der Formhöhe und der Schriftdominanten sowie der signifikanten Merkmale beginnt nun der wichtigste Teil der graphologischen Tätigkeit, die detaillierte Analyse der Schrift und die Erstellung eines *Merkmalprotokolls*. Darin werden die mit Hilfe der *Merkmaltabelle* gewonnenen Erkenntnisse über einzelne Charakterzüge des Schreibers festgehalten. Dieses Protokoll bildet die Basis des später im *Gutachten* (Synthese) vertretenen Urteils.

Haben wir für eine Schrift beispielsweise *Formstufe 3* ermittelt und

als erste Dominante die *Größe,* so ergäbe sich nach der Tabelle als
Deutungsbefund:

A.3.*: optimistische Lebensgrundstimmung
     mutig, frisch
     verantwortungsbewußt
     Lebensfreude
     euphorisch
     naiv
     heile Jugend

Theoretisch könnten wir nun alle sieben genannten Möglichkeiten in
Betracht ziehen, aber je nach dem Gesamtbild gibt es zur *Größe* auch
noch korrelierende Merkmale, wie zum Beispiel Druck, Girlande,
ausfahrende Züge, Endbetonung, Vereinfachung und anderes mehr.
Solche Merkmale müssen natürlich auch Berücksichtigung finden,
bevor man sich auf eine oder zwei Qualifizierungen festlegt. Am
Anfang erscheint das recht schwer, weil man den vollen Überblick
noch nicht hat, aber mit viel Übung schult sich auch dafür der Blick,
so daß das ausgewählte Deutungsmerkmal dann zu den übrigen paßt,
das heißt mit ihnen abgestimmt ist oder korreliert. Die Auswahl des
Hauptmerkmals erfolgt nun nicht einfach nach Gefühl oder Gutdün-
ken, sondern seine Wahl muß auch begründbar sein. Fehlt eine
eindeutige Begründung für die Hervorhebung eines Merkmals, sollte
man es auch nicht zur Analyse heranziehen und sich mit Deutungs-
merkmalen begnügen, die wirklich eindeutig und begründbar sind.
So gelangt man zu einer auch für andere nachvollziehbaren Interpretation, und eine Fehldeutung ist weitgehend ausgeschlossen.

    Das genaue Vorgehen soll an einem Beispiel erläutert werden:

Schriftprobe einer etwa dreißigjährigen Sekretärin:

Prüfung der Formstufe ergab: F.2 – T.3, das heißt: Formstufe 2 mit
    Tendenz nach 3;

    dominante Merkmale: Girlande, steil, gute Gliederung, vereinfacht,
    verbunden;

signifikante Merkmale: weite Wortabstände, teigig, geringe Längen-
    unterschiede, linksläufige Züge;

noch ausdeutbar: Ränder, Weite, Ebenmaß, Oberzeichen, Endzüge.

---

* A.3. = *allgemeines Verhalten,* typisch für *Formstufe 3* (Die Zahl hinter dem
  Großbuchstaben bezeichnet immer die *Formstufe.*)

Für den Anfänger ist es zweckmäßig, wenn er sich die einzelnen Deutungsbefunde nun farblich markiert, beispielsweise die Dominanten rot, die signifikanten Merkmale grün und die übrigen blau, damit die Gewichtigkeit erkennbar bleibt.

Laut Merkmaltabelle ergibt sich nun folgende Deutungsmöglichkeit (siehe dazu S. 82 ff.):

Girlande:	Deutung:
A.2. allgemeines Verhalten:	
aufgeschlossen	ja, korrespondiert mit Weite
liebenswürdig	ja, auch betonte Endgirlande
gutmütig	ja, Girlande spricht dafür
offenherzig	nein, dagegen sprechen die geschlossenen a, o, g, besonders d
tolerant	ja, entspricht Girlande und Weite
natürlich	mit Einschränkung wegen Steillage
warmherzig	ja, Girlande, Weite, Endzüge, teigig
hilfsbereit	ja, siehe *warmherzig*
A.3. immer ansprechbar	ja, Girlande und Teigigkeit
sanftes Gemüt	ja, siehe *ansprechbar*

Girlande:	Deutung:
G.2. geistige Fähigkeiten:	
aufgeschlossen	ja, Girlande und Weite
allgemein interessiert	ja, siehe *Aufgeschlossenheit*
anregbar	ja, in den ersten beiden schon impliziert
lernfähig, bildsam	ja, Girlande, steil, gute Verbundenheit und gute Gliederung
spontane Auffassung	nein, keine weiteren Anhaltspunkte
rege Phantasietätigkeit	nein, siehe *Auffassung*
G.3. mitteilungsfähig	anzunehmen, aber hier irrelevant
W.2. Willensbereich:	
zäh bei im Grunde nachgiebiger Psyche	ja, Girlande, Weite, Regelmaß
willig	ja, Girlande, Weite teigig
I.2. Ich-Bereich:	nicht vorhanden
I.3. Vorherrschen des Wunschlebens	wahrscheinlich, Girlande und teigig
Tendenz zum Subjektivismus	liegt nahe, Girlande und einzelne linksläufige Züge
Angst vor Verbindlichkeit	nein, dagegen Regelmaß und gute Gliederung
F.2. Fühlen, Gemüt:	
natürliche Gefühlsoffenheit	nein, weil a, o, d und g geschlossen
emotional	ja, Girlande und teigig
natürliche Hingabefähigkeit	nein, dagegen spricht Steilheit
liebesfähig, liebebedürftig	ja, Girlande und teigig
erlebnisfähig	ja, siehe *liebesfähig*
mitfühlsam	ja, siehe *erlebnisfähig*
F.3. empfänglich	ja, Girlande, teigig und weit
V.2. Vitalbereich:	entfällt
V.3. weiblicher Typus	trifft voll zu

Girlande:	Deutung:
M.2. mitmenschlicher Bereich:	
entgegenkommend und versöhnlich	ja, Girlande und Weite
gutmütig, gutartig	ja, Girlande, teigig, betonte Endgirlande
natürlich, offen, unverstellt	nein, weil steil, linksläufige Züge und weite Wortabstände
Einfügungs- und Anpassungsgabe	ja, Girlande und Vereinfachung
mitfühlend	eingeschränkt, weil steil und weite Wortabstände
kontaktfreudig	beschränkt, weil steil und linksläufig
verträglich	ja, Girlande und hohe Mittellage
anpassungswillig	grundsätzlich ja, Einschränkung wegen Steilheit und weiter Wortabstände
fähig, sich mitzufreuen und mitzuteilen	ja, Girlande, Mittellage, teigig
mitteilungsbedürftig	ja, Girlande und Verbundenheit
L.2. Leistungsbild:	
Anerkennungsbereitschaft	entfällt, weil hier irrelevant
Arbeit geht leicht von der Hand	ja, Girlande, verbunden und gute Gliederung
emotionale Biegsamkeit und Schmiegsamkeit	mit Einschränkung, weil steil und einige linksläufige Züge

Damit haben wir im *Deutungsbereich Girlande* bereits einunddreißig Deutungsbefunde gesammelt. Nun zeichnet sich eine Seite des Charakters der Schrifturheberin schon deutlich ab. Nehmen wir aber noch einen weiteren Aspekt hinzu, und zwar die *Steilheit* der Schrift (siehe dazu S. 169 ff.):

Steilheit:	Deutung:
A.2. allgemeines Verhalten:	
charaktervoll	ja, steil, regelmäßiger rechter Rand und genaue Oberzeichen
geradlinig	ja, steil und regelmäßige gerade Zeilenführung
sich selbst treu	ja, steil und Ebenmaß
Haltung	im Prinzip ja, Einschränkung wegen Teigigkeit und leichter Lageschwankungen
A.3. sachlich	ziemlich, weil steil, Einschränkung wegen Girlande und Teigigkeit
G.2. geistige Fähigkeiten:	
Verstandesvorherrschaft	nicht unbedingt, Gemüt ist ebenso stark vertreten, vielleicht Ausgleich
hoher Grad an Bewußtheit, souverän, überlegt	ja, alle drei Deutungen treffen zu
W.2. Willensbereich:	
standhaft	ja, steil und Regelmaß
maßvoll	ja, siehe *standhaft*
W.3. willensstark	ja, siehe *maßvoll*
I.2. Ich-Bereich:	
durchsetzungsfähig	ja, steil und weiter Wortabstand
repräsentationsfreudig	nein, keine Oberlängenbetonung, vereinfacht
distinguiert	nein, dagegen spricht Girlande
I.3. selbstgenügsam	nicht auszuschließen
F.2. Fühlen, Gemüt:	
zurückhaltend	ja, steil und einzelne linksläufige Züge
V.2. Vitalbereich:	
Distanz zur Lebenswirklichkeit	ja, siehe *zurückhaltend*

Steilheit:	Deutung:
V.3. verdrängte Leidenschaft- lichkeit	möglich wegen Teigigkeit; sonst nicht sicher
M.2. mitmenschlicher Bereich:	entfällt
L.2. Leistungsbild: verantwortungsbewußt	ja, steil, regelmäßige und gute Gliederung, Ebenmaß
pflichtbewußt	ja, siehe *verantwortungsbewußt*
besonnen	ja, steil, weite Wortabstände
ruhig	ja, subkortikaler Unterbau, ebenmäßig

Damit wären siebzehn weitere Deutungsmöglichkeiten aufgezeigt. In gleicher Weise würden nun die Merkmale *gute Gliederung*, *Vereinfachung* und *Verbundenheit* untersucht werden. Rechnen wir im Schnitt für jedes dominante Merkmal mit zwanzig Qualitätszuweisungen, so ergäbe das rund hundert Deutungshinweise, die anschließend ergänzt beziehungsweise modifiziert würden durch etwa die gleiche Anzahl signifikanter Merkmale und die übrigen noch zu berücksichtigenden Merkmale. Bei den signifikanten Merkmalen kann man sich auf die Ausdeutung einiger weniger eindeutiger Motive beschränken. Für unser Beispiel wählen wir als signifikantes Merkmal: *geringer Längenunterschied (hohe Mittellage)* (siehe dazu S. 177 ff.):

Geringer Längenunterschied:	Deutung:
A.2. allgemeines Verhalten: Betonung des Persönli- chen	ja, weil Mittellage, steil, links- läufig und weite Wortabstände
Herz regiert Kopf	nein, weil steil
gleichmütig, ausgewogen	ja, Mittellage und Ebenmaß
G.2. geistige Fähigkeiten: abgeklärtes, reifes Urteil	ja, weil gute Gliederung
G.3. in sich ruhend	nein, dagegen sprechen Verein- fachung und rasches Tempo

Geringer Längenunterschied:	Deutung:
W.2. Willensbereich:	entfällt
I.2. Ich-Bereich: ausgeglichen	ja, weil Ebenmaß
F.2. Fühlen, Gemüt: Reaktionen und Haltungen sind hauptsächlich vom Gemüt und von der Gesinnung bestimmt	von der Gesinnung, weil Regelmaß, Ebenmaß, Mittellage, genaue Ränder und genaue Oberzeichen
F.3. Gefühle werden höher eingeschätzt als Verstand und Vernunft	nein, weil steil und weiter Wortabstand
V.2. Vitalbereich: innerlich ausgeglichen und zufrieden	ja, hohe Mittellage und Ebenmaß
M.2. mitmenschlicher Bereich: anspruchslos	nein, dagegen sprechen Größe, Weite und Linksläufigkeit
bescheiden	nein, siehe *anspruchslos*
L.2. Leistungsbild: wenig experimentier- und risikofreudig	möglich, nicht anderweitig abgesichert
nicht aus der Ruhe zu bringen	ja, weil Mittellage, Ebenmaß, weite Wortabstände, Linksrand, gute Gliederung

Wählen wir nun aus der dritten Gruppe der noch ausdeutbaren Merkmale das *Ebenmaß* (siehe dazu S. 246 f.) aus, so ergeben sich weitere Qualitätszuweisungen (hier eine Auswahl):

A.2. allgemeines Verhalten: harmonisch Sinn für Ästhetik	I.2. Ich-Bereich: natürlich selbstbewußt
G.2. geistige Fähigkeiten: Sinn für Maß und Vernunft	F.2. Fühlen, Gemüt: naturverbunden
W.2. Willensbereich: willensstark, nach Vervollkommnung strebend	V.2. Vitalbereich: unkompliziert L.2. Leistungsbild: flexibel und belastbar

Alle diese (hier im einzelnen nicht mehr analysierten) Befunde können noch hinzugenommen werden, meist bestätigen oder verstärken sie die Ergebnisse aus den ersten beiden Gruppen. Je mehr Übereinstimmungen sich zwischen den Gruppen finden, desto sicherer kann man sein, daß die gefundenen Qualitätszuweisungen auch dem wahren Charakter des Probanden entsprechen.

Nachdem wir nun alle drei Merkmalgruppen sorgfältig überprüft haben, ordnen wir unsere Ergebnisse praktischerweise in der aus dem vorhergehenden Beispiel ersichtlichen Reihenfolge, das heißt, zuerst notieren wir unsere Ergebnisse über das allgemeine Verhalten, dann über die geistige Fähigkeit, das Willensvolumen, den Ich-Bereich und so weiter bis hin zum Leistungsverhalten. Dabei mögen Sie auf Qualitätszuweisungen stoßen, die nicht in das ermittelte Gesamtbild passen. Sie sind auf jeden Fall festzuhalten, nach einer Begründung und Erklärung forscht man dann in der Synthese.

V. Die Analyse der Einzelmerkmale

1. Das Bewegungsbild

Die *Merkmalanalyse* ist das Abc des Graphologen. Deshalb wollen wir jetzt einen genaueren Blick auf die *Einzelmerkmale* werfen. Es geht hierbei weniger um das Wie der Erfassung als vielmehr um das Warum der Zuordnung, von dem schließlich die Glaubwürdigkeit unserer Aussage abhängt. Wie breit gefächert die Deutungsmöglichkeiten eines solchen Merkmals sind, zeigen die folgenden Tabellen, die im übrigen nur die Vielfalt menschlicher Verhaltensmöglichkeiten widerspiegeln.

Die Arkade
Schreiben ist eine geistig überformte Vitalbewegung, und als Produkte dieser Bewegung haben wir auch die Einzelmerkmale anzusehen.

Wir beginnen mit der *Arkade*, die aus einem Aufstrich besteht und in einem nach unten gerichteten rückläufigen Bogen endet. Diese Bewegung symbolisiert eine Bezogenheit auf das eigene Ich, sie ist nach oben geschlossen und nach unten geöffnet.

Beispiel:

Die Arkade bildet ein Dach, unter dem etwas abgeschirmt, geschützt wird. Liegt die Betonung im Aufstrich, so muß der Schreiber physiologisch natürliche Widerstände überwinden, er glaubt also, besondere Kräfte zu haben, und will durch ihren Einsatz auch besondere Leistungen erzielen. Wird, was meist der Fall ist, der Abstrich betont, dann zeugt das von einer Schutzhaltung. Es wird dadurch etwas ein- oder abgeschlossen, der Schreiber hält sich zurück, Spontaneität läßt er nicht zu, dafür dominieren Reflexion und Überlegung. Eigenschaften wie Vorsicht und Besonnenheit, aber auch Scheinanpassung oder Verheimlichung können in der Arkade zum Ausdruck kommen.

Galt das bisher Gesagte von der arkadenartigen *Bewegung*, so unterliegt die *Form* der Arkade, falls diese betont ist, einer anderen Deutung. Ob Bewegungs- oder Formmerkmale vorherrschen, erkennt man entweder an der betont lockeren Schrift oder an den zur Versteifung neigenden Schriftzügen, wie das obige Beispiel zeigt.

Die Form der Arkade ist der römischen Architektur entlehnt. Dieser Bogen zeichnet sich durch optimale Belastbarkeit aus und war daher besonders für den Brückenbau geeignet. Arkadenschreiber sind daher – und das ist ein wesentlicher Aspekt der Arkadensymbolik – befähigt, Getrenntes formal und äußerlich zu verbinden. Die hohe Belastbarkeit der Arkade wirkt sich dahingehend aus, daß Arkadenschreiber Druck von außen oder fremde Einflüsse und Kräfte überdurchschnittlich gut ertragen können. Sie verkraften seelisch einiges mehr als andere Menschen und sind stabiler gegenüber Einwirkungen von außen. Die nach unten hin offene Arkade ist gleichsam für die Kräfte, die aus dem Inneren kommen, offen, während sie vor äußeren Einwirkungen abschirmt. Menschen dieses Typs lassen nichts an sich heran; sie neigen dazu, sich gegenüber der Umwelt und den Mitmenschen zu verschließen, und dies um so stärker, je deutlicher der Abwärtszug eingekrümmt ist:

Arkadenschreiber sind auch in gesellschaftlicher Hinsicht nach innen orientiert, das heißt auf die Familie und ein fest umrissenes soziales Umfeld hin; sie möchten niemandem Einblick in ihr Inneres gewähren, am liebsten unantastbar sein oder wenigstens mit Samthandschuhen angefaßt werden. Die formbetonte Arkade hat etwas

Formelles an sich, bei hoher Formstufe sogar etwas Formvollende-
tes, Aristokratisches, sie stellt etwas dar. Bei nicht gelungener Form
nimmt sie den Charakter der Fassade an oder der Starre, gelegentlich
sogar der Verstellung und der Unehrlichkeit.

Die Lebensform des Arkadenschreibers beruht maßgeblich auf
Konventionalität. Sein Leitbild weist stark subjektive Züge auf, er
zeigt Haltung und Stil und sucht sie auch. In unserer Zeit des
Formverfalls wirkt er deshalb gelegentlich steif, gehemmt, abgekap-
selt, wenig natürlich oder spontan; er leidet aber unter innerer
Unsicherheit und sucht ständig nach äußerem Halt.

Manchmal treten Arkaden nur in Einzelformen auf, besonders an
Wortanfängen und in Unterschriften; in solchen Fällen gilt es zu
entscheiden, ob es sich dabei um ein reines Raumsymbol, um eine
Betonung der Form oder der Bewegung handelt. Solche Arkaden
sind nicht selten Schlüsselmerkmale für den gesamten Schriftaus-
druck, und man darf sie deshalb in ihrer Wichtigkeit keineswegs
unterschätzen.

Treten Arkaden schon in Kinderschriften auf, so deutet das meist
auf einen äußeren Druck hin, der das Kind überfordert, so daß es mit
Gehemmtheit, Verschlossenheit oder gar Trotz reagiert. Es will seine
innere Unsicherheit verbergen und sucht vornehmlich Schutz und
Halt.

Es gibt zahlreiche Sonderformen der *Arkade*, die ich im einzelnen
hier nicht erläutern kann, man möge daher die jeweilige Bedeutung
der nachfolgenden Deutungstabelle entnehmen:

A. *allgemeines Verhalten*
1. aristokratisches Weltgefühl
   majestätische Würde
   Eleganz
   gewähltes Auftreten
2. vornehm, distinguiert
   gepflegte Umgangsformen
   Haltung
   Lebensernst
   repräsentationsfreudig
   Familienstolz
   Traditions- und Sippenbin-
   dung

2. distanziert
   geprägt durch Herkunft und
   Vergangenheit
   guter Zuhörer
   zurückhaltend aus Takt und
   Besonnenheit
   belastungsfähig
   Vorliebe für reine Formen
3. hoher Grad an Förmlichkeit
   Prestigedenken
   Darstellungsvermögen
   reserviert

3. angespannte körperlich-
   seelische Grundhaltung
   Interpretation von Eindrük-
   ken und Erlebnissen nach
   vorgefaßter Meinung und
   subjektiven Wertgesichts-
   punkten
   Mangel an Natürlichkeit
   vornehmtuerisch
   Exklusivität
4. zugeknöpft, verschlossen
   Veräußerlichung
   Kultur des Scheins
   der gesellschaftlichen Phrase
   zugeneigt
   subalterne Lebensunecht-
   heit
   Vortäuschung feiner
   Manieren
   gekünstelt
   leere Form
5. blasiert
   nur Fassade
   greisenhafte Starre
   Verstellung

G. *geistige Fähigkeiten*
1. exaktes Denken, Präzision
   hohe Konzentrationsfähigkeit
   architektonische Begabung
   scharfe Beobachtungsgabe
2. zielgerichtetes Denken
   Lebensklugheit
   ästhetisch-formale Einstellung
   Sinn für Raumharmonie
   Stilbewußtsein
   Stilempfinden, Geschmack

2. Kunstverstand
   Formwille, Formbe-
   wußtsein
   Sinn für Maß und Form
3. besonnen
   hoher Grad an Bewußtheit
   vorsichtig
   Mangel an Spontaneität
4. äußerliches Nachahmen von
   Vorbildern
   Form wichtiger als Inhalt
5. Wandlungs- und Einsichts-
   unfähigkeit
   Neigung zur Phrase

W. *Willensbereich*
1. voller Einsatz
   Festigkeit, Durchhaltevermögen
2. Aktivität
   Selbstbeherrschung
3. maßvoll
   ausdauernd
4. unkoordinierter Aktivismus
   Selbstüberforderung
5. zweckwidriger und unöko-
   nomischer Kräfteeinsatz

I. *Ich-Bereich*
1. Selbständigkeit
2. defensiv
   Selbstsicherung, Selbst-
   schutz
   verschlossen
3. äußere Sicherheit und
   Gewandtheit bei innerer
   Gehemmtheit
   Unterdrückung natürlicher
   Impulse
   Hang zum schönen Schein

4. unnahbar
   narzißtisch
   Mangel an Zivilcourage
   Selbsttäuschung und Fehleinschätzung anderer
   unfähig, eigene Schwächen
   einzugestehen
   Trennung von Gefühl und
   Handeln
   phrasenhaft (moralisierend)
5. hochmütig
   anmaßend, prätentiös
   heuchlerisch
   hart
F. *Fühlen, Gemüt*
1. innere Zurückgezogenheit
   verschlossen
2. Desinteresse an der Umwelt
   ängstlich
   Abwehrhaltung
3. Verbildung der Gefühle
   gefühlskalt
V. *Vitalbereich*
1. Vergewaltigung der Trieb-
   kräfte im Dienste eines
   Formideals
   verdrängtes Triebleben
2. Verdrängung bis zur Selbsttäuschung
   innere Verkrampftheit
   innere Abwehr
M. *mitmenschlicher Bereich*
1. Diskretion
   vornehme Zurückhaltung
   Abstand
   distinguiert
2. oberflächlich im Kontakt
   Abkapselung
   verschlossen

2. förmlich, zugeknöpft
   Tendenz zur Isolation
   schwer zugänglich
   äußerlich liebenswürdig bei
   innerem Unbeteiligtsein
   scheinbare Anpassung
   schwer beeinflußbar
   hart im Nehmen
   Halt suchend
3. kalte Höflichkeit
   unnatürlich, steif
   wenig soziale Bindung
   mehr nehm- als gebefreudig
   Mangel an Offenheit und
   Natürlichkeit
   subalternes Verhalten
4. intolerant
   versnobt
   mißtrauisch
   katzenfreundlich
   süffisant
   opportunistisch
5. unaufrichtig
   Duckmäuser
   falsch
L. *Leistungsbild*
1. geschickt in formalen
   Dingen
   tadellose Haltung
   stark belastbar, leistungsfähig
2. schwierigen Aufgaben und
   Schicksalsschlägen ge-
   wachsen
   wenig risikofreudig
3. konservativ
   pragmatisch und ideologie-
   feindlich
   diplomatisch

3. äußerlich gewandt
   unbeeinflußbar
   Gewohnheitsmensch
4. Verstellungskünstler
S. *Sonderformen*
gestützte Arkade
   A.4. kaschiert innere Ver-
      krampftheit und Unauf-
      richtigkeit durch Haltung
   W.3. Überforderung des Wil-
      lens
   I.4. Verschlossenheit
   V.1. Verspanntheit
      erregbar und nachtragend
      5. triebhafte, dumpfe Na-
         tur, die aktiv und kühl
         einem Ziel nachgeht, das
         aber verborgen wird
   M.4. verschlossen
      5. verschlagen
         verlogen
         unaufrichtig
   L.4. vorgetäuschte Geschäf-
      tigkeit
schlaffe Arkade
   V.4. Verdrängung und Ratio-
      nalisierung von Triebim-
      pulsen
Schleifenarkade
   A.3. Geltungsstreben
      4. Fassadennatur
   M.5. Scheinheiligkeit
      gerissener Heuchler
   I.3. gelegentlich hochfliegen-
      de ethische Anwandlungen
   I.4. Wunsch, etwas darzustel-
      len, was anlagemäßig
      oder umweltbedingt un-
      möglich ist

*druckschwache, unrhythmische
Arkade*
   M.4. Vortäuschung von Festig-
      keit und Sicherheit, Ver-
      schlossenheit
Winkelarkade
   W.4. Aggressivität, die sich
      hinter Förmlichkeit ver-
      birgt
Anfangsarkade
   A.3. Förmlichkeit
   I.3. Wunsch, sich von der
      Masse abzuheben
      4. unechtes Selbstbe-
         wußtsein
   L.4. leerer Aktivismus
Arkade in Rechtslage
   M.3. weich und katzenfreund-
      lich
      4. meist nicht ganz auf-
         richtig
Krallenzug am Ende
   I.1. Egoismus (versteckter)
      2. Sicherheitsdenken
         problemscheu
Arkaden in Oberzone
   G.2. Betonung geistiger Inter-
      essen
   W.2. Neigung zum Dogma-
      tismus
*arkadenhafte Umbildung in der
Oberzone;
arkadenhafte Einbindung der
Oberzone*
   G.3. geistige Dominations-
      wünsche
      4. fremdes Gedankengut als
         das eigene ausgebend

I.3. Fehleinschätzung der ei-
    genen Rolle
  4. narzißtisch
F.2. Gefühl für malerische
    Effekte
    gestaltungs- und darstel-
    lungsfreudig
L.3. formale Imitationsfähig-
    keit
  4. Schauspielerei

Schlußarkade
M.4. gehemmter Mitteilungs-
    drang aus Vorsicht, aus
    Berechnung, Angst, Ei-
    gensinn und Verlegen-
    heit, Widerspruch zwi-
    schen Sein und Schein
Mäander
W.3. will zwar, aber kann
    nicht, ist überfordert

Die Girlande

Die *Girlande* ist die Umkehrung der Arkade und stellt von der
Bewegung her eine natürliche Ausnutzung der Elastizitätsschwin-
gung dar, weshalb sie auch in ihrer Grundbedeutung auf einen
elastischen und anpassungsfähigen Charakter hinweist.

*Wenn man gemessenen Schrittes
zusammen mit seinem Gefährten
diesen Gang entlang gehen könnte,
dann stünden am Ende noch ein*

Die Girlande verläuft von links oben nach rechts oben und bildet
gleichsam eine offene Schale. Darin drücken sich Aufnahmebereitschaft, Aufgeschlossenheit und Offenheit gegenüber der Umwelt
aus. Die Bildhaftigkeit der Girlande kann man dabei noch wörtlicher
nehmen, als es bei der Arkade der Fall ist. Die Girlande ist nämlich
nicht nur nach oben hin geöffnet, sondern gleichzeitig vorwärtsgerichtet, was sich als wohlwollend einladende Geste deuten läßt:

Die offene Schalenform symbolisiert das Empfangende, Aufnah-
mebereite, Bewahrende. Sie gleicht einem Gefäß, das passiv auf-
nimmt, was von außen hineingegossen wird. Daher ist der Girlan-
denschreiber allen von außen auf ihn einströmenden Einflüssen
wehrlos ausgesetzt. Der bogenhafte Schwung der Girlande läßt ihre
subkortikale Herkunft erkennen; in dieser Bewegung kommt das

Gemüthafte, Gefühlsmäßige, das Lebendige, das Nicht-Geistige zum Ausdruck. In dem gelösten Schwung zeigt sich neben Toleranz und Ausgleichsfähigkeit jedoch auch eine Neigung zur Hemmungslosigkeit. Die Girlande ist aber auch Sinnbild des Weichen, Nachgiebigen und Verbindlichen. Wer in Girlanden schreibt, meidet entweder aus dem Bedürfnis nach Anpassung, aus mangelndem Willen zum Widerstand oder auch einfach aus Bequemlichkeit jegliche Schärfe im Umgangston.

Vom Verbindlichen ist es nicht weit zum Verbindenden und von da nur noch ein kleiner Schritt zur Kontaktfreudigkeit. Die Girlande steht daher auch für die Gebärde des spontanen Entgegenkommens, der Hinwendung zum Mitmenschen, für Güte, Versöhnlichkeit und Bejahung. Diese Bejahung geht allerdings dann zu weit, wenn man nicht mehr »nein« sagen kann, immer den Weg des geringsten Widerstandes einschlägt und ausnutzbar und schwach gegenüber jeglichem Druck wird. Dieser Weg führt manchmal von passiver Beeinflußbarkeit über weitgehende Nachgiebigkeit, Unselbständigkeit und allgemeine Willensschwäche bis hin zur Selbstaufgabe.

Eine schwache und müde Girlande deutet daher auf einen schwachen Antrieb hin, eine dynamische dagegen zeugt von tatkräftigen und gezügelten Antrieben. Typische »schöne« Girlanden mit Abstrichbetonung weisen am deutlichsten den Charakter einer flexiblen und natürlichen Anpassungsfähigkeit auf. Bei solchen Schreibern kommt oft noch eine gewisse *Völle* in der Mittelzone hinzu, die ihren Gefühlsreichtum unterstreicht.

Verstand und Willen dominieren mit Sicherheit bei den Girlandenschreibern nicht, dafür spielt das Herz eine um so größere Rolle. Die Girlande ist Ausdruck der Uneigennützigkeit, der praktizierten Humanität und des Strebens über die Grenzen des Ich hinaus.

Neben einigen anderen Sonderformen (siehe die nachfolgende Tabelle) darf eine Form der Girlande nicht außer Betracht bleiben, nämlich die Ringel- oder Schleifengirlande:

llll

Hier finden sich linksläufige Rundzüge in der Girlande, was auf Egozentrik hindeutet und damit gleichsam eine Aufhebung des Girlandencharakters bewirkt. Menschen mit dieser Eigenart im Schriftbild neigen häufig zu einer etwas übertriebenen, ja berechnenden Liebenswürdigkeit.

Verwandt mit der Schleifengirlande ist die gestützte Girlande:

Sie ist dadurch gekennzeichnet, daß Auf- und Abstrich zwischen zwei Girlanden sich weitgehend decken. Der Schriftpsychologe schließt daraus, daß wahrscheinlich die Vitalgrundlagen des Schreibers zu schwach sind und die Girlande deswegen erstarrt, um allgemeine Willensschwäche und/oder verdrängte Gefühle zu verbergen. Die gestützte Girlande kann jedoch auch ein starkes Anlehnungsbedürfnis oder die Unfähigkeit, allein zu sein, symbolisieren. Im folgenden finden Sie die einzelnen Bedeutungsebenen der *Girlande* nach den verschiedenen menschlichen Potentialen aufgeschlüsselt:

A. *allgemeines Verhalten*
1. hilfsbereit
   herzlich
   mütterlich
   ehrfurchtsfähig
2. liebenswürdig
   aufgeschlossen
   gutmütig
   offenherzig
   tolerant
   natürlich
   warmherzig
   hilfsbereit
3. immer ansprechbar
   locker
   ungezwungen
   unbefangen
   sanft
4. formlos
   salopp
   extravertiert
   verständnisvoll
   melancholisch
   masochistisch
5. weichlich

G. *geistige Fähigkeiten*
2. aufgeschlossen
   aufnahmebereit
   anregbar
   lernfähig, bildsam
   spontane Auffassung
   rege Phantasietätigkeit
3. mitteilungs- und ausdrucksfähig
4. spontan und offen
   Neigungen, Gefühlsurteile
   kaum kritisch oder selbstkritisch
   leicht ablenkbar
W. *Willensbereich*
2. zäh bei im Grunde weicher
   und nachgiebiger Psyche
   willig
3. duldsam
4. innerlich widerstandslos
   gegen Gefühlserlebnisse
   Wunsch nach Ungebundenheit
   weich
   widerstandsschwach

4. unentschieden
   unfähig, »nein« zu sagen
   nachgiebig und beeinflußbar
   wankelmütig
   ablenkbar aus Willens-
   schwäche
   schlaff
   bequem
5. anpassungsunfähig aus
   Mangel an eigenen Zielen
   Mangel an Selbstdisziplin
   Tendenz zur Selbstaufgabe
I. *Ich-Bereich*
3. Vorherrschen des Wunsch-
   lebens
   Tendenz zum Subjekti-
   vismus
   befangen, naiv
4. Mangel an innerer Festigkeit
   unfertig
   unselbständig
   Tendenz zur Verdrängung
   gedrückt, schwermütig
   Neigung zu Depressionen
   Mangel an Selbstbewahrung
   Wunsch, sich zu ver-
   schenken
   Gemütsegoismus (bei Einrollungen)
   Tyrann aus Liebe
5. unstillbare Neugier
   unaufrichtig
F. *Fühlen, Gemüt*
2. natürliche Gefühlsoffenheit
   emotional
   natürliche Hingabefähigkeit
   liebesfähig und liebebe-
   dürftig
   erlebnisfähig

2. mitfühlsam
3. empfänglich
   weich
   Fähigkeit zur Mitfreude und
   zum Mitleid
   Gefühlsverschwommenheit
   stimmungsabhängig
   kindlich, naiv
   ablenkungsbedürftig
   passive Anteilnahme
4. weinerlich
   sentimental
   leicht beeinflußbar
V. *Vitalbereich*
3. weiblicher Typus
   Wunsch, verwöhnt zu
   werden
4. Erlebnishunger, Erlebnis-
   erwartung
5. Hemmungslosigkeit
M. *mitmenschlicher Bereich*
1. elastische Anpassung an
   Menschen und Situationen
   Güte und Wohlwollen als
   Grundhaltung
   geduldig
   fürsorglich
2. entgegenkommend und ver-
   söhnlich
   gutmütig, gutartig
   natürlich, offen, unverstellt
   Einfügungs- und Anpas-
   sungsgabe
   mitfühlend
   kontaktfreudig
   verträglich
   anpassungswillig
   fähig, sich mitzufreuen und
   mitzuleiden

3. Wunsch nach Zuneigung
   vertrauensvoll
   gesellig
   verbindlich
   hingebungsfähig
   mitteilungsbedürftig
   Bedürfnis nach Beliebtheit
   konziliant
   jovial
4. umweltabhängig
   anfällig für Massensugge-
   stion
   einschmeichelnd
   übertrieben liebenswürdig
   berechnend freundlich
   distanzlos
   kokett
   zudringlich
   schwatzhaft
5. wahllos
   verführbar
   Tendenz zur Selbstaufgabe

L. *Leistungsbild*

1. wendig, beweglich, ge-
   wandt
   hohes Einfühlungsver-
   mögen
   sehr anpassungsfähig
   wahrheitsliebend
   aufrichtig
2. Anerkennungsbereitschaft
   Arbeit geht leicht von der
   Hand
   emotionale Biegsamkeit und
   Schmiegsamkeit
3. widerstandsscheu
   Jasager
   umständliche Betulichkeit
   unfähig, allein zu sein

4. gewandt im Auftreten
   raffinierte Anpassung
   Abwechslungsbedürfnis
   Redseligkeit
   Mangel an Ernst
   Neigung, die Dinge zu
   leicht zu nehmen
   oberflächlich
   formlos
   übertrieben tolerant und
   sorglos
5. beeinflußbar bis zur Hörig-
   keit
   klatschsüchtig
   unfähig, »nein« zu sagen
   bequem
   Tendenz, die Dinge laufen
   zu lassen

S. *Sonderformen*
gestützte Girlande, Deckgir-
lande

A.4. Schuldgefühle
I.4. Ich-Gebundenheit aus innerer Gehemmtheit
   neurotische Erlebnisangst
F.3. weich
   sensibel, einfühlsam, gutartig
V.3. erregbar und zäh, aber
   Weichheit und Wärme des
   Empfindens herrschen
   vor
   4. befangen, gehemmt
   Affektverdrängungen

Schleifengirlande (Kranken-
schwesterngirlande – linksläufi-
ge Sonderform)

A.4. Spontaneität und
Offenheit sind aufgrund
komplexbedingter Ängst-
lichkeit gehemmt

G.4. äußerliches Daherreden

I.3. Zug unbewußter Ich-Gebundenheit

   4. mit der eigenen Natürlichkeit und Unbeküm-
mertheit kokettierend
egoistisch
Charmeur

M.3. liebevoll
anlehnungsbedürftig
unfähig, allein zu sein

M.4. aus Berechnung übertrieben liebenswürdig

tief durchhängende Girlande

W.4. Widerstandsschwäche
gegenüber Gefühlserleb-
nissen

F.4. schwermütig

große Hängegirlande

M.4. geschwätzig

Winkelgirlande

W.4. Wunsch, die Wirkung
von Eindrücken abzu-
schwächen

M.4. liebenswürdiges Gehabe
bei innerer Härte

Endgirlande

M.2. entgegenkommend

   3. liebenswürdig im Umgang

Girlande und scharfer Anstrich

M.3. diskussionsfreudig

Girlande und Steillage

L.4. faul
redselig

   5. unzuverlässig

Girlande und Winkel
(unregelmäßig)

W.4. gespielte Festigkeit
Tendenz, sich von Gefüh-
len überwältigen zu lassen

offene o, a, d, g

F.3. diffuse Gefühlsseligkeit

M.4. Quasselstrippe
unfähig, Gefühle zu ver-
bergen

Der Winkel

Als reine Bewegung stellt der *Winkel* eine unvermittelte Richtungs-
änderung dar und ist daher, graphologisch betrachtet, eine Beeinträchtigung der natürlich fließenden Bewegung. Der andauernde
Wechsel der Schriftrichtung erfordert am Wendepunkt eine Bremsung, die auf eine ständige innere Verspannung des Schreibers
schließen läßt. Diese Verkrampftheit und innere Zerrissenheit ver-
hindern einen natürlichen Schreibfluß.

[handschriftlicher Text, teilweise unleserlich]

Gerade Bewegungsabläufe wählt man, wenn man den geraden oder kürzesten Weg gehen will und nicht erst nach rechts oder links schauen und auch nicht abgelenkt oder sonstwie aufgehalten werden möchte. Der *Winkel* ist unter diesem Gesichtspunkt die schriftpsychologisch eindeutigste Bindungsform. Dem Winkelschreiber kommt es wesentlich auf den Sachverhalt an, Klarheit und Genauigkeit stehen für ihn im Mittelpunkt, er will auf jeden Fall verstanden werden. Da diese Bewegung in ihrer Richtung fixiert ist, kennt sie auch keine weichen Übergänge, in denen sich die Neigung zu kompromißlosem Verhalten, aber auch zu Härte und Widerstand andeutet. Man wählt solche unvermittelten Übergänge auch dann, wenn man eine Anpassung an äußere Gegebenheiten vermeiden und sein Gegenüber mit plötzlichen Entscheidungen überraschen will und sich dabei vor Konflikten keineswegs scheut.

Auch wenn der Winkelschreiber demonstrativ seine Geradheit und Festigkeit herausstellt (insbesondere in Verbindung mit *Steilheit*, *Größe* und *Druck*), so verrät doch in jedem Fall die Spannung, die im Winkelduktus liegt, sein sprunghaftes Auf-der-Lauer-Liegen. In der diese Orientierung begleitenden Wachheit und Bewußtheit zeigt sich eindeutig eine Priorität des Willens; auf der anderen Seite haben Gefühle und Gemütsbewegungen als »Schwäche« zurückzutreten. Ein solcher Mensch kann sich weder wirklich entspannen, noch ist er zur Anpassung bereit. Er geht *seinen* Weg, und dabei bleibt es. Aus alledem resultiert eine Tendenz zum Konservatismus und zur inneren Verhärtung, die bis zu unbeugsamer Rechthaberei und geistiger Erstarrung führen kann.

Je schärfer und spitzer der Winkel, desto mehr nähert er sich in der Form einer Waffe an und symbolisiert daher auch Aggressivität und unberechenbares Verhalten. Enge, kleine und versteifte Winkel hingegen deuten auf seelische Nüchternheit, mangelnde Anpassungsbereitschaft und psychische (neurotische) Spannungen.

Der Winkelschreiber ist niemals ein Mensch des Sowohl-als-Auch, sondern Prototyp des Entweder–Oder. Er geht nicht einfach so dahin, sondern er marschiert, er gebraucht seine Ellenbogen und reagiert auf Angriffe mit stacheligen Ausfällen. Der Wille und vor allem der Eigenwille sind seine Hauptcharakteristika. Gelegentlich stellt der Winkel aber auch eine Kompensationsgeste dar. Das kann man immer dann vermuten, wenn die Grundlage labil ist und der Schreiber auf der Suche nach Halt und Festigkeit sich an die Winkelform klammert. Dabei treten dann die Winkel nicht nur in der Mittelzone, sondern vor allem in der Unterzone und gelegentlich auch in der Oberzone verstärkt auf. Prinzipiell aber weist der *Winkel* den Graphologen auf die Vorherrschaft des Willens und auf bewußte Steuerung hin.

A. *allgemeines Verhalten*
1. Stabilität als Ideal
   konservativ
   aufrechtes Wesen
   unbeirrbar
   ethische Überzeugungskraft
   eindeutig, klar
2. solide, korrekt
   männlich, hart, ernst
   standhaft
   gesinnungsfest
   Tendenz zur Verhärtung
   hohes Berufsethos
3. konservativ
   kämpferisch
   kompromißlos
   Michael-Kohlhaas-Natur
4. humorlos
   unnachgiebig
   fanatisch
   offensiv
   dogmatisch
5. philiströs

G. *geistige Fähigkeiten*
2. emotionslos und pragmatisch im Denken
   Verstandesvorherrschaft
   schlagfertig
3. wach, bewußt
   nüchtern
   konzentriert
   direkt zupackendes Denken
4. unbeugsam und stur im Denken
   Tendenz zu Vorurteilen
   Neigung zum Vereinfachen
   kritiksüchtig
   einseitig
5. spitzfindig, verbohrt
   beschränkt

W. *Willensbereich*
1. unerschütterlicher Wille
   bewußte Selbstdisziplinierung
   innere Festigkeit
   unbedingte Konsequenz

2. Durchhaltevermögen
   tatkräftig
   zäh und ausdauernd
   zielsicher
   beharrlich
   entschieden
   selbstbeherrscht
3. kein Zurückweichen vor
   Widerständen
   aktive (und passive) Willenskraft
   resolut
   mutig
   fleißig
4. Wille zur Macht
   eigensinnig
   rechthaberisch
5. halsstarrig
I. *Ich-Bereich*
1. standesbewußt
   unbedingte innere Sicherheit
2. Selbstbehauptungswille
   hart gegen sich selbst
3. kampfbereit
   herausfordernd
   aufsässig
4. selbstgerecht
   eigenwillig
   unnachgiebig
   engherzig
   rechthaberisch
5. egoistisch
   Opposition um jeden Preis
   unnachsichtig
F. *Fühlen, Gemüt*
4. schizothyme Emotionalität
   gehemmt, verkrampft
   seelisch verspannt

4. innerlich zerrissen
   spröde, starr
   lieblos, kalt
   Mangel an Einfühlung
   empfindlich, prüde
   stolz
   teilnahmslos
   schizoide Gespaltenheit
   ungeduldig
   hitzig, heftig
   reizbar, leicht erregbar
5. jähzornig
   halsstarrig
   kaltblütig
   gefühllos
   unnachgiebig
   gallig
V. *Vitalbereich*
1. kraftvoll männlich
2. tatkräftig
3. Unterdrückung der Triebe
4. unfähig zum Genuß
   Mangel an Flexibilität
   und Natürlichkeit
5. psychisch starr
   seelisch arm
   in sich gespalten
M. *mitmenschlicher Bereich*
3. kompromißlos
   nicht konzessionsfähig
   humorlos
4. anpassungsunfähig
   hart
   unverbindlich
   latent aggressiv
   verständnislos
   unfähig, Widerspruch zu
   ertragen
   Meidung enger Kontakte

4. Hadern mit der eigenen
   Person und der Umwelt
   unduldsam
5. nachtragend, unversöhnlich
   aufbrausend schroff
   aggressiv, Kampfhahn
   plump
   unnachsichtig, rücksichtslos
   tyrannisch
   Querulant
   Intrigant
L. *Leistungsbild*
1. vorbildliche Arbeitshaltung
   einsatzfreudig
   prinzipientreu
2. Pflicht- und Verantwortungsgefühl
   ehrlich
   verläßlich
   sauber
   genau, eindeutig
   geradeheraus, unbeirrt
   unermüdlich
3. redlich, gerecht
   arbeitswillig
   immer tätig, nie befriedigt
   aktiv um jeden Preis
   stur
   verbissen
   Arbeitsfanatiker
   puritanisch
   pedantisch
4. starres Festhalten am Alten
   unzugänglich für Neues
   undiplomatisch
   Neigung zu
   Vereinfachungen
   Arbeitswut aus
   Rechtfertigungszwang

5. dickköpfig
   Neigung zur Schikane
   Altersstarrsinn
Sonderformen
weicher Winkel
W.4. beschränkte innere
   Festigkeit
Winkelgirlande
W.3. Wunsch nach innerer
   Unabhängigkeit
M.3. äußerlich liebenswürdig,
   innerlich hart
Winkel, verbunden, teigig, weit
gegliedert
A.2. dynamische Führungs-
   kraft mit Durchsetzungs-
   vermögen
gestützter Winkel
M.5. verschlagen
   Bauernfänger
   unaufrichtig
Verschmierung und Verdunke-
lung von Winkelecken
V.3. verdrängte Triebregungen
Winkelformen außerhalb der
Bindung besonders an Schleifen
und Langlängen
F.4. ungeduldig, reizbar
Winkelverschmierungen
A.5. doppelte Moral
größere Winkel
M.4. aggressiv
Winkel in starker Rechtslage
M.3. konzessionsbereit
   leichter ansprechbar, als
   man ursprünglich meint
L.3. Einsatzbereitschaft nur
   bei Einsicht in die Not-
   wendigkeit

Der Faden

Das Gegenteil jener Klarheit, die im Winkel zum Ausdruck kommt,
stellt der ungesteuerte, wellen- oder schlangenförmige *Faden* dar, der
von der Bewegung wie vom Prinzip her allem ausweicht. Der Faden
hat in seiner graphischen Erscheinung eine Tendenz zu Formvernachlässigung, Formauflösung und Formzerfall. Diese Tendenz
entspricht einer Haltung, die als labil, schlaff und haltlos gelten muß,
jedenfalls ungefestigt und nicht zielgerichtet ist.

Die Fadenschrift symbolisiert die Unentschiedenheit und Ambiva-
lenz eines Menschen, der sich nicht festlegt, sich nicht an fremde
Vorstellungen binden möchte, sondern den Weg des Eigennutzes und
der Egozentrik geht. Undeutlichkeit, Verwaschenheit und Ver-
schwommenheit sind typisch für einen solchen Charakter, aber auch
seine Vielfältigkeit, Beweglichkeit und Gewandtheit sowie die Begabung, sich durchzulavieren und durchzuschlängeln.

Der in ständiger Bewegung begriffene Faden ist meist unruhig, was
auf mangelnde innere Stabilität zurückzuführen ist, aber auch Rich-
tungsunsicherheit erkennen läßt. Der Fadenschreiber ist bemüht,
sich allen Gegebenheiten möglichst rasch, reibungslos und umfas-
send anzupassen. Ein stabiler Kern ist nicht vorhanden, aber der
Antrieb kann trotzdem stark sein, genausogut sich aber auch in
allgemeiner Beweglichkeit und Agilität erschöpfen.

Die Lesbarkeit einer Schrift wird durch den Faden meist erschwert, und darin zeigt sich, daß dem Schreiber der Empfänger der
Information im Grunde genommen gleichgültig ist. Dahinter verbirgt sich nicht nur eine mangelnde Bereitschaft zu echten menschlichen Beziehungen, auch Aufrichtigkeit und Offenheit läßt der
Fadenschreiber vermissen, was ihm das Odium der Unaufrichtigkeit
eingebracht hat, und das sicher nicht ganz zu Unrecht, obwohl in

vielen Fällen doch wohl eher Wurstigkeit und eine Laisser-faire-Haltung dahinterstehen.

In der Deutung unterscheiden wir zwei Spielarten des Fadens: den *schwachen* und den *gestalteten Faden.* Der gestaltete beeinträchtigt im Gegensatz zum schwachen Faden die Lesbarkeit nicht im geringsten, sondern weist schon beinahe künstlerisch-geniale Züge auf, wogegen die ungestaltete Form eher einem faulen Kompromiß gleichkommt. Zwischen künstlerischer Begabung und resignierender Lustlosigkeit liegt eine schillernde Skala von Verhaltensweisen, die von echtem Können bis zur Scharlatanerie reicht.

Die nur als *End-* oder *Eilefaden* bekannte Form des Fadens hat zwar die gleiche formlose Ausprägung wie der schwache Faden, dürfte aber eher in Richtung Hast oder mangelnder Durchhaltekraft zu deuten sein.

A. *allgemeines Verhalten*
2. ewiges Suchen ohne klares Ziel
   geschmeidig
3. Bohème-Natur
   unbeständig
   vielfältig
4. veränderlich
   nicht festgelegt
   wankelmütig
   formlos
   maßstablos
   ruhelos
5. schillernd vieldeutig
   schwer zu durchschauen
   schwer einzuordnen
   meist unbestimmbarer Charakter
   gesichtslos, charakterlos
   feige
   anarchisch
   psychopathische Grund-veranlagung
   kompromißlos

G. *geistige Fähigkeiten*
1. schöpferische Individualität
   geniales Fassungsvermögen
   intuitive Erfindungsgabe
   denkgewandt
   talentiert
2. schauspielerische Verwand-lungskunst
   Improvisationsgabe
   leichte Auffassungsgabe
   Kombinationsgabe
   ausgeprägte Assoziations-fähigkeit
   geistiges Assimilationsver-mögen
   schnelle und spontane Reak-tion
   Fingerspitzengefühl
   diplomatisches Geschick
   kriminalistische Fähigkeiten
   Spürsinn
   Lebensklugheit
3. allgemein begabt
   Sinn für Realität

3. Einfühlungsgabe
   berechnend
   vielseitig
   instinktsicher
   politisch begabt
   vorwärtsdrängend,
   dynamisch
   vorurteilslos
   mediale Kräfte, mediale
   Anlagen
4. visionäre Besessenheit
   berechnende Schläue
   seicht und oberflächlich
   geringe Beobachtungsgabe
5. Vernunftwidrigkeit
   Gerissenheit und List
   Raffinesse

W. *Willensbereich*
2. agil
3. innerlich formbar
   manipulierbar
   Vorliebe für den Weg des
   geringsten Widerstandes
   nicht auf bestimmte Ziele
   festgelegt
4. richtungslos
   Mangel an innerer Stabilität
   labil
   schlapp, flach
5. charakterlos
   Ablehnung von Gesetz und
   Norm
   ohne Rückgrat
   sehr störanfällig
   Urfeind allen Spießertums

I. *Ich-Bereich*
3. Identifikation mit dem
   Gegenüber
   innerlich unerfüllt

3. Ich-Flucht
   selbstironisch
   suggestibel
4. unkultiviert
   Mangel an festem Kern
   ruhelos
5. unlauter
   opportunistisch
   Mißachtung der Autorität
   innere Anarchie
   Anarchie der Werte,
   chaotisch

F. *Fühlen, Gemüt*
2. sensibel
   hellhörig, feinfühlig
3. innerlich unruhig
   Flachheit des Erlebens bei
   gleichzeitigem Erlebnishunger
   Neid auf erfüllt lebende
   Menschen
   gleichgültig
   Gefühl der Sinnlosigkeit
   innere Leere
   Sensationslust
4. hohe Reizbarkeit und Emp-
   findlichkeit
5. unstillbarer Erlebnishunger
   Tendenz zu Maßlosigkeit

V. *Vitalbereich*
2. instinktorientiert
3. Spielball unbewußter Kräfte
   empfänglich für Mythen
   und Magie
   reflexähnliche Reaktionen
4. allgemeine Schwäche
   Degeneriertheit
   Traditionslosigkeit
   Suchtgefahr

4. triebgesteuert
   mangelndes Empfinden für
   die eigenen Grenzen
   völlig hemmungslos
   dämonische Natur
   chaotisch
   Todestrieb
   Selbstmordgefahr
M. *mitmenschlicher Bereich*
2. wankelmütig
   unvoreingenommen
   konfliktscheu
   stimmungslabil
   unloyal
   Anpassung um jeden Preis
   (aber nur äußerlich)
4. berechnendes Eingehen auf
   andere
   labil
   unbestimmt, vieldeutig
   an allem Über- und Unter-
   menschlichen interessiert
5. Hochstapler
   undurchdringlich
   krankhaft verlogen
   verschlagen
   demagogische Suggestions-
   kraft
   krankhaft mißtrauisch
   hysterisch, neurotisch
   destruktiv
L. *Leistungsbild*
1. genial
   gutes psychologisches Einfühlungsvermögen
   Virtuosität im Umgang mit
   Hindernissen
2. magische Fähigkeiten
   ungeformtes Talent

2. geschickt, wendig, beweglich
   sehr anpassungsfähig
   improvisationsfähig
   diplomatisch
4. bequem
   Tendenz zum Lavieren
   verantwortungsscheu
   Mangel an Gründlichkeit
   opportunistisch
   leger
   kein Sinn für Qualität
   ohne Linie
   psychisch unbeweglich
   wenig belastbar
   unergründlich
5. unzuverlässig
   lavierend
   verantwortungsscheu
   pflichtvergessen
   gewissenlos
Sonderformen
straffer Faden
W.2. kühn
   Erneuerungswille
   Pioniergeist
schlaffer Faden
L.4. lustlos
   leicht ermüdbar
   Mangel an persönlichem
   Einsatz
gestützter Faden (Sacré-coeur-
Zug)
A.4. Tendenz zu uneingestan-
   denem Gesinnungs-
   wechsel
   Festhalten an äußerer
   Form bei innerer
   Unbeständigkeit
   jesuitische Gesinnung

5. scheinheilig
konventionelle Heuchelei
Chamäleon
Faden mit Teigigkeit
A.3. charmant
G.2. Bauernschläue
M.4. neugierig und zugleich
verschlossen

*End- beziehungsweise Eile-
faden*
M.2. psychologisches Einfüh-
lungsvermögen
A.4. gesinnungslos, labil
W.4. mangelndes Durchhalte-
vermögen
F.4. Hast, neurasthenische
Unruhe

Andere Bindungsformen

Häufiger als die *reinen Bindungsformen* finden sich in der Handschrift *Mischformen* beziehungsweise *verschiedene Typen von Bindungsformen nebeneinander.* Diese Praxis ist Ausdruck der verschiedenartigen, manchmal sogar gegensätzlichen Antriebe, die in einem Menschen wirksam sind. Solchen Menschen fehlt es zwar an einer klaren Ausrichtung, dafür verfügen sie jedoch über höchst vielfältige Möglichkeiten. Weil ihr Persönlichkeitskern ungefestigt geblieben ist, stellen sie sich auf die jeweiligen Gegebenheiten in ihrer Umwelt sofort mit einer fast instinktiven Sicherheit richtig ein. Diese Anpassung ist jedoch nur eine situationsbedingte und enthält keine wirkliche Perspektive, aber unter den gegebenen Umständen erfüllt sie ihren Zweck. Der Wechsel der Bindungsformen deutet auf einen Charakter hin, der entweder sehr *vielseitig* oder aber recht *vieldeutig* ist. Je nach ihrer Formhöhe kann eine solche Schrift ebenso auf diplomatisches Geschick wie auf neurotische Fehlanpassungen, Minderwertigkeitsgefühle und Kraftlosigkeit hinweisen.

Girlande		Arkade	
Winkel		Faden	
Doppelbogen		Doppelkurve	
Geradverbindung		gestützte	
Mäanderform		Bindungsform	
Winkelgirlande		Winkelarkade	
Sacré-coeur-Duktus		Haifischzahn	
geschleifte Formen			
schulmäßige Bindungsform			

Es kommt vor, daß Menschen ihre Schrift stilisieren und dadurch auffallen: und genau diesen Effekt wollen sie ja auch erzielen. Solche Aufschneider sind vornehmlich schwache Figuren, die ihre vermeintliche Besonderheit eindringlich dokumentieren wollen, selbst auf die Gefahr hin, geschmacklos zu wirken.

Eine besondere Art der Bindungsform ist der *Doppelbogen.* Diese Bindungsform ist Menschen eigen, die sich nie wirklich fassen lassen und allen nur denkbaren Konflikten ständig ausweichen. In diese Kategorie gehören Allerweltskosmopoliten ebenso wie gewisse Stammtischstrategen, die sich in ihrer Meinung nie wirklich festlegen. Da es ihnen an einem festen Kern fehlt, ist Unbestimmtheit ihr Hauptmerkmal.

Der *Doppelbogen* ist wohl zu unterscheiden von der *Doppelkurve* (auch *Flammenlinie* genannt), die nicht horizontal, sondern vertikal verläuft und die Schrift eines kreativen Menschen mit hoher Einfühlungsgabe und künstlerischem Gestaltungswillen auszeichnet.

Eine weitere Bindungsform ist die *Geradverbindung.* Sie ist Ausdruck von Zweckorientiertheit, die allerdings gelegentlich auch vor handfestem Opportunismus nicht zurückschreckt.

Die Bindung mit der weitesten Verbreitung ist die *schulmäßige Bindungsform.* Diese Schreibweise ist ein Zeichen von Gehemmtheit und von tiefgreifenden Zweifeln am Wert der eigenen Person. Im Jugendalter ist an dem Grad der Fortentwicklung von der erlernten Schulnorm der Reifungsgrad eines jungen Menschen leicht abzulesen, es kann jedoch in der Folge wiederum zu einer Regression des Schriftbildes auf eine kindliche Stufe kommen. Darin reflektiert sich die geistig-seelische Stagnation des Schreibers. Vom ehemaligen Musterschüler zum subalternen kleinen Beamten ist der Schritt ja nicht so weit. Erstarrte Konventionalität spricht ebenso aus solchen Schriftzügen wie Hilflosigkeit und Schwäche, die sich hinter einer Schablone verbergen möchten. Wer noch als Erwachsener ein solches Korsett braucht, zeigt damit, daß er durch krampfhaftes Festhalten an Sitte, Konvention, Gesetz und Ordnung ein Gegengewicht zu seiner inneren Unsicherheit und seinem Mangel an Kraft schaffen will.

wechselnde Bindungsformen	
A. *allgemeines Verhalten*	4. schwankende Wesensart
3. Flexibilität	verschwommener
4. richtungslos	Charakter
	Mangel an Persönlichkeit

4. kein Format
    häufiger Gesinnungs-
    wechsel
    innerlich ungefestigt
G. *geistige Fähigkeiten*
1. genialisch
2. Universalität
    Vielseitigkeit
3. Formalismus
4. unkonzentriert
    zerstreut
    Neigung zur leeren Phrase
V. *Vitalbereich*
4. neurotisch
    Unechtheit
    innere Zerrissenheit
I. *Ich-Bereich*
4. dünkelhaft
    zerrissen
    standpunktlos
M. *mitmenschlicher Bereich*
3. weltbürgerlich
    anpassungsfähig
    konfliktscheu
    natürliches psychologisches
    Verständnis
4. unzuverlässig
    neurotisch bestimmte
    Scheinanpassung
    unverbindlich
    opportunistisch
5. Anpassungssucht
    zweideutiges Verhalten
L. *Leistungsbild*
3. gewandt
4. undefinierbar
5. unzuverlässig

schulmäßige Bindung
A. *allgemeines Verhalten*
3. normenabhängig
    konventionsgebunden
    Musterschüler
    Beamtenmentalität
    subaltern
    langweiliger Spießer
4. unpersönlich
    wenig ausgeprägte Indivi-
    dualität
    gesichtslos
    abhängig
5. ressentimentgeladener
    Biedermann
    Wolf im Schafpelz
G. *geistige Fähigkeiten*
4. manipulierbar
    beschränkter Horizont
    Mangel an Urteilsfähigkeit
W. *Willensbereich*
2. Selbstdisziplin
    Pharisäer
3. fleißig
    korrekt
    gehorsam
    gutwillig
I. *Ich-Bereich*
3. Furcht vor persönlicher
    Exponiertheit
    langweilig
4. unausgereift
5. infantil
    Neigung zur Selbstüber-
    schätzung
V. *Vitalbereich*
3. Triebunterdrückung
4. uneingestandene Sinnlichkeit
    falsche Bescheidenheit

5. scheinheilig
   infantil
   Rationalisierung krimineller
   Neigungen
M. *mitmenschlicher Bereich*
3. vorbehaltlose Unterordnung
   Massenmensch
   autoritätsgläubig
   kriecherisch
4. Stammtischstratege
   Vereinsmeier
   Chef in der Familie
   Herdentrieb
   Hang zum Cliquenwesen
3. Mitläufer
L. *Leistungsbild*
2. gewissenhaft
   zuverlässig im Kleinen
   korrekt
3. kleinlich, aber pflichttreu
   korrekt und pflichtbewußt
   unselbständig
4. monoton, pedantisch
   verantwortungsscheu
*Lautzeichenmischung Deutsch
und Latein*
   G.2. autodidaktische Bildung
*Lautzeichenwechsel
(unregelmäßig)*
   A.5. Labilität
Geradverbindungen
   G.3. Formalismus
   M.4. Opportunismus
   berechnend
Doppelkurve
   A.1. musikalisch
   darstellend künstlerisch

A.1. poetisch
   kreativ
G.1. produktiv
   2. rezeptiv
F.2. ästhetisches Verständnis
   Takt und Zartgefühl
   künstlerisch ambitioniert
M.2. Einfühlungsgabe
Mischformen/Doppelbogen
A.4. unbestimmt
   vieldeutig
   schlaff
   mangelnde Kraft
*primitive Schulform mit unter-
entwickelter Lesbarkeit (dazu
Anfangsbetonung und größer
werdende Wortenden)*
V.4. Neigung zu Kurzschluß-
   handlungen
   reizbar
   parasitär, rücksichtslos
   wegen innerer Unsicherheit stark gefährdet
*Mäanderschriften (pubertäre
Form der Stützarkade/-gir-
lande)*
A.4. völlig verschlossen
V.4. emotional gestört
stilisierte Bindungsformen
I.4. Streben nach Bewunde-
   rung durch die anderen
F.3. ästhetisch anspruchsvoll
Sacré-coeur-Zug
A.4. neurotisch
   5. verschlagen
Haifischzahn
A.5. gerissen
   habgierig

Der Verbundenheitsgrad

Zur Ermittlung des *Verbundenheitsgrades* analysieren wir jene Stellen in einem handgeschriebenen Text, an denen der Schreiber abgesetzt hat und der Schreibfluß unterbrochen ist. Ein starker Verbundenheitsgrad ist relativ selten, die Regel ist ein mittlerer Verbundenheitsgrad, das heißt, kurze Wörter sind verbunden und bei längeren sind es mindestens vier Buchstaben in einer Folge. Unterbrechungen durch Oberzeichensetzung werden dabei nicht mitgezählt. Ist die Schrift jedoch trotz Oberzeichensetzung verbunden, so ist das um so positiver.

Der Verbundenheitsgrad einer Schrift symbolisiert die Beziehung des Schrifteigners zu seinen Mitmenschen und der »Außenwelt« überhaupt. Diese Relation ist ein permanenter Prozeß und hinterläßt ihre Spuren auch im Bewegungsablauf des Schreibers. Daher zeigt der Verbundenheitsgrad der Schrift auch den Grad der Eingebundenheit in den sozialen und allgemeinen »Außenwelt«-Kontext an. Wer *verbindet,* will jede Vereinzelung und Isolierung vermeiden. Stetigkeit und Gleichmäßigkeit des Schriftflusses deuten darauf hin, daß der Schreiber konsequent zu Ende führt, was er einmal angefangen hat, ohne sich dabei stören oder ablenken zu lassen. Ein solcher Mensch ist jedoch andererseits unfähig, Ungewöhnliches oder abseits Liegendes in seine Gedanken miteinzubeziehen.

Nun gibt es im Alphabet *bindungsfreundliche* und *bindungsfeindliche* Buchstaben. Als bindungsfreundlich gelten alle nach rechts auslaufenden Buchstaben, wie *a g e c b l h m n u*, als bindungsfeindlich die nach links auslaufenden, wie *S s I T P D* auch *i j ä ö ü*. Werden sie dennoch dem Schreibfluß dienstbar gemacht, so ist das um so bedeutsamer und ein Kriterium echter Integration.

Schreibgewandte Menschen neigen eher zu *Verbundenheit,* besonders auch zu geschickten *Knüpfungen,* die das wesentliche Kriterium der Schreibgewandtheit überhaupt sind. Die gelungene organische Verbindung der Buchstaben und die Gestaltung von in sich geschlossenen Wortbildern deuten auf ein entwickeltes und praktisch ausgerichtetes Denkvermögen und damit auf die Fähigkeiten zu diskursivem Denken, zum Kombinieren, Abstrahieren und systematischen Arbeiten.

Wer verbunden schreibt, hat die Begabung, auch an sich Unverknüpftes miteinander zu verbinden und Einzelerfahrungen in Gesamtzusammenhänge einzuordnen. Ein ausgeprägtes Kombinationsvermögen entdeckt sehr rasch nützliche Zusammenhänge und Lösungsmöglichkeiten für Probleme. Es ist ein Mittel rationaler Durchdringung und hat eine sehr starke Tendenz zur Systematisierung. Schreiber mit hohem Verbundenheitsgrad streben daher eine möglichst weitgehende Übereinstimmung zwischen Theorie und Praxis an.

Ein hoher Verbundenheitsgrad ist ebenfalls ein Zeichen von Eile und spiegelt daher auch den Grad der seelischen Dynamik wider. Zusätzliche Kriterien dieser Dynamik sind Merkmale wie *Rechtsläufigkeit, Treffsicherheit* und *Weite.* Auskunft über den Verbundenheitsgrad geben aber auch *Ligaturen, eingebundene Oberzeichen, Luftbrücken, imaginäre Züge* und *immaterielle Linien,* das heißt jene Verbindungen, die zwar nicht auf dem Papier stehen, jedoch ohne korrigierende Eingriffe zwischen zwei Buchstaben hergestellt werden könnten. Derartige Merkmale weisen auf eine hohe Intelligenz und ein rasches Auffassungsvermögen des Schreibers hin. Beispiel:

Nicht selten aber ist ein hoher Verbundenheitsgrad auch ein Zeichen von Ängstlichkeit, und zwar besonders dann, wenn noch die Merkmale *Langsamkeit* und *Enge* hinzukommen. Eine solche Schrift reflektiert die Scheu des Schreibers, die Sicherheit der Verbindung aufzugeben und damit einen ungesicherten Schritt ins Leere und Unbekannte zu vollziehen.

Eher negativ einzuordnen ist ein hoher *Verbundenheitsgrad* bei niederer Formstufe. Diese Kombination deutet auf Tatsachenblindheit, oberflächliches Erfassen, Vernachlässigung von Details oder ganz allgemein Gedankenlosigkeit hin. *Ungewöhnliche Verbindungen* hingegen reflektieren das seltene Vermögen, scheinbar unvereinbare oder weit auseinander liegende Sachverhalte in eine schöpferische Beziehung zu bringen, wie das bei (Tiefen-)Psychologen, Juristen, Managern und auch Forschern häufig der Fall ist.

A. *allgemeines Verhalten*
2. eher konservativ
   prinzipientreu
   natürlich (extravertiert)
3. realistisch
   ein wenig naiv
4. Neigung zum Intellektualismus
   Gewohnheitsmensch
   herdenhaft
G. *geistige Fähigkeiten*
1. souverän im Erfassen von
   Zusammenhängen
   Voraussicht
   Gründlichkeit
   folgerichtig im Denken
   weiter Horizont
2. Abstraktionsvermögen
   hohe Assoziationsfähigkeit
   Neigung zum spekulativen
   Denken
   systematisierende Intelligenz
   hellsichtig
   rasche Auffassung
   rasches, methodisches
   Denken
   Kombinationsgabe
   Organisationsgabe
   gutes Gedächtnis

2. schlagfertig
   konsequent im Denken und
   Handeln
3. realistisch
   Fähigkeit zum dialektischen
   Denken
   vorsichtig
   eingefahren
4. unselbständiges Urteil
   unüberlegt
   Mangel an Überblick
   ungenau
   kleinlich
   wenig kreativ
   Neigung zu Verallgemeinerungen
   oberflächlich
   unachtsam
   schlechte Beobachtungsgabe
   geistig unselbständig
   gedankenlos
   mangelndes Urteilsvermögen
   unklar im Denken
5. blind gegen Einzelheiten
   Neigung zu dialektischen
   Spiegelfechtereien
   Verdrehungskunst,
   Gaukelei

W. *Willensbereich*
1. unbeirrbar
2. innere Stabilität
3. unerschütterlich
   geringe Störbarkeit
I. *Ich-Bereich*
1. selbstverständliche innere
   Sicherheit
2. innere Ausgeglichenheit
   Instinktsicherheit
4. geringe Eigenständigkeit
   unselbständig
   auf der Flucht vor sich selbst
F. *Fühlen, Gemüt*
2. im Einklang mit der Umwelt
4. Neigung zum Tagträumen
   exzessiv
V. *Vitalbereich*
3. robust
4. übersteigerte Motorik
   stur
5. Hemmschwäche
M. *mitmenschlicher Bereich*
2. anpassungsfähig
   sozial eingebettet
   liebenswürdig, zuvorkom-
   mend
   konziliant
   extravertiert
3. verbindlich

3. Gesellschaftsmensch
   problemlos, unkompliziert
   flexibel
4. besitzergreifend
   zudringlich
   oberflächlich
   anlehnungsbedürftig
5. scheinhilfsbereit
   glatt
L. *Leistungsbild*
1. geschmeidig
   versiert
   eingefahren
2. verläßlich
   stetig
   beweglich
   unermüdlich
3. praktische Gewandtheit
   praktischer Sinn
   anpassungsfähig
   routiniert, glatt
   betriebsam
   Arbeitstier
   Gewohnheitsmensch
4. oberflächlich
   einseitig
   starrköpfig
   träge, bequem
   langweilig
   Schwätzer

Die Unverbundenheit

Unverbunden ist eine Schrift, wenn die Verbindung zwischen zwei Buchstaben nicht nur fehlt, sondern ein neuer Ansatz auch tatsächlich ein Neuansatz ist. Das Wort ist in einem solchen Fall unterbrochen, die Gestaltung gestört, und die Buchstaben stehen in völliger Vereinzelung oder gar auseinandergerissen (häufig beim *d*) da. Wer so schreibt, zeigt damit an, daß er dem Detail sehr viel Aufmerksamkeit zuwendet. Ein solcher Mensch sieht in einem Gegenstand nicht primär das faktisch Gegebene, sondern er versucht, die Dinge zu verstehen und sie dann in den ihnen gemäßen Zusammenhang zu stellen. Diese Form der *Unverbundenheit* ist charakteristisch für Menschen, die sich in erster Linie auf ihre Intuition verlassen.

Es gibt jedoch auch die sogenannte *vitale Unverbundenheit*, die dadurch gekennzeichnet ist, daß gleichsam abgebrochene Einzelbuchstaben nebeneinanderstehen. Darin drückt sich das Unvermögen aus, richtig zu koordinieren. Der Unterschied zwischen den beiden genannten Spielarten der Unverbundenheit wird durch *Zonenbetonung* und *Ablaufrhythmus* begründet. Bei vitaler Unverbundenheit ist der Druck meist stärker, das Tempo langsamer, der Ablaufrhythmus eher versteift und die Zonenbetonung einseitig. Solche Schreiber sind auch stärker reizverhaftet als intuitiv veranlagte Menschen und ihren augenblicklichen Impulsen und Erlebnissen stärker ausgeliefert.

Schließlich kann *Unverbundenheit* wegen des Eindrucks der Zerstückelung, den sie hinterläßt, auch einen Mangel an logischem Denkvermögen anzeigen, ein Haften am Detail, welches das Erfassen eines Gesamtzusammenhangs beeinträchtigt, überhaupt eine etwas schwerfällige Art des Denkens und Fühlens. Menschen mit diesem Schriftbild sind häufig Einzelgänger, Tüftler und im Subjektivismus verhaftete Denker, die aus ihrem engen Kreis nur schwer herausfinden und infolge ihrer Anpassungsschwierigkeiten nur zu leicht in Isolation geraten können. Meist haben solche Menschen eine betont individualistische Grundhaltung. Sie sind auf Kontakte zur Umwelt nicht sonderlich angewiesen. Haben sie dennoch Kontakte zu anderen Menschen, so verbergen sie sich nicht ungern hinter einer Persönlichkeitsmaske und halten ihr Gegenüber auf Distanz. Im übrigen ziehen sie das für Introvertierte typische Alleinsein vor.

Wer unverbunden schreibt, neigt im allgemeinen dazu, seine

Aufmerksamkeit den Einzelheiten zuzuwenden. Das kann sowohl Einfallsreichtum oder Gedankenfülle wie auch Sprunghaftigkeit des Denkens implizieren. Die dauernd unterbrochene Schreibbewegung deutet sowohl auf allgemeine Sprunghaftigkeit wie auf vitale Kurzatmigkeit hin. Solchen Menschen fehlt es häufig an innerer Ausgeglichenheit, an Ausdauer und Stetigkeit. Ihr Denken, Fühlen und Handeln verläuft diskontinuierlich und sporadisch, und emotional sind sie nur selten ansprechbar. In manchen Fällen weist die Unverbundenheit der Schrift aber auch nur auf mangelnde Übung im Schreiben hin.

Eine Abart der *Unverbundenheit* ist die *Lötung.* Sie ist in jedem Falle ein Unsicherheitssymptom und weist darauf hin, daß der Schreiber etwas zu korrigieren, zu »löten« oder zu vertuschen hat, und zwar in der Regel Kontaktschwierigkeiten; es können aber auch andere neurotische Defekte sein. Gelingt die *Lötung* nicht, so sprechen wir von *Strichunterbrechung.* Lücken im Wort, also unverhältnismäßig weite Abstände zwischen unverbunden hingesetzten Buchstaben, deuten ebenfalls auf neurotische Störungen, wie Beziehungsunfähigkeit, Gedächtnislücken, sprunghaftes Denken oder seelische Blockierungen, hin.

Spezialfälle sind in diesem Zusammenhang die *Skriptschrift,* die *Technikerschrift* sowie die *Normschrift,* das heißt gezeichnete Buchstaben, die von manchen Menschen in leichter Abwandlung getreu in die private Handschrift übernommen werden. Auch hier stehen alle Buchstaben einzeln. Für diese Praxis gibt es zwei sehr unterschiedliche Beweggründe. Zum einen erzeugt das ästhetische Bedürfnis des Schreibers einen besonderen Deutlichkeitsdrang, und zum anderen versteckt er hinter diesem stilisierten Schriftbild sein wahres Ich, dessen er sich wegen seiner Schwäche im Grunde genommen schämt. Wenngleich ein solcher Mensch noch lange nicht ein »Wolf im Schafspelz« ist, so hat er dennoch Angst davor, sich »nackt« zu zeigen.

A. *allgemeines Verhalten*
2. individualistisch
   kontrolliert
3. introvertiert
4. Mangel an Anpassungs-
   bereitschaft

4. einsam
   kompliziert
   problematisch
   verschlossen
5. konventionsfeindlich
   isoliert

G. *geistige Fähigkeiten*
1. kreativ, intuitiv
   phantasievoll
   Entdecker, Erfinder
   originell
   schlagfertig, witzig
2. gute Beobachtungsgabe
   denkstark
   Denktüftler
   unbestechlicher Blick
   differenzierungsfähig
   urteilsfähig
   initiativ
   rhetorisch begabt
   feingeistiger Stilist
   ästhetisches Empfinden
   medial veranlagt
3. analytisches Denkvermögen
   Tendenz zum Theoretisieren
   konzentriert
   konsequent
   praktische Intelligenz
   Wirklichkeitssinn
   »weibliche« Denkungsart
   Sammlernatur
4. Schwäche im logischen
   Denken
   sprunghaft im Denken
   Mangel an Abstraktionsvermögen
   eindimensional im Denken
   schwerfällig im Denken
   Konzentrationsschwäche
   enger Horizont
   Mangel an Übersicht
   unsystematisch im Denken
   geistiger Kleinkrämer
   unüberlegt
   zerstreut, fahrig

4. vergeßlich
   mangelnder Realitätssinn
   umständlich im Denken
   bruchstückhaft im Denken
   Schwierigkeiten, fremde
   Argumente zu berücksichtigen
5. zusammenhanglos im
   Denken
   Borniertheit
W. *Willensbereich*
3. vorsichtig
   abwägend
   behutsam
4. zaudernd
   unentschlossen
   Mangel an Konsequenz
5. unstet
I. *Ich-Bereich*
2. selbständig
3. verschlossen
   selbstgenügsam
4. eigensinnig
   egozentrisch
   eigenbrötlerisch
   durch eigene Reflexionen
   blockiert
5. Mangel an innerem Halt
   schizothyme Zerrissenheit
   Gefahr der Persönlichkeits-
   auflösung
F. *Fühlen, Gemüt*
3. charmant und launenhaft
   Gefühlsschwankungen
   unterworfen
   introvertiert
4. gehemmt
   ängstlich, unruhig
   reizbar, erregt
   Minderwertigkeitsgefühle

V. *Vitalbereich*
4. geringe Reserven
   vitale Unsicherheit
   Triebunsicherheit
   nervöse Störbarkeit
   gespalten
M. *mitmenschlicher Bereich*
3. umweltabhängig
   wenig anpassungsfähig
   kontaktschwach
   Drang zur Unabhängigkeit
   distanziert
4. unverbindlich
   unbeholfen
   unausgeglichen
   angespannt
   weltfremd, scheu
   kontaktarm, isoliert
   Geliebtentyp
   einzelgängerisch
   unliebenswürdig
   wankelmütig
   sprunghaft, launenhaft
   widersprüchlich
   unverständlich
   geizig
   mangelnder Familiensinn
5. Außenseiter
   asoziale Tendenzen
L. *Leistungsbild*
1. erfinderisch
   Tüftler
   gründlich
2. sorgfältig, gewissenhaft
3. systematisch arbeitend
   Sammler
   detailverhaftet
4. pedantisch
   langsam

4. schwerfällig,
   schwerbeweglich
   ungeschickt
   Drang zur Unabhängigkeit
   anfällig für Leistungs-
   störungen
5. unberechenbar
   überspannt
   voreilig
   kleinkariert
S. *Sonderformen*
Ligaturen und immaterielle
Linien
G.2. gutes Kombinations-
   vermögen
   3. unbestechlich im Urteil
   konzentriert
M.2. gewandt im Umgang mit
   Menschen
   verträglich
L.2. engagiert
Bindungsunvermögen
G.4. mangelnde Stringenz im
   Denken
   leicht irritierbar
   schwache Konzentration
   phantasielos
   5. infantil
   borniert
   Abwesenheitszustände
   abschweifend
W.4. mangelndes Durchhaltevermögen
V.4. erregbar
M.4. isoliert
L.4. Neigung zu Leistungs-
   störungen
   geringe Ausdauer

Lötungen
(Unsicherheitssymptom)
  A.4. Neigung zur Verstellung
  G.3. um stringentes Denken
      bemüht
    4. vorsichtig berechnend
  V.3. kaschierte Gehemmtheit
  M.3. Streben nach Über-
      windung von Kontakt-
      schwierigkeiten
    4. geheimniskrämerisch
      uneingestandene
      Kontaktschwierigkeiten
  L.3. Tendenz zur Vertuschung
      von Fehlern
    4. feiges Verschweigen
      eigener Fehlleistungen
      selbstgerecht

Retouchen (= nachträgliche
Verbesserungen), (auch ange-
flickte Schleifen)
  A.3. Angst aufzufallen
  G.3. intellektuell geistiges
      Bemühen
   I.4. nervöse Selbstkontrolle
  V.4. Kompensation von
      Unsicherheit
      schlechtes Gewissen
      formale Gewissenhaftig-
      keit

Buchstabenzerstückelung
(Zerfall)
  A.5. Unaufrichtigkeit
  G.4. Gedächtnisstörungen
      disruptives Denken
  M.4. Hemmungen
  V.4. vitale Gebrochenheit
unverbunden bei Winkel
  W.4. Konfliktnatur
Skriptschrift (nicht unverbun-
den, sondern nachgeahmte
Druckschrift)
  A.3. sich deutlich machen
      wollen
      sich an etwas halten
  A.4. mehr Wert auf Form und
      Inhalt legen
   I.4. sein wahres Ich nicht
      zeigen
  W.2. Willens- und Fleiß-
      mensch
      (bei immaterieller Linie)
Verschreiben
  V.3. Freudsche Fehlleistung
      korrigierender Eingriff
      des Unbewußten
Wechsel von Verbundenheit und
Unverbundenheit
  V.4. neurotische Störungen

Die Druckstärke

Neben den erwähnten Aspekten des Schriftbildes ist bei dessen Analyse noch ein weiterer, oft vernachlässigter Faktor zu berücksichtigen, nämlich die *Druckstärke*. Sie gibt entscheidende Hinweise auf das dynamische Potential des Schreibers, weil sich aus ihr seine Reaktion auf Widerstände ersehen läßt. Sie ist also primär ein Indikator für den Grad der Vitalität und der allgemeinen Triebstärke.

[handschriftlicher Text:] würden Sie bitte einem oder mehreren Beschied geben, daß ich am donnerstag, dem 21. 5. keine Mypothienstunde halten kann, weil

Weil damit häufig eine unwillkürliche Willensanspannung verbunden ist, hat man den *Druck* auch mit der Willensstärke in Zusammenhang gebracht. Je stärker der Druck, um so intensiver ist die Kohäsion kleinster Schreibpartikelchen auf der Schreibunterlage und desto eher spreizt sich die Feder. Die *Druckstärke kann stark, schwach, regelmäßig* oder *unregelmäßig* sein. Da die Schreibunterlage den Schreiber in seiner Zielrichtung hemmt, muß er diesen Widerstand mit Druck überwinden oder aber er gleitet bei *Druckschwäche* einfach kraftlos darüber hinweg. Setzt er aber seine Kraft ein, so zeigt sich darin seine Vitalenergie. Der kompakte Druck symbolisiert dabei eine starke Vitalität ebenso wie eine ausgeprägte Libido, wogegen der schubartige Druck eine flackernde Vitalität verrät.

So mancher Schreiber begnügt sich damit, seine Kraft nur zu zeigen oder mit seinem Schriftbild nur den Eindruck von Kraft zu vermitteln; aus diesem Grund benutzen solche Menschen Filz- oder Faserstifte.

Ist in einer druckstarken Schrift das *Regelmaß* vorherrschend, so ist das ein Ausdruck von Willensstärke, überwiegt hingegen die *Unregelmäßigkeit,* so deutet das auf Triebstärke, obwohl beide im Prinzip nicht ganz voneinander zu trennen sind. Der Begriff der *Druckstärke* bezeichnet zunächst nur den regelmäßigen, natürlichen oder rhythmisch auftretenden Druck im Abstrich. Dieser Druck läßt Aussagen über Spannkraft, Aktivität, Antriebsstärke und Willenskraft zu. Geht der Druck in eine andere Richtung, etwa nach rechts oder nach unten, oder verlagert er sich in den Basisbogen, so handelt es sich auf jeden Fall um eine andere Symptomatik. Die Beziehung zwischen Widerstand und Kraftaufwand darf aber auch bei den übrigen Varianten nicht außer acht gelassen werden.

Ist die Schriftprobe nicht mit der Feder geschrieben, sondern mit Faserstift, Bleistift oder Kugelschreiber, so ist zu beachten, daß mit zunehmender Weichheit der Mine und bei Kugelschreibern mit zunehmender Flüssigkeit der Paste die Druckunterschiede relativ überdeutlich hervortreten. An druckstarken Stellen entsteht dann ein

breiterer und farbstärkerer Strich als an druckschwachen. Mit bloßem Auge ist das manchmal nicht so genau zu erkennen, daher sollte
man zweckmäßigerweise ein (acht- bis fünfzehnfach vergrößerndes)
Vergrößerungsglas benutzen. Wenn man Kugelschreiberschriften in
senkrecht auffallendem Licht betrachtet, zeigen sich eigenartige
Glanzstellen, in denen die »Eindrücke« dann deutlich sichtbar sind.

Je nach der Stärke des *Drucks* und seiner rhythmischen Verteilung
(auf die Abstriche) erhält der Schriftpsychologe Aufschluß über
Tatkraft, Vitalität, Ausdauer, Kontakt- und Integrationsfähigkeit des
Probanden. Nicht zuletzt geben diese Merkmale Aufschluß über
seine Arbeitsmoral und sein Leistungsvermögen.

Abschließend sei noch darauf hingewiesen, daß Schreibungeübte
und Lernanfänger beim Schreiben im allgemeinen stärker drücken als
Schreibgeübte. Das hat weniger mit der Überwindung psychischer
als vielmehr technischer Schwierigkeiten zu tun. Die Bedeutung der
zahlreichen Sonderformen der Druckstärke können Sie der Deutungstabelle (S. 112 ff.) entnehmen.

A. *allgemeines Verhalten*
1. profilierte Persönlichkeit
   Überzeugungskraft
   Haltung
   tatkräftig
   robust, energiegeladen
   fest, ernst
   erfolgreich
2. dynamisch
   beeindruckend   ·
   intensiv
   Eroberungsdrang
   gesundes Lebensgefühl
   Daseinsfreude
   ausgeglichen
3. Gegenwartsmensch
   maßvoll
   standhaft
   intakte Persönlichkeit
   realistisch
   kühn

3. gegenwartsbezogen
4. kampflustig
   Neigung zur würdevollen
   Pose
G. *geistige Fähigkeiten*
2. produktiv
3. augenblicksfixiert
4. ironisch
   kritisch, spöttisch
5. nicht formbar
   überkritisch
W. *Willensbereich*
1. konstruktiv
   Mut, Stoßkraft
2. aktiv
   zielgerichtet
   stabil
   durchsetzungswillig
   entschlossen, entschieden
   beharrlich
   ehrgeizig

3. engagiert
   fleißig, zäh
   energisch
4. eigenwillig
   halsstarrig
   rechthaberisch
   Tendenz zum Opponieren
   deplazierter Willenseinsatz
   kampflustig
5. fanatisch
   herrschlustig
   willkürlich
I. *Ich-Bereich*
1. Würde
2. gesundes Selbstwertgefühl
   Eigenmachtgefühl
   Selbstbehauptungsfähigkeit
3. Streben nach voller Selbstverwirklichung
   Unabhängigkeitsstreben
   selbstbeherrscht
   sicherheitsorientiert
   eitel
   expansiv
4. Selbstdarstellung
   Imponiergehabe
   wichtigtuerisch
   trotzig, stolz und eigensinnig
   Angst vor Unselbständigkeit
   affektiert
5. theatralisch
F. *Fühlen, Gemüt*
2. gemütstief
   warmherzig
   erlebenstief
3. schwerblütig
   empfindsam
   erregbar

4. leidenschaftlich
   impulsiv
   befangen
   melancholisch
   schwermütig
   gedrückt, komplexbeladen
V. *Vitalbereich*
1. urwüchsig
   vollblütig
   kraftvoll
   ausdauernd
   voll Lebensfreude
2. männlich, mannhaft
   psychisch robust
   übermäßig beherrscht
3. triebstark
   sinnlich
4. seelisch unflexibel
   unfähig zur Entspannung
   gereizt, geladen
   renitent
   verspannt
   Furcht vor Entgleisung
   depressiv
5. triebhaft
   verkrampft, gehemmt
   Triebverdrängung
   primitiv, grob
   Neigung zu Wutausbrüchen
   starker Destruktionstrieb
M. *mitmenschlicher Bereich*
1. Führungsanspruch
   kontaktfreudig
   spontan
2. einfach
   geduldig
3. Neigung zur Kompensation
   Unabhängigkeitsdrang

4. Mangel an Takt und
   Feingefühl
   ressentimentgeladen
   stur, derb, dickfellig
   dreist, plump, ungeniert
   aggressiv
   eigensinnig, unzugänglich
   schwerfällig, unbeweglich
   unsensibel, verkrampft
   unnachgiebig, unverträglich
   aufbrausend
   streitlustig
5. jähzornig, hitzig, heftig
   rücksichtslos
   brutal, roh
   gewalttätig
   unnatürlich hart
   boshaft
   unberechenbar
   Elefant im Porzellanladen
L. *Leistungsbild*
1. kraftvolle Flexibilität
   Schaffensfreude
   leistungsfähig
   energiegeladen
2. unermüdlich
   zäh
   zuverlässig, gründlich
   gewissenhaft
   verantwortungsbewußt
   belastbar
3. Wunsch nach Selbständigkeit
   ausdauernd
   ökonomischer Kräfteeinsatz
   regenerationsfähig
4. unstetig
   langsam, umständlich
   schwerfällig
   ängstlich

S. *Sonderformen*
kompakter Druck
   V.2. Stärke und Vitalität
Druck in Kurzlänge
   I.3. Betonung der persönli-
        chen Sphäre
Druck mit Winkel
   L.2. geeignet für schwierige
        Außendienstaufgaben
Druck im Basisbogen
   L.2. manuell-technische Bega-
        bung
   4. Tendenz zur Kräftever-
      geudung
*Druck in die untere Beuge ver-
lagert*
   F.3. Tendenz zu übertriebener
        Sublimierung
Druckzunahme im Abstrich
   V.3. standfest
Druck in Abstiegskurve
   G.2. Rationalisierungs-
        tendenzen
Druck an Nebenteilen
   G.4. beschränkt
   I.4. eitel
plötzlich stellenbetonter Druck
   V.4. Kraftdemonstration und
        Affektstau
*punktförmiger Druck am
Anfang*
   V.4. besitzergreifend
punktförmiger Druck im Text
   V.4. komplexbehaftet
Querdruck am Wortende
   A.4. burschikos
   M.4. abweisend
        eigensinnig
   L.4. wagemutig, tollkühn

spitz auslaufende Druckstellen
G.3. Neigung zur Selbstkritik
  5. rücksichtslose Schärfe
W.4. wenig ausdauernd
 I.4. unsicher
Druck in der Unterzone
G.3. realistisch
V.3. bodenständig
  4. sexuell gestört
Druck nach oben
(Kommandostrich)
M.4. Machtanspruch ohne
    echte Autorität
Druck in der Oberzone
G.3. geistig selbständig
Schwelldruck
V.4. angestaute Erregungs-
    zustände
M.4. unzuverlässig
    Flucht vor dem eigenen
    Selbst
wechselnder Druck
F.4. heftig, reizbar
V.5. unberechenbar,
    impulsiv
W.4. unbeständig
streuender, schubartiger Druck
W.4. unstetig
V.4. unruhig
    sprunghaft
    unbeständig
    nicht belastbar
Federfurchen druckstark (bei-
derseits scharf, Zwischenraum
locker)
W.4. Fassade von Stärke
    steif
    verbirgt Mangel an
    Festigkeit

W.4. unsicher
    innerlich leer
einheitliche Federfurchen
W.2. klare, positive, aktive
    Selbststeuerung
Federfurche ausgeprägt rechts
A.3. introvertiert
Federfurche links stärker
A.3. extravertiert
Federfurche rechts bei streuen-
dem Druck
 I.4. richtungslos
F.3. scheue Zurückhaltung
    ängstlich
Federfurche links bei streuen-
dem Druck
F.4. fahrig, stimmungs-
    abhängig
L.4. ineffiziente Betriebsam-
    keit
Strichunterbrechungen
V.4. geringe Spannkraft
    wenig ausdauernd
Federfurche rechts scharf,
links unscharf
A.3. zurückhaltend
    verschlossen
L.2. fleißig, gründlich
Federfurche links scharf,
rechts unscharf
A.4. expansiv
L.3. leistungsorientiert
widersprüchliche Federfurchen
 I.4. unsicher, gespalten
    widersprüchlich
Druck nach rechts
M.4. Mißachtung der
    Mitmenschen
    rechthaberisch

Druckabfall in der Unterzone	*Druck nach unten verstärkt*
I.4. mangelnde Sicherheit	V.2. Tendenz zur Stabilisie-
V.4. Verdrängungen	rung
plötzlicher Druckanstieg	*zittrige Strichführung*
V.5. Neigung zu ungesteuerter	*(Alterstremor)*
Entladung von affektiven	V.4. Verlust der Spannkraft
Spannungen	nervöse Gestörtheit
unberechenbar	*ataktische Strichführung (auch*
meist unzuverlässig	*bei schreibungeübten Kindern)*
Druckverzitterung	V.4. fehlende Fähigkeit zur
V.4. mangelnde Antriebs-	Steuerung und Kombina-
steuerung	tion der Bewegungsimpulse

Die Druckschwäche

Wenn ein Schreiber auf den *Druck* verzichtet und mit dem Schreibgerät nur ganz leicht über das Papier gleitet, dann entsteht ein dünner,
spannungsarmer Strich, den wir als *druckschwach* bezeichnen und
der eigentlich nur durch die *Ausschließung von Druckstärke* zu
ermitteln ist. Die dabei aufgewandte geringe Muskelanspannung ist
ein Hinweis auf entsprechend schwache Antriebskräfte. Menschen,
die *druckschwach* schreiben, sind im allgemeinen feinsinnig, zart und
oberflächlich. Druckschwäche ist allerdings auch ein Indiz für einen
Mangel an Vitalität und Libido und für einen schwachen Willen.
Druckschwach schreibende Menschen weichen meist vor Widerstand zurück. Bei ihnen muß alles leicht gehen; Intensität und
Beharrlichkeit sind nicht ihre Sache, daher bleibt ihr Engagement
meistens oberflächlich. Was solchen Schreibern an Elementarvitalität
fehlt, versuchen sie häufig durch unverbindlichen Aktivismus wett-
zumachen.

Wegen ihres Mangels an Antriebs- und Spannkraft, ihres geringen Durchsetzungsvermögens und ihrer ebenso geringen Belastbarkeit neigen druckschwach schreibende Menschen dazu, Ziele, die sie auf direktem Weg nicht erreichen können, mit strategischen Mitteln anzustreben. Daraus resultieren neben diplomatischem Geschick und Einfühlungsvermögen aber auch eine gewisse Wendigkeit sowie Oberflächlichkeit und Kalkül.

Im übrigen ist der druckschwache Strich noch ein Hinweis auf leichte Ermüdbarkeit, auf Ablenkbarkeit und Störanfälligkeit. Generell ist Druckschwäche ein Zeichen von Passivität.

Auch wo der Aufstrich fehlt, spricht man von Druckschwäche.

Erfahrungsgemäß haben druckschwach schreibende Menschen mit der Selbstbehauptung wesentlich größere Schwierigkeiten als *druckstark* schreibende.

A. *allgemeines Verhalten*
2. beweglich, umgänglich
   optimistisch
   weich, zart, fein
   differenziert, verfeinert
   taktvoll, zärtlich
3. unauffällig
   zaghaft
   passiv
4. farblos, gesichtslos
   konturlos
   opportunistisch
5. mangelnde Bodenständigkeit
   degeneriert
G. *geistige Fähigkeiten*
1. feines Empfinden
   vergeistigt, ästhetisches
   Empfinden
   beweglich und gewandt
2. aufgeweckt
   regsam
3. aufnahmebereit, bildsam

3. sensibel
   undifferenziert
4. passiv
   flach
   oberflächlich
   umständlich
   pseudo-intellektuell
   fahrig, ablenkbar
   Schwätzer
5. nachlässig, ungründlich
   Nörgler
W. *Willensbereich*
3. flexibel
   entschlußfähig
4. Mangel an Zähigkeit und
   Ausdauer
   willensschwach
   geringe Widerstandskraft
   schlapp, wankelmütig
5. kraft- und energielos
   labil, ohne Grundsätze
I. *Ich-Bereich*
3. schutzbedürftig

4. schwach
    unsicher
F. *Fühlen, Gemüt*
2. sensibel
    empfänglich, empfindlich
3. behutsam
    weich
    sorglos
    zaghaft
    unentschlossen
    begeisterungsfähig
4. schwärmerisch
    manipulierbar
    verletzbar
    mimosenhaft
    oberflächlich
    gefühlslabil
    spröde
    furchtsam
5. kühl, unsinnlich
    feige
V. *Vitalbereich*
2. differenziert
3. Mangel an Tiefe
    passiv
4. mangelnde Spannkraft
    kleinmütig
    dünnhäutig
    triebschwach
    unmännlich
    reizbar
    ungeduldig
    erregbar, nervös
    ruhelos
    willensschwach
    verführbar
    leicht beeinflußbar
5. labil

M. *mitmenschlicher Bereich*
1. selbstlos
    taktvoll
    mitfühlend
    hingebungsfähig
2. gütig
    mild
    kompromißbereit
    tolerant
    friedfertig
    gutmütig
3. verträglich
    umgänglich
    unbekümmert
    erziehbar
    kooperativ
4. widerstandsscheu
    nachgiebig
    beeinflußbar bis zur
    Suggestibilität
    weltfremd
    naiv
L. *Leistungsbild*
2. vielseitig, gewandt
    agil, beweglich
    wendig, umstellungsfähig
3. tüchtig
    aktiv
    vielgeschäftig, rührig,
    betriebsam
    folgsam
4. Mangel an Ernst und Ver-
    antwortungsbewußtsein
    opportunistisch
    wenig ausdauernd
    geringe psychische Belast-
    barkeit
    leichtsinnig, oberflächlich

unbeständig	5.	untätig
leicht erschöpfbar		schlaff
bequem		unverläßlich

Die Schärfe

Über die Bedeutung der *Schärfe* (oder der *Teigigkeit*) einer Schrift gibt es noch keine exakten Forschungsergebnisse, wohl aber zahlreiche empirisch bestätigte Befunde, die allerdings in der Auswertung nicht vollends wissenschaftlich gesichert sind. Man sollte daher dieses Merkmal zur Deutung nur dann heranziehen, wenn es wirklich expressiv ist.

Wir nennen eine Schrift dann *scharf*, wenn der Strich dünn und gespannt ist und die Ränder beidseitig scharf abgegrenzt sind. Die Wahl einer spitzen Feder erhöht natürlich den Grad der Schärfe. Bei Kugelschreiberschriften ist es daher kaum möglich, dieses Merkmal exakt auszumachen.

Der Strich ist bei scharfen Schriften dünn, spröde und oft auch unsicher. Darin drückt sich eine Vorherrschaft des noetischen (rationalen) Überbaus gegenüber dem endothymen Grund aus, was auch auf eine relativ schwach entwickelte Libido schließen läßt. Erfahrungsgemäß deutet eine ausgesprochen scharfe Schrift auf Selbstdisziplin, Kontrolliertheit und bewußte Gestaltung hin. Sie weist darüber hinaus auf das Bemühen hin, Haltung zu bewahren und Präzision im Denken und Handeln zu demonstrieren. Auch die Fähigkeit zu logischem Denken und ein differenziertes Empfindungsvermögen finden darin ihren Ausdruck. In ihr wird gleichsam die Feineinstellung des Individuums sichtbar. Menschen dieses Schrifttyps verfügen allerdings nur über eine relativ geringe Triebkraft. Damit gehen die Unfähigkeit zu echtem Lebensgenuß, des weiteren Prüderie, Gedankenblässe und unanschauliches Denken einher. Ein solcher Charakter wirkt insgesamt ein wenig blutleer.

Scharfe Schriftzüge, die außerdem noch Spitzen und Haken aufweisen, lassen auf Neigung zu Kritik und – gelegentlich auch – zu Aggressivität schließen.

A. *allgemeines Verhalten*
2. Haltung
moralisch
eindeutig
bewußte Lebensführung
3. asketisch, genügsam
4. Mangel an Natürlichkeit
puritanisch
unsinnlich
instinktlos
blutarm
G. *geistige Fähigkeiten*
2. intellektuell, spirituell
scharfsinnig
präzise im Denken
geistig interessiert
kritisch
geistig anspruchsvoll
ausdrucksfähig
3. Formensinn
Unterscheidungsvermögen
aufmerksam
wach, klar
4. begriffliches und
unanschauliches Denken
Gedankenblässe, Vorstellungsarmut
unfruchtbarer Verstand
W. *Willensbereich*
2. Selbstdisziplin bis zur
Gezwungenheit
entschieden, bestimmt
I. *Ich-Bereich*
3. kompensatorischer
Ehrgeiz

F. *Fühlen, Gemüt*
2. feinfühlig
ätherisch, überfeinert
3. asketisch
Neigung zum Ästhetisieren
unsinnlich
trocken
4. gefühlskalt
Mangel an Genußfähigkeit
Kostverächter
geringe Erlebnisfähigkeit
V. *Vitalbereich*
3. unsinnlich
feinnervig, zart
4. unentwickelte Triebe
M. *mitmenschlicher Bereich*
2. rein, fein, zart
saubere Verhältnisse
feinfühlige Zurückhaltung
3. Mangel an Unmittelbarkeit
verletzlich, empfindsam
geringes Einfühlungsvermögen
4. spottlustig
kaltherzig, spröde
5. unnachsichtig, schroff
rücksichtslos, hartherzig
boshaft, spitzfindig
grausam
L. *Leistungsbild*
2. verantwortungsvoll
pflichttreu, verläßlich
methodisch
3. zäh
4. unselbständig
pedantisch

Die Teigigkeit

Teigigkeit kann auf zwei verschiedene Weisen entstehen, entweder infolge der Verwendung einer breiten Feder (siehe unten) oder als Ergebnis eines flachen Federwinkels zum Papier. Das optische Wohlgefallen des Schreibers an dem satten und breiten Strich dürfte das Hauptmotiv für ein teigiges Schriftbild sein.

Der Strich einer teigigen Schrift ist dick und spannungsarm, breit, weich, fließend und gelegentlich verschmiert, die Schleifen sind oft zugelaufen. Da die Teigigkeit einen überwiegend darstellenden Charakter hat, sagt man ihren Schreibern nach, daß sie alles augenfällig Sinnliche lieben und deshalb kräftige Reize suchen. Ein solcher Mensch braucht zu seinem Wohlbefinden physischen Kontakt und starke visuelle Reize. Er überläßt sich bereitwillig seinen Impulsen und verfügt diesbezüglich nur über geringe Selbstdisziplin. Kommen zur *Teigigkeit* noch *Verschmierung* und *Verkleckung* hinzu, so müssen Gleichgültigkeit und Willenlosigkeit schon einen hohen Grad erreicht haben; eine solche Schreibweise läßt alle ästhetischen Bedenken außer acht und nimmt auch auf den Empfänger der Information keinerlei Rücksicht mehr.

Merkmale der Teigigkeit dürfen auf keinen Fall mit *Merkmalen des Druckes* verwechselt werden, die Kombination *drucklos* und *teigig* ist dagegen öfter anzutreffen. Generell deutet Teigigkeit auf eine starke Erlebnisfähigkeit, auf Ursprünglichkeit und Sinnenfreude hin. Unbekümmertheit spricht ebenfalls aus dieser Schreibweise, des weiteren ein starker Lebensdrang, Lebensbejahung und unverhohlene Lebensfreude, sodann Sinnenhaftigkeit, aber auch ein relativ geringer seelischer Differenzierungsgrad sowie Triebhaftigkeit, Genußsucht und Materialismus und schließlich ein starker Sexualdrang. Schreiber teigiger Schriften sind im übrigen naturliebend, farbenfroh, berührungsfreundlich und vollblütig.

Auf der Defizitseite läßt *Teigigkeit* allerdings auf unscharfes Denken, geringe Disziplin, Mangel an Einfühlsamkeit und meist auch auf eine relativ geringe Leistungsbereitschaft schließen. Auch

Ordnung und Sauberkeit teigig schreibender Menschen lassen zu wünschen übrig, dafür ist ihnen andererseits jedoch auch wiederum »nichts Menschliches« fremd.

Eine Sonderform der Teigigkeit ist der *Breitfederwechselzug*, der bei Benutzung einer Breitfeder entsteht und *ohne* besonderen Druck einen Wechsel von dünnen Haarstrichen in der Aufwärtsbewegung und satten breiten Strichen in der Abwärtsbewegung bewirkt.

Diese Schreibtechnik kann ein Hinweis sowohl auf die Umwandlung primitiver Machtimpulse in verantwortliches Handeln sein als auch auf pädagogische Neigungen und Stilbewußtsein. In manchen Fällen deutet der Breitfederwechselzug aber auch auf eine Tendenz zu leerer Kraftmeierei hin.

A. *allgemeines Verhalten*
1. Lebensdrang, Lebensdurst
   Lebensbejahung, Lebensfreude
2. Augenmensch
   Darstellungsfreude
   sinnenfroh
3. Naturliebe
   wache Sinne
   natürlich, ungezwungen
   sinnlich ansprechbar
   verträumt
   satt
4. schwerfällig
   Genußmensch
   naschhaft
   unkonturiert
5. ungeschliffen, grob
   unsauber, liederlich
   haltlos
   schlampig
   verkommen

G. *geistige Fähigkeiten*
2. Ursprünglichkeit der Wahrnehmung
   Farbensinn
   künstlerischer Sinn
   Formensinn
3. Tatsachensinn
   gesunder Menschenverstand
   anschaulich im Denken
   emotional
   situationsverhaftet
4. geistig-seelisch undifferenziert
   mangelnde Kritikfähigkeit
   unscharfes, verschwomme-
   nes Denken
   unscharfe Begriffe
   unaufmerksam
   geistig anspruchslos
5. nicht sehr intelligent
   dumm

W. *Willensbereich*
3. nachgiebig
4. unentschieden
   widerstandslos
   undiszipliniert
   mangelnde Selbstbeherrschung
   undurchschaubar
5. richtungslos
I. *Ich-Bereich*
2. instinktsicher
3. selbstsicher
4. Tendenz zur Selbstdarstellung
   naive Egozentrik
   Angeber
   trägt dick auf, macht
   sich breit
   egomanisch
   großtuerisch
F. *Fühlen, Gemüt*
1. künstlerische Sensualität
2. Gemüts- und Gefühls-
   wärme
   Farbensinn
3. weich
4. vergnügungssüchtig
   begeistungsfähig
   geringes Zartgefühl
   grob, ungeschliffen
   sentimental, Gefühls-
   schwankungen unterworfen
5. grob sinnlich
V. *Vitalbereich*
1. ursprünglich
2. sinnenhaft
   erlebnisfähig
3. endothym fundiert
   erdnah

3. genußfähig
   Gourmet
   kunstverständig
   sangesfreudig
   Freude an Gestalt und Tanz
   erotisch leicht zu faszinieren
4. genußsüchtig
   ausschweifend
   antriebsschwach
   psychisch leicht erschöpfbar
   leicht ermüdbar
5. begehrlich
   triebverhaftet, schwül sinnlich
   grob sexuell
   gierig
   faul
   gallig
   brutal
   brünstig
   animalisch
M. *mitmenschlicher Bereich*
2. warmherzig
   gutmütig
   gesellig
   aufgeschlossen
   ungezwungen
   sozial (bei Girlande)
3. großzügig, tolerant
   Berührungsdrang
4. grob, plump, unfein
   gleichgültig
   geringes Zartgefühl
   wenig taktvoll
   unsensibel
   verführbar
   undiszipliniert
L. *Leistungsbild*
3. unbeständig

4. undiszipliniert
   bequem, lässig
   behäbig
   unkonzentriert
5. schmuddelig
   schmierig
   chaotisch

Breitfederwechselzug

A.2. Umwandlung primitiver
     Machtimpulse in verant-
     wortliches Handeln
G.2. Phantasie

4. geistig-seelisches Darstel-
   lungsverlangen
I.2. Tendenz zum Morali-
     sieren
V.2. Triebziele werden
     ästhetischen Zielen
     untergeordnet
4. Mangel an Vitalität
   Scheinmännlichkeit
M.2. pädagogische Neigungen
3. Tendenz zu Nachahmung
   und Identifikation
L.4. Bluff

Die Rechtsläufigkeit

Da wir in unserem Kulturkreis *von links nach rechts* schreiben, ist die *Rechtsläufigkeit* bei uns die Norm. Diese Tendenz gibt es natürlich in verschiedenen Abstufungen. Je rechtsgeneigter das Schriftbild ist, desto länger werden die Aufstriche und um so kürzer die Abstriche. Typische Kennzeichen der Rechtsläufigkeit sind: *die nach rechts ausfahrende Verlängerung der Endzüge*, die Ersetzung einer Schleife durch eine *rechtsläufige Knüpfung* ⟨handwriting⟩, nach oben hin offen gelassene *a, o, g* und schließlich *vorgeworfene Oberzeichen*.

⟨handwriting sample⟩

Auch eine *übermäßige Weitung der Schrift* und *eine Verlängerung der Anfangs- und Endbuchstaben* weisen auf Rechtsläufigkeit hin. Für den Schriftpsychologen ist Rechtsläufigkeit primär ein Zeichen von Zukunftsorientiertheit, Ausrichtung auf den Mitmenschen, Tatkraft und generell Extravertiertheit. Damit ist die allgemeine Richtung bereits festgelegt.

Rechtsläufige Schreiber leben ihren expansiven Drang nach rechts voll aus, ihre Antriebe entfalten sich in der ihnen natürlichen Richtung; sie erlegen sich in der spontanen Äußerung ihrer motorischen wie psychischen Impulse keinerlei Zwang auf. Solche Menschen strecken gleichsam ihrer Umwelt Fühler entgegen, um sich in ihr zu orientieren, dabei stellen sie die eigenen unmittelbaren Interessen zurück und gehen dafür um so bereitwilliger auf die Belange der anderen ein.

Vorwärtsgerichtet und damit rechtsläufig ist alles, was von innen nach außen, vom Ich zum Du strebt. Diese Bewegung nach vorn ist eine Geste des In-Angriff-Nehmens: »Packen wir's also an!«

Es gibt auch isolierte rechtsläufige Züge, sogenannte *Überstreichungen*. Solche Stilelemente weisen den Schreiber als einen Menschen aus, der entweder andere beherrschen möchte oder einfach durch Druck niederhält beziehungsweise in der Pose eines Beschützers auftritt, mit einem »Protektionsbogen« gleichsam die Hand über die anderen hält.

Dieses Merkmal steht durchaus nicht im Gegensatz zur allgemeinen Rechtsläufigkeit, denn beide Charakteristika zeugen von einem hohen Selbstwertgefühl. Wer so schreibt, fühlt sich stark genug, andere in Schutz zu nehmen und sie damit in gewisser Weise von sich abhängig zu machen. Das mag im einzelnen eine edelmütige Geste sein, inneres Überlegenheitsgefühl ist jedenfalls immer ihr Grundton.

Üblicherweise deutet man Rechtsläufigkeit als Zeichen von Extravertiertheit, Tätigkeitsdrang und Altruismus. Sie gilt auch als Geste des Schenkens, der Selbstlosigkeit und Uneigennützigkeit. Negativ gesehen drücken sich darin die Unfähigkeit zur Muße, mangelnde Selbständigkeit und leichte Beeinflußbarkeit, manchmal auch Willensschwäche aus. Der Rechtszug kann aber auch nach oben oder unten gehen, druckbetont sein, in eine Spitze oder Keule auslaufen; in dieser Hinsicht sind viele Variationen möglich. Da sie in ihrem Zusammenhang mit den anderen Merkmalen zu betrachten ist, bleiben die Grundbedeutungen der Rechtslage im allgemeinen nicht rein erhalten, sie geben sozusagen nur noch den »Vornamen« innerhalb der Gesamtbedeutung ab.

A. *allgemeines Verhalten*
1. altruistisch
2. hilfsbereit
   offensiv
   neuerungsfreudig
   aktiv
   der Außenwelt zugewandt
   zukunftsbezogen
   hingebungsfähig
3. vordergründig
   unproblematisch
   umgänglich
   äußerst tolerant
   gutmütig
   offen
   redselig
4. gleichgültig gegen die
   Vergangenheit
   gleichgültig gegen Erwerb
   geringer Besitztrieb
   Aktivismus
   oberflächlich
   substanzlos
   Mangel an Stolz
5. schamlos

G. *geistige Fähigkeiten*
1. gewandt
2. Kombinationsgabe
   wach, intelligent
   reaktionsschnell
   vorwärtsblickend
3. einsichtig
   interessiert
   bildungsbeflissen
   ausdrucksfähig
4. phantasiearm
   beeinflußbar
   oberflächlich, gedankenlos
   vergeßlich

W. *Willensbereich*
2. unternehmungslustig
   strebsam
   Tätigkeitsdrang
3. Tendenz zum Weg des
   geringsten Widerstands
4. Mangel an Ausdauer, Zähigkeit und Widerstandskraft
   willensschwach
   mangelndes Durch-
   setzungsvermögen
   weich

V. *Vitalbereich*
4. kein inneres Zentrum
   mangelnde Reflexion
   hastig, unruhig
   nervös
   mangelndes Standvermögen
   egoistisch aus Trieb-
   abhängigkeit
   begehrlich
   verschwenderisch
5. getrieben
   haltlos
   wahllos
   kernlos
   würdelos

M. *mitmenschlicher Bereich*
1. schenk- und gebefreudig
   selbstlos
   hilfsbereit
   fürsorglich, hingebungsvoll
2. rücksichtsvoll, mitfühlend
   einfühlsam
   kontaktfreudig
   sich verströmend
   gesellig
3. anschlußfreudig
   einfühlsam

3. leutselig
verbindlich
human
anpassungsfähig
arglos
frei von Habgier
trostbedürftig
4. unfähig, allein zu sein
unfähig, »nein« zu sagen
vertrauensselig
kompromißgeneigt
ausnutzbar
beeinflußbar
verführbar
5. hörig
L. *Leistungsbild*
2. einsatzfreudig
mutig
3. anpassungswillig
4. eilfertige Betriebsamkeit
unökonomische Energie-
haushaltung
Mangel an Geduld
mangelnde Genauigkeit und
Gründlichkeit
unzuverlässig
unfähig zur Entspannung
objektverfallen
5. unselbständig
lebensuntüchtig
S. *Sonderformen*
in der Mittelzone rechtsläufig
M.3. auf der Suche nach An-
schluß und Verständnis
blumige Ausdrucksweise
betontes Unabhängig-
keitsstreben
4. Flucht in mitmenschliche
Beziehungen

M.4. Tendenz zu vorschnellen
Äußerungen
nervöse Unsachlichkeit
gedankenlose Umwelt-
bejahung
ungeduldig
5. Blendernatur
in der Oberzone rechtsläufig
G.4. geistig aggressiv
mehr Geist als Gemüt
W.2. ehrgeizig
herrschsüchtig (bei Über-
streichungen)
unbekümmerter Durch-
setzungswille
lebhafter, aber
unbeständiger Wille
(ohne Druck)
I.3. Streben nach Überlegenheit
Streben nach
Unabhängigkeit
4. Opposition gegen Ein-
engung in der Familie
jugendlicher Protest
M.3. positive Vaterbeziehung
rechtsläufig im Druck
W.4. rechthaberische Ent-
schiedenheit
eigenwillig
I.3. unbekümmerte Selbst-
behauptung
Bemühen um die Kraft
der Selbstbehauptung
4. egoistische Abwehr-
haltung
L.2. Bemühen um Steigerung
der Lebenstüchtigkeit

*rechtsläufig mit Druck nach
schräg unten*

W.4. rechthaberisch, eigen-
    sinnig

M.5. Neigung zur abwehren-
    den Kritik
    höhnisch, verbittert

*rechtsläufig nach schräg unten
ohne Druck*

F.4. entmutigt, enttäuscht
    depressiv

desgleichen in der Unterzone

M.4. negative Mutterbindung

rechtsläufige Arkaden

W.2. Zielsicherheit

  4. Bewußtsein der eigenen
    Stärke

I.3. Selbständigkeit

rechtsläufige Girlanden

M.2. Nächstenliebe
    uneigennützig
    großzügig

  4. unfähig, »nein« zu sagen
    nachgiebig

rechtsläufig bei Weite

W.2. entschieden

  4. rechthaberisch

  5. rücksichtsloser Durch-
    setzungswille

*rechtsläufig verlängerte
Anstriche*

G.3. Meidung von Umwegen
    Utilitarismus

W.3. zielgerichtet

V.3. isoliert

F.3. Sehnsucht

*rechtsläufige Abbiegungen in
der Unterzone*

L.3. Verdrängung des Sinn-
    lichen zugunsten der
    Leistung

*»Schweineschwänzchen« statt
Schleife*

F.4. schlüpfrig, Vorliebe für
    Zweideutigkeiten

*rechtsläufiges Einrollen statt
Schleifen*

M.5. versteckt rachsüchtig
    nachtragend

rechtsläufig abgebogenes d

I.3. Unabhängigkeitsdrang

G.3. kopflastig, phantasielos,
    zukunftsorientiert

verminderte Rechtsläufigkeit

A.2. führungsfähig

G.2. präzise Wahrnehmung
    sicheres Urteil

  4. rechthaberisch

W.2. Tatkraft, Durchsetzungs-
    wille

  4. widerspenstig
    unnachgiebig

I.2. Drang nach Selbständig-
    keit

V.2. entsagungsfähig

M.4. anpassungsunwillig,
    erbarmungslos

L.4. profilierungsfähig

Die Linksläufigkeit

Die *Linksläufigkeit* als rückläufige Bewegung ist die Umkehrung der
Rechtsläufigkeit. Sie weist zurück auf das Ich und die Vergangenheit

und ist ein Zeichen für Introvertiertheit, Besinnlichkeit, aber auch Besitzverhaftetheit, kurz für alle abgrenzenden Bestrebungen des Ich.

Als Linksläufigkeiten gelten alle Arten von Einrollungen, nach links gerichtete Bereicherungen und Abbiegungen, auch offen bleibende, nach links verlängerte Unterschleifen, alle Durchschleifungen, dann die Betonung und Erweiterung der Schleifenverknotung (bei *b*, *f*, *a*, *g*, *dt*, *t*) sowie alle fehlenden und abgebrochenen Schlußzüge. In solchen Stilmitteln zeigt sich raumsymbolisch ein ichbezogenes Streben, etwa der Geste des An-sich-Nehmens vergleichbar. Die Tendenz geht auf jeden Fall auf das eigene Ich zurück. Dieses Ich steht mehr oder minder im Mittelpunkt allen Interesses, daher deutet die Schriftpsychologie die genannten Erscheinungen als Ausdruck von Eigennutz, Aneignungs- und Erwerbstrieb, Egoismus und Selbstbezogenheit. Harmlose ausschmückende Formen, vor allem in der Oberzone, entspringen wohl mehr reiner Bewegungsfreude und Funktionslust und deuten entsprechend auf Phantasie oder Geschwätzigkeit in Verbindung mit dem Wunsch, das eigene Ich ins rechte Licht zu rücken.

Je kleiner aber solche Verschnörkelungen und Kreise werden,

desto mehr ist der Schreiber an egoistische Zielvorstellungen gebunden. Einrollungen an Anfangsbuchstaben oder auch in Unterschriften zeigen dann seine enge Verflochtenheit mit seinem Ich und seine Selbstbezogenheit und Geltungssucht.

Am häufigsten findet sich Linksläufigkeit bei eingeschlossenen *a*, *d, g, (o)* in der Mittelzone. Kreisende Bewegungen, die nicht vorwärts kommen, Spiegelzüge und Durchschleifungen sowie betonte Schleifenverknotung verdienen eine ähnliche Bewertung. Sie deuten auf eine unterbrochene Umweltbeziehung sowie auf eine egozentrische Abwehrhaltung gegenüber den Mitmenschen hin. Alle linksläufigen Züge zeigen den Wunsch nach Selbstbewahrung an.

Abgebrochene Endungen gelten ebenfalls als linksläufig. Sie deuten jedoch eher auf Gehemmtheit als auf Selbstbezogenheit hin. Gleichermaßen können sie Selbstschutztendenzen zum Ausdruck bringen, ebenso aber auch Schwierigkeiten im zwischenmenschlichen Bereich, die den Schreiber zu mißtrauischer Vorsicht, Schüchternheit oder auch zu schnippischer Ablehnung veranlassen.

Linksläufige Züge finden sich in Frauenschriften häufiger als in Männerschriften, sie entsprechen der weiblichen Psyche mehr als der männlichen, daher sind sie auch, wenn es sich um eine weibliche Handschrift handelt, nachsichtiger zu bewerten. Gerade in subkortikalen Schriften finden sich häufig weiche, sanft ausklingende Linkszüge von ausgewogener Bewegung, die aller Härte und Schärfe entbehren. Solche Stilelemente verweisen auf den gesunden Egoismus einer gereiften Persönlichkeit, die bar aller Kleinlichkeit in ihrer eigenen Gefühlswelt oder in ihren Erinnerungen lebt. Diese Persönlichkeitsstruktur ist gerade kontemplativen Naturen eigen.

A. *allgemeines Verhalten*
2. auf Autonomie bedacht
   individualistisch
   besinnlich introspektiv
   meditativ
3. introvertiert
   in sich gekehrt, rückwärts
   gewandt
   konservativ
   Sinn für Ästhetik
   besitzorientiert

3. hortende Tendenzen
   geschäftstüchtig
   vorsichtig
   retrospektiv
   sicherheitsorientiert
   zurückhaltend
4. Zukunftsangst
   unzugänglich
   eitel
   vieldeutig
5. hinterhältig

5. gerissen
intrigant
geheime Laster

G. *geistige Fähigkeiten*

2. fähig, Zusammenhänge zu
durchdringen
problembewußt
gedächtnisstark
rechnerisch begabt
historisches Verständnis

3. nachdenklich
berechnend
ausweichend
umständlich
phantasievoll

4. Phantastik
phrasenhaft
geschwätzig
zweiflerisch
verbohrt
verbissen

5. Tendenz zu Zwangsvorstellungen
verlogen

W. *Willensbereich*

2. unternehmungslustig
schwungvoll
entschieden
energiegeladen

3. unnachgiebig
bewahrend
behütend
festhaltend

4. rücksichtslos
heimliches Dominanz-
streben

I. *Ich-Bereich*

3. durchsetzungsfähig
sicherheitsbedacht

3. gesund egoistisch

4. narzißtisch
Tendenz zur Introjektion
ängstliche Selbstbeobach-
tung
subjektivistisch
ängstliche Egozentrik
auf den eigenen Vorteil
bedacht

5. selbstsüchtig
habsüchtig
eitel und gefallsüchtig

F. *Fühlen, Gemüt*

2. beschaulich
poetisch
verträumt, weltflüchtig
introspektiv
differenziert

3. schüchtern, zurückhaltend
scheu
verschwiegen
gehemmt
masochistisch

4. ressentimentgeladen
sentimental
unfähig zu vergessen
Neigung zu Schuldgefühlen
Neigung zu Selbstvor-
würfen
grüblerisch
mimosenhaft
skrupulös

V. *Vitalbereich*

2. bewegungsfreudig

4. geizig mit der eigenen
Energie
selbstquälerisch

5. durch das Verbotene ver-
lockt

M. *mitmenschlicher Bereich*
2. Familiensinn
   anhänglich
   mütterlich
3. schweigsam
   verschlossen, in sich
   zurückgezogen
4. mangelnde Beziehungs-
   fähigkeit
   menschenscheu
   empfindlich, leicht
   kränkbar
   neidisch, mißgünstig
   mißtrauisch
   feige
   nachtragend
   Tendenz, andere zu
   manipulieren
   einwickeln wollen
5. undurchschaubar
   unehrlich
   verlogen
   heuchlerisch
   boshaft
   dreist
   tückisch, hinterhältig
L. *Leistungsbild*
2. penibel, gründlich
   sammelnd
3. vergangenheitsorientiert
   umständlich, langsam
4. langsam
   faul
   parasitär
   besitzgierig
   Schwätzer
   verantwortungsscheu
5. habgierig
   betrügerisch

5. kloptomanisch
S. *Sonderformen*
in der Mittelzone linksläufig
A.4. schöner Schein und
     anmutige Fassade
I.3. naives Bedürfnis, im
     Mittelpunkt zu stehen
4. egozentrisch
   selbstverhaftet
   Selbstbespiegelung
M.4. anpassungsschwierig
     berechnend
Linksabbiegungen in der
Oberzone
M.3. vergangenheitsbezogen
desgleichen in der Mittelzone
(mit Einrollung)
I.4. verdrängter Machttrieb
A.5. undurchschaubar, unauf-
     richtig
linksläufige Unterzone
M.3. kindheitsfixiert
     positive Mutterbindung
4. Bindungs- und Sexual-
   schwierigkeiten
in die Mittelzone gebogene
Anstriche
M.3. betont liebenswürdig
linksläufige Hinzufügungen in
der Oberzone (auch Ein-
rollungen und Verdrehungen)
G.3. haarspalterisch
     Wortverdreher
4. Neigung zu verschrobe-
   nem Denken
I.4. eitel
     übertrieben stilbewußt
     prahlerisch
     Bluffer

nach links abgebogene
D-Schleife
  G.3. poetisch
desgleichen mit Gegenzug
  M.5. Neigung, andere zu über-
       vorteilen
       unseriös in Gelddingen
linksläufige Anfangsbuchstaben
  M.3. vergangenheitsbezogen
       kindheitsfixiert
       starke Elternbindung
linksläufige Einrollungen am
Ende
  M.5. Tatsachenverdreher
       unaufrichtig
       verschlagen
nach links aufgebauschte über-
triebene Unterlängen in eckiger
Form
  L.4. männliche Eitelkeit
  V.3. jugendliches Streben nach
       Männlich- beziehungs-
       weise Weiblichkeit
nach links unten abgebogene
Endstriche (bei unsicherer Aus-
führung)
  W.4. feige
desgleichen bei druckstarker
Ausführung
  W.5. rücksichtslos

nach links abgebogene Haken
als Arkaden (statt Schleifen am
Ende der Unterzone)
  M.3. bindungsunfähig
     4. unverbindlich
Rechtsverbiegungen im Zug
nach links
  V.4. Schuldgefühle
       unter der Last der
       Vergangenheit leidend
nach links aufgebauschte runde
Schleife
  V.4. triebhaft
       habgierig
       starke Sexualwünsche
nach links verwehte Schleife
  I.4. leicht zu entmutigen
  M.4. leicht verführbar
       beeinflußbar
nach links geschwungene runde
Schale (statt Schleife)
  V.2. enge Beziehung zum
       kollektiven Unbewußten
     3. urmütterlich
       empfänglich für die Werte
       alter Kulturen
nach links gerichtete scharfe
eckige Spitze
  V.4. uneingestandene Reiz-
       barkeit

Die Eile

Jeder Mensch zeigt in seinen Reaktionen und Bewegungen ein
bestimmtes Tempo. Der eine ist schwerfällig und langsam, der andere
rasch und beweglich. Dieses Eigentempo ist seine persönliche Geschwindigkeit, die er ein Leben lang beibehält und die sich auch in
seiner Schreibweise niederschlägt. Zwar ist das Schreibtempo nicht
meßbar, aber es läßt sich aus bestimmten Merkmalen erschließen.
Solche Anzeichen sind: ein zügiger Strich und ein flüssiger Ablauf,

voreilige, ungenaue Oberzeichen, wechselnde Rechtsneigung und Weite, seltener Richtungswechsel, scharfe Schrift und steigende Zeile, Vernachlässigung und Eilefäden, besonders am Schluß, ein hoher Verbundenheitsgrad und ein breiter werdender Linksrand.

Finden sich die erwähnten Merkmale, so wirkt die Schrift insgesamt flott, zügig, flüssig, lebhaft, expansiv, hastig und fahrig. Die Abschleifungen sind stärker, und die Tendenz zum Faden ist deutlich sichtbar. Starke Rechtsgeneigtheit ist dabei manchmal ein täuschendes Merkmal, überhaupt sollte man ein hohes Schrifttempo nur dann konstatieren, wenn es aufgrund einer Anhäufung von Symptomen signifikant ist. Ein mittleres oder gemäßigtes Tempo ist für die Deutung irrelevant, in erster Linie sagt die *Eile* etwas über den Charakter eines Menschen aus. Für solche Menschen ist ihr Ziel wichtiger als etwa entgegenstehende Hindernisse. Die Schreibbewegung strebt von etwas weg, aber auch auf etwas hin. Solche Schreiber suchen die existentielle Verwirklichung von Möglichkeiten auf dem raschesten Wege. Daher ist die eilige Schreibbewegung auch Ausdruck der Antriebe und Reaktionen. Im allgemeinen ist der diagnostische Wert der *Eile* beträchtlich geringer als der anderer Merkmale.

Nichtsdestoweniger entspricht das lebhafte motorische Geschehen beim eiligen Schreiben einer seelischen Befindlichkeit, und zwar entweder im Sinne eines vorwärtsdrängenden Temperaments oder innerer Unruhe. Wer schnell schreibt, steht unter Zeitdruck und will schnell fertig werden, es kann ihm offenbar nie schnell genug gehen. Seine oder ihre lebhaften Antriebe führen zu einer relativ ungesteuerten und ziellosen emotionalen Entladung in Form von Spontaneität, Impulsivität und erhöhter Reizbarkeit. Ursache der *Eile* ist entweder ein besonders rasches und flexibles Denken oder ein besonders ausgeprägter Verwirklichungsdrang. Aber auch innere Unruhe, Betriebsamkeit, Flüchtigkeit, Hast und Aufgeregtheit können zur *Eile* führen. Ist die *Eile* durch *Druck* gebremst, so schließt man daraus auf energische Initiative. Bei *Eile* und gleichzeitiger *Versteifung* – an sich gegensätzliche Merkmale – darf man Heftigkeit, Reizbarkeit oder gar Explosivität annehmen. Übermäßige, fast zur Unleserlichkeit führende *Eile* weist auf unruhige Gereiztheit oder seelische Verödung hin.

A. *allgemeines Verhalten*
2. aktiv
   lebhaft
   geschäftig
3. aktivistisch
   ungehemmt
   außenorientiert
   sorglos
4. leichtblütig
   leichtfertig
   unvorsichtig
   veränderlich
   flatterhaft
   wankelmütig
5. unstet
   treulos
G. *geistige Fähigkeiten*
1. initiativ
   rasch und flexibel
   rasche und spontane Auffassung
   spontane Reaktion
2. flexibel im Denken
   schlagfertig
   vorausblickend
   weiter Horizont
3. abstraktionsfähig
   clever (bei Oberzonenein-
   bindung)
   vorschnell urteilend
4. gedankenlos
   flach
   unbeständig
   überhastet
   ungründlich
   unüberlegt
   fahrig
5. chaotisch
   planlos

W. *Willensbereich*
1. aktiv
   forsch
2. zielstrebig
   voll Elan
   unternehmungslustig
3. entschlußfreudig
   eifrig, emsig
   strebsam
4. verantwortungslos
   unbeständig
5. labil
F. *Fühlen, Gemüt*
4. Strohfeuernatur
   ungeduldig, nervös
   oberflächlich
   flatterhaft
   launenhaft
I. *Ich-Bereich*
2. optimistisch
3. selbstsicher
4. selbstvergessen
V. *Vitalbereich*
2. lebhafte Antriebe
   impulsiv
   temperamentvoll
3. hoffnungsvoll
   leichtblütig
4. ablenkbar, verführbar
   reizbar
   heftig, erregbar
   hastig
   übereifrig
5. gehetzt
M. *mitmenschlicher Bereich*
2. nie um eine Antwort verlegen
3. redselig
4. Neigung zum Bluffen

L. *Leistungsbild*
1. einsatzbereit
   sehr schnell
2. emsig, regsam
   beweglich
   elastisch
   routiniert
   erfolgreich
   ansteckend dynamisch
3. anstellig, geschickt
   rührig
   betriebsam
   geschäftig
   rastlos
   unter dem Diktat der Uhr
   stehend

4. hastig
   unfähig zur Muße
   immer beschäftigt
   überlastet
   ungeduldig
   überstürzt
   nervös, gehetzt
   abwechslungssüchtig,
   unbeständig
   rekordsüchtig
5. unrealistisch
   undurchschaubar
   unzuverlässig

Die Langsamkeit

Wer langsam schreibt, kommt auch zum Ziel. Er braucht dafür nur etwas länger. Meßbar ist die langsame Schrift ebensowenig wie die eilige, doch gibt es Merkmale, die deutlich auf ein langsames Tempo hinweisen. Solche sind: Tendenz zur Schulmäßigkeit, genaue Oberzeichen, genaue Formgebung, sorgfältige Ausführung von Nebenteilen, Tendenz zur Enge und Unverbundenheit, häufiger Richtungswechsel, Deckstriche, gerade Ränder, regelmäßiger Druck, auch Steilheit oder Linksgeneigtheit, geringe Längenunterschiede und vermehrte Linkszüge können ein Hinweis auf Langsamkeit sein.

[handschriftlicher Text]

Striäre Einflüsse und Schreibungewandtheit führen zu langsamem Schreiben. Die Schrift wird dann insgesamt müde, träge, schlaff, bedächtig, wenig zügig, gehemmt, unsicher und stockend.

Ein Langsamschreiber verfolgt seine Ziele bedächtig und gelassen, daher wirkt er beschaulich, kontemplativ, ruhig, gleichmütig und besonnen. Umgekehrt kann seine Bedächtigkeit jedoch auch zu Passivität erstarren, so daß er phlegmatisch, schwerfällig, schwerblütig und abgestumpft erscheint.

Die langsame Motorik des Langsamschreibers entspricht unmittelbar seiner seelischen Konstitution; häufig mangelt es ihm an Kraft oder an Lebendigkeit der Antriebe. Solche Menschen haben die Ruhe weg, nehmen sich Zeit, überstürzen nichts, zwingen sich zur Geduld und neigen nur wenig zu spontanem oder raschem Handeln. Was immer sie tun, sie tun es mit Bedacht, gründlich, sorgfältig und gewissenhaft. Je langsamer man agiert, desto mehr Zeit bleibt einem zum Überlegen. Aber nicht selten spielt auch der Hang zu Bequemlichkeit oder gar Faulheit eine Rolle.

Zusätzliche *Versteifung* der Schrift deutet darauf hin, daß der Schreiber gestaut, gehemmt, ängstlich und leicht verzagt ist.

A. *allgemeines Verhalten*
2. gleichmütig
   gelassen
   bedächtig
   ruhig
   besonnen
   kontrolliert
   beständig

3. konservativ
   korrekt
   zaghaft
4. unflexibel
   phlegmatisch
   pedantisch
   furchtsam

G. *geistige Fähigkeiten*
2. beobachtungsbegabt
   umsichtig
   sorgfältig
   gesammelt
   nicht ablenkbar
   vorsorgend
3. reflektiv
   tiefschürfend
   anschaulich im Denken
   Tatsachensinn, realistisch
   bedächtig
4. langsame Auffassung
   schwerfällig im Denken
   Mangel an Spontaneität
   begriffsstutzig
   wenig schlagfertig
   Mangel an Initiative
   eingleisig
5. unbeweglich
   starr, verbohrt
   interessenlos
W. *Willensbereich*
2. stabil
   beharrlich
   stetig
3. zaudernd
   gebremst
   unschlüssig
4. willensschwach
5. starr
   untätig
I. *Ich-Bereich*
2. kontrolliert
3. selbstbeherrscht
4. befangen, voreingenommen
   wenig selbstbewußt
   (bei Druckschwäche)

4. unsicher
   furchtsam
F. *Fühlen, Gemüt*
2. behaglich
   beschaulich
3. innerlich gesammelt
   geruhsam
4. melancholisch
   pessimistisch
   gedrückt
   unfroh
5. apathisch
   lethargisch
V. *Vitalbereich*
3. schwerfällig
   schwerblütig
4. antriebsschwach
   gehemmt
   indifferent
   unlebendig
   kompliziert
   schlaff
   gequält
   passiv
5. indolent
   stumpf
M. *mitmenschlicher Bereich*
2. anhänglich, treu
3. geduldig
4. emotional träge
   interessenlos
   schwerfällig
   temperamentlos
5. berechnend
   falsch
L. *Leistungsbild*
2. langsam, aber gründlich
   verantwortungsbewußt

3. gründlich im Detail
   verläßlich
   systematisch
   unflexibel
4. umständlich
   eingefahren
   behäbig
   phlegmatisch

4. antriebslos
   leicht ermüdbar
   bequem (bei Völle)
5. unbeweglich
   kraftlos
   träge
   faul

Die Lockerheit

Strenggenommen ist die *Lockerheit* einer Schrift kein eigenes Merkmal, sie bildet nur den Gegenpol zur *Versteifung*. Man könnte auch sagen, Lockerheit ist die durch eine (zu) geringe Muskelspannung gekennzeichnete schwächere Spielart der Versteifung. Die Bewegungen sind dabei weich, vor allem in der Mittelzone, bei *m*-, *n*- und *u*-Folgen, die Schrift wirkt fließend, glatt, geschmeidig, ungezwungen, gleichzeitig aber auch rhythmisch und gut koordiniert, allerdings nicht ausgesprochen regelmäßig. Scharfe Winkel kommen nicht vor, auch kein ausgesprochener Faden. Aber dazwischen liegen kurvige Bindungsformen, vor allem natürlich Girlanden. Man spürt eine gewisse Leichtigkeit der Bewegung, die Hin- und Herbewegungen sind fließend, der innere Zustand des Schriftbildes entspricht einer Gelöstheit, die nichts Besonderes erwartet und sich dem inneren und äußeren Geschehen einfach hingibt, ohne den Versuch zu machen, es nachhaltig zu beeinflussen. Die Motorik unterliegt dabei nur einer geringen Kontrolle, und die Bewegungen erfolgen unmittelbar und ohne bewußte Steuerung.

Diese im Schreibstil sichtbar werdende Haltung läßt sich generell auch auf die Persönlichkeit des Schreibers übertragen. Die *Lockerheit* deutet auf einen völlig ungehemmten Menschen hin, der ohne irgendwelche Skrupel und Bedenken seine jeweiligen Impulse auslebt.

Ist die *Lockerheit* von einem starken *Antrieb* begleitet, so sprechen wir von *Gelöstheit*. Dieser Stil ist typisch für Menschen, die sich natürlich und ungebunden, selbstverständlich und angemessen in ihrer Umwelt bewegen. Sie verfügen häufig über Elan und Flexibilität und sind hingabefähig und belastbar. Fehlt es jedoch an einem kräftigen Antrieb, so kommen Unruhe und Ungleichmäßigkeit ins Schriftbild, und die *Gelöstheit* geht so weit, daß sie nur noch als

Ausdruck mangelnder Selbstkontrolle und als Hinweis auf Indifferenz, Willensschwäche, Nachgiebigkeit, Kraftlosigkeit und Nachlässigkeit interpretiert werden kann. Ein solcher Mensch ist eigentlich nur noch ein Spielball der diversen Reize, die aus der Umwelt auf ihn einwirken.

Die *Lockerheit* entspricht negativ dem *Versteifungsgrad I* und positiv dem *Versteifungsgrad II* der Pophalschen Tabelle (siehe dazu S. 143 f.), wobei die Übergänge zwischen beiden Abstufungen fließend sind.

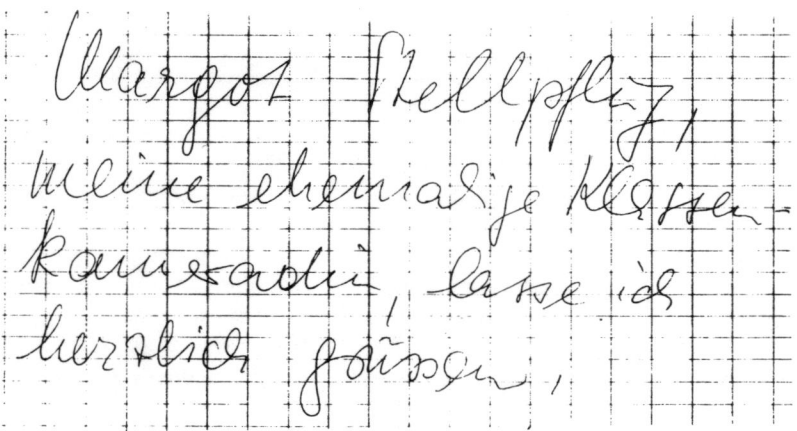

A. *allgemeines Verhalten*
2. gelöst
   natürlich, zwanglos, ungebunden
   ausgeglichen
   unverwüstlich
3. unkompliziert
   unbekümmert, sorglos

3. aufgeschlossen
   nonchalant
   robust
4. wankelmütig
   unstet
5. gesinnungslos
   charakterlos

G. *geistige Fähigkeiten*
1. ursprüngliche, noch unge-
   formte Kreativität
4. Konzentrationsschwäche
   fahrig, flüchtig, zerfahren
W. *Willensbereich*
2. Elan, Schwung
4. Spannkraft und Festigkeit
   wenig ausdauernd
   Mangel an innerem Halt
   Mangel an Willenskraft
   mangelnde Disziplin und
   Selbstbeherrschung
   schlaff, widerstandslos
   zucht- und disziplinlos
   ohne Rückgrat, labil
F. *Fühlen, Gemüt*
2. gemüthaft, gefühlvoll
   seelisch ansprechbar und
   beweglich
3. leicht beeindruckbar
   leichten Stimmungsschwan-
   kungen unterworfen
4. sentimental
   nachgiebig
   beeinflußbar bis zur Ver-
   führbarkeit
V. *Vitalbereich*
2. spontan
   antriebslebhaft
3. weich
   anpassungsfähig

4. vital geschwächt und gestört
   nicht besonders wider-
   standsfähig
   innerlich unruhig und
   richtungslos
   Mangel an seelischer
   Differenzierung
   seelisch zurückgeblieben
5. den eigenen Impulsen
   ausgeliefert
   hemmungslos, haltlos
   infantil, primitiv
M. *mitmenschlicher Bereich*
2. hingebungsfähig
   schmiegsam
   konziliant
   anpassungsfähig
3. naiv, arglos
   lenkbar und biegsam
4. geringes Einfühlungs-
   vermögen
   veränderlich, wetterwen-
   disch
L. *Leistungsbild*
2. beweglich und schnell
3. psychisch flexibel und
   belastbar
4. lasch
   ungenau, ungründlich
5. plan- und ziellos
   nachlässig
   unzuverlässig

Die Versteifung

Die *Versteifung* ist jene Erstarrung der Schrift, die von übermäßiger Muskelanspannung herrührt. Sie entspricht unmittelbar einer auch psychischen Spannung, die zur Anspannung der Muskulatur führt. Es gibt zwei Spielarten der *Versteifung:* die *striäre* (= unwillkürliche) und die *kortikale* (= willkürliche).

In den Verbandsmitteilungen des „J C V" las ich von Ihren
Arbeitsergebnissen über das Schwörer Fantasydogramm. Gibt es darüber
eine Veröffentlichung? Oder haben Sie das Arbeitsergebnis ver-
vielfältigt und verfügbar. Ich Ihre Antwort im Voraus haben

Die *striäre Versteifung* ist Folge einer unwillkürlichen Einengung des Bewegungsablaufs und daher immer unregelmäßig. Die Schrift wirkt dabei steif, holperig, sperrig, spröde, eckig, abgehackt, unsicher und manchmal sogar verzittert. Ihr Rhythmus und die Bewegungskoordination sind gestört. Winkel und Arkaden sind in der Ausführung unregelmäßig, der Verbundenheitsgrad ist gering. Versteifungen dieser Art sind konstitutionell bedingt und lassen sich daher im allgemeinen nicht korrigieren. Dieser Typus der Versteifung resultiert aus vitaler Schwäche, die Hemmungen sind so stark, daß gewisse Impulse sich erst gar nicht durchsetzen können. Innere Unsicherheit oder mangelndes Vertrauen in die eigene Antriebskraft können dafür die Ursache sein. Sie wirken sich auf die Schrift als Versteifung, Sprödigkeit oder Zähflüssigkeit aus. Natürlich kann auch mangelnde Schreibreife der Grund für *Versteifung* sein. In einem solchen Fall muß der Schriftpsychologe in der Deutung sehr zurückhaltend sein.

Ansonsten ist die *striäre Versteifung* ein Hinweis auf einen Mangel an Stabilität und Kraft, auf Anpassungsstörungen, Gehemmtheit, verkrampfte Haltung, mangelndes Durchsetzungsvermögen, Unsicherheit, die Unfähigkeit, sich zu entspannen, und schließlich Frustration und Resignation. Menschen dieser Art fehlt psychische Flexibilität, sie können sich nicht so mitteilen, wie sie möchten, teilen ihre Kräfte unökonomisch ein, sind spröde oder schroff und fühlen sich ewig unverstanden und benachteiligt. Ihnen ist kaum zu helfen.

Einer anderen Bewertung unterliegt die *kortikale Versteifung*. Sie ist nämlich bis zu einem gewissen Grad willkürlich erzeugt und verfolgt ein Ziel. Der Schreiber möchte seine ursprünglichen Antriebe in ganz bestimmter Weise beherrschen und lenken. Die kortikale Versteifung ist die Voraussetzung für feste Formen, für Regelmaß und individuell gestaltete Buchstaben. Dabei steht die bewußte Haltung im Vordergrund, aber auch der Gedanke an die Wirkung auf den Leser. Sie ist weiterhin ein Zeichen von Förmlichkeit und Disziplin. Der Schreibende ordnet seine natürlichen Impulse einem

Zwang unter, der ihm einen zusätzlichen Halt geben soll. So ist zum Beispiel bei gleichzeitiger Linksläufigkeit ein erhöhtes Bemühen um Selbstschutz und Selbstbehauptung anzunehmen. Versteifungszüge mit reaktiven Einschlägen kennzeichnen den typischen Nein-Sager. Solche Menschen schotten sich ab, sind trotzig, verstockt und unnachgiebig und nehmen grundsätzlich eine Abwehrhaltung ein.

In der Oberzone sind die kortikalen Versteifungsmerkmale feingliedriger, reduziert und vereinfacht. Die darin zum Ausdruck kommende Prägnanz weist auf geistige Selbständigkeit und eine hochentwickelte Rationalität hin. Treten zur Versteifung noch bewußte Gestaltungstendenzen hinzu, so sind diese eindeutig nach dem Darstellungsprinzip zu beurteilen.

Wenn das regulierende Prinzip überhandnimmt, so erstarrt es zum Selbstzweck und zum reinen Formalismus. Bei Menschen dieses Typs schlägt echtes Pflichtgefühl in bloße Akkuratesse um, Gewissenhaftigkeit in Pedanterie und Beschränkung in Beschränktheit, ihre innere Erstarrung wird zur undurchdringlichen Maske. Von da aus ist es nicht mehr weit zu völliger Verkrampftheit und zu Formauflösung und Formzerfall, in denen die Desintegration der Psyche ihren Ausdruck findet.

Merkmale zur Versteifung:

A. *allgemeines Verhalten*
1. hat Haltung
   Gleichmut
   Gemessenheit
   Stilbedürfnis
2. besonnen
   akkurat
   korrekt
   maßvoll
3. um Unauffälligkeit
   bemüht
   förmlich
   farblos
4. unnatürlich
   verkrampft
   verknöchert
4. innerlich zerrissen
5. cholerisch
   exzentrisch
   primitiv
G. *geistige Fähigkeiten*
1. kreativ
   künstlerisch interessiert
   geistig selbständig und
   eigenwillig
2. wachsam
   konzentriert
   sachlich
   logisch denkend
3. rational
   nüchtern
   zielgerichtet im Denken

4. ungenau
   unstet im Denken
   ungewandt im Denken
5. beschränkt
W. *Willensbereich*
1. innerlich stabil
2. selbstdiszipliniert
   beständig
   standhaft, zäh
   widerstandsfähig
   unablenkbar
3. kontrolliert
   hart und streng
   unbeugsam
   nach Unabhängigkeit
   strebend
4. ohne Ausdauer
   eigensinnig
   zur Abwehr neigend
   trotzig
   schroff
   Mangel an Kraft und Zielbestimmtheit
5. halsstarrig
   unwandelbar
I. *Ich-Bereich*
1. um Selbstentfaltung bemüht
2. Selbständigkeitsdrang
   natürliches Selbstvertrauen
   innerlich ausgeglichen
3. Selbstschutz, Selbstsicherung
   Selbstbehauptung
4. innerlich unsicher
   permanenter psychischer
   Mobilmachungszustand
   ichverhaftet
   affektiert
   innerlich haltlos

4. resigniert
5. exzentrisch
F. *Fühlen, Gemüt*
2. auf Ästhetik Wert legend
3. schüchtern, ängstlich
4. spröde
   zwiespältig
   nach eigenem Selbst-
   verständnis unverstanden
   oder benachteiligt
   leicht erregbar
   geladen, reizbar
   nervös, explosiv
5. ständig gekränkt
V. *Vitalbereich*
1. stark
   sicher
   regenerationsfähig
2. vital ausgeglichen
   ausdauernd
4. unfähig, sich abzureagieren
   gestört
   unökonomisch in der
   Energiehaushaltung
   gehemmt, unlebendig
   innerlich lahm
5. unnachgiebig, verstockt
   undurchdringlich
   maßlos, innerlich
   anarchisch
M. *mitmenschlicher Bereich*
2. hingebungsfähig
3. vorsichtig
   mißtrauisch
4. Mangel an Natürlichkeit
   und Unmittelbarkeit
   unfähig, sich mitzuteilen
   kontaktgestört
   anpassungsschwierig

4. anpassungsunwillig
   kompromißabgeneigt
5. unbeugsam
   unduldsam
   widerspenstig
   unberechenbar
   falsch
L. *Leistungsbild*
1. präzise

2. pflichtbewußt
   formbar
   supergenau
3. psychisch belastbar
   anspannbar
4. immer Schwierigkeiten
   erwartend
   pedantisch
   unordentlich
   ziellos

Versteifungsgrade
In dem jeweiligen Versteifungsgrad einer Schrift offenbart sich dem Schriftpsychologen, in welchem Verhältnis Antriebs- und Steuerungskräfte des Probanden zusammenwirken. Je nach dem Ursprungsort der entsprechenden Schreibbewegung im Gehirn spricht man von *pallidär, kortikal, subkortikal* beziehungsweise *striär bestimmten* Versteifungsgraden.

Versteifungsgrad I
(pallidär bestimmt)
mangelnde Hemmung
graphische Merkmale:
schlaff, unelastisch,
spannungslos
salopp, fahrig, lasch, schlampig
ungezügelt, hemmungslos
ausfahrend, unsicher

Formvernachlässigung,
ungeformt

Deutungen:
A.5. keine Haltung, ohne
     Rückgrat
     infantil
G.4. planlos, fahrig
W.5. willensschwach, wankel-
     mütig
I.4. pseudoautonom
V.5. unkoordinierte Antriebe
     hemmungslos
L.4. diffuser Aktivismus
     schnell ermüdbar

Versteifungsgrad II
(subkortikal bestimmt)
zweckmäßige Enthemmung
graphische Merkmale:
fließend, zügig, flüssig, glatt
schlank, geschmeidig, elastisch
schwingend, vibrierend,

Deutungen:
A.2. natürlich
     heiter, gelöst
     anmutig
W.3. ökonomischer Umgang
     mit den eigenen Kräften
I.3. in sich ruhend, sicher

graziös, rund, weich, biegsam
anmutig

fließende Form

V.2. seelisch flexibel
locker, beweglich,
biegsam
M.2. anpassungsfähig
einfühlsam, mitfühlend
4. beeinflußbar

Versteifungsgrad III
(kortikal bestimmt)
zweckmäßige Hemmung
graphische Merkmale:
zügig, fest, gehalten, bestimmt
straff, federnd, dynamisch
schnell

sichere Formgestaltung

Deutungen:
A.3. maßvoll, ernst
gezügelt
W.3. gesetzestreu
beständig, stabil
widerstandsfähig,
bestimmt
I.2. selbstbeherrscht
V.2. gesammelt
M.3. vernünftig anpassungsfähig

Versteifungsgrad IVa
(kortikal bestimmt)
mangelhafte Enthemmung
graphische Merkmale:
gespannt, unelastisch
hart, eckig
starr, monoton, unlebendig

Formverfestigung

Deutungen:
G.4. überspannt
beschränkt
W.3. beharrlich
4. unbeweglich
eigensinnig
I.3. durchsetzungsfähig
V.3. verhalten
4. seelisch unflexibel
M.4. anpassungsunwillig
hart
unduldsam
verspannt

Versteifungsgrad IVb
(striär bestimmt)
unzweckmäßige Hemmung
graphische Merkmale:
steif, spröde, stockend, unschlank
brüchig, lahm, gestaut
undynamisch, gefroren

Deutungen:
I.4. selbstbezogen
V.4. empfindlich
gezwungen
unsicher
langsam
ängstlich

unsicher, klebrig
viskös, kraftlos
tot, verglast

Formerstarrung

Versteifungsgrad V
(pallidär bestimmt)
unzweckmäßige Enthemmung
graphische Merkmale:
überstark verkrampft
zerstückt, zerhackt
zittrig, ausfahrend, torkelnd
springend, abrupt
eckig, spitzig

Formzerfall
Formauflösung

V.4. leicht kränkbar
innerlich lahm
M.4. pseudoanpassungsfähig
verschlossen
spröde

Deutungen:
A.5. Mangel an Haltung
verkrampft
Neigung zu unschick-
lichem Benehmen
W.5. willensschwach
den Umweltreizen
ausgeliefert
4. wenig ausdauernd
V.3. überbesorgt
4. aufgeregt
unter innerem Druck
stehend
reizbar, heftig
ablenkbar
M.5. anpassungsunfähig

Der Ablaufrhythmus

Der Begriff *Ablaufrhythmus* ist in der Schriftpsychologie nicht eindeutig definiert. Einige Autoren verstehen darunter das *Ebenmaß/Unebenmaß* im Ablauf der Bewegung (H. PFANNE), andere den reinen *Bewegungsrhythmus* (W. H. MÜLLER und A. ENSKAT). Daneben gibt es noch die Termini *Formrhythmus* und *Verteilungsrhythmus*, die sich auf das Eben- oder Unebenmaß in der *Formung* beziehungsweise in der *Verteilung* beziehen.

[handschriftliche Notiz, weitgehend unleserlich]

LUDWIG KLAGES stellt den Rhythmus dem Takt gegenüber. *Rhythmus* ist für ihn Leben, Ursprünglichkeit, Reichtum, Fülle, Individualität und Eigenart, *Takt* dagegen bedeutet ihm Mechanisierung, Leere, Banalität und Monotonie. Das Charakteristische eines Schriftrhythmus ist daher das individuell bestimmte elastische Hin und Her der Bewegung. Natürlich spielen auch Form und Raum für den Ablaufrhythmus eine gewisse Rolle, aber das entscheidende Kriterium ist dennoch die *Bewegung* selbst. Ihre Einstufung ergibt sich aus der Beurteilung der Bewegungsfolge und des gesamten Bewegungsgefüges. In diesem Zusammenhang spielt auch die *Versteifung* eine wichtige Rolle.

Der *Ablaufrhythmus* kann ausgeprägt, schwach oder gestört sein. Für die Deutung spielt er nur dann eine Rolle, wenn er sich einwandfrei erkennen läßt. Bei einem ausgeprägten Bewegungsbild wirkt die Schrift fließend, glatt, schwingend, gelassen, ungehemmt und dynamisch. Das Verhältnis zwischen Antrieb und Steuerung ist annähernd ausgeglichen.

Das gleichmäßige und ungestörte motorische Geschehen ist Ausdruck eines harmonischen Seelenlebens. Es zeugt von äußerer wie innerer Gelassenheit und Verläßlichkeit. Ein gleichmäßiger Ablaufrhythmus wird einer optimalen psychophysischen Feinabstimmung zwischen Antrieb und Widerstand verdankt. Ist der Widerstand stark, muß auch der Antrieb um so stärker sein, bei geringem Widerstand ist schon ein relativ schwacher Antrieb ausreichend, um das innere Gleichgewicht herzustellen und Instinktsicherheit zu gewährleisten.

Der *gestörte Ablauf* zeigt ein unausgewogenes Verhältnis von Antrieb und Widerstand. Überwiegt der Antrieb und ist die Zügelung schwach, so entstehen ausfahrende, hemmungslos explosive Bewegungen. Ist der Widerstand hingegen stärker als der Antrieb, so wird die Bewegung ungleichmäßig, gehemmt bis verkrampft (siehe Beispiel unten). Die Folge ist ein Eindruck allgemeiner Unruhe. Der ungleichmäßige Ablauf deutet darauf hin, daß der Schreiber wahllos allen möglichen Reizen und Impulsen ausgeliefert und aus dem inneren Gleichgewicht geraten ist, sein Selbstwertgefühl ist gestört, und er ist nicht Herr seiner Affekte. Einem solchen Menschen gelingt es nicht, seine elementaren inneren Strebungen miteinander in Einklang zu bringen, und wenn er nicht wenigstens mit dem Willen noch regulierend eingreifen kann, was sich in zunehmender Taktierung des Schriftbildes ausdrücken würde, so überwiegt bei ihm das permanente innere Chaos.

Zusammenfassend sei darauf hingewiesen, daß der Vorgang des Schreibens nicht allein vom vitalen Rhythmus gesteuert wird, sondern gleichermaßen Ausdruck kortikaler Lenkung ist. Demzufolge kann der *Ablaufrhythmus* einer Schrift nie ausschließlich Ausdruck von Vitalität und Lebensfülle sein. Es zeigt sich darin vielmehr das Strukturbild der Persönlichkeit, das sich aus dem Verhältnis von Vitalschicht und Geistebene, Tiefenschicht und personaler Schicht, Gefühl und Verstand, Ich und Umwelt ergibt und in dem die Mannigfaltigkeit und Differenzierung der geistig-seelischen Struktur des betreffenden Schreibers zur Erscheinung gelangt.

*ausgeprägte Ausgewogenheit in
der Bewegung*
 A.2. Grundstimmung eher
       optimistisch
    3. unkompliziert
 W.3. ausgeglichen
       stabil
 F.2. gleichmütig
    4. gleichgültig
 V.2. ausgeglichene Antriebs-
       struktur
       seelische Harmonie
    3. unproblematisches Zu-
       sammenwirken von un-
       bewußten und bewußten
       Kräften
       geringe Erschütterbarkeit
    4. nicht sehr differenziert
       nicht sehr aufgeweckt
 M.3. einordnungsfähig
 L.3. unflexibel
*ausgeprägter Ablaufrhythmus
(ausgeprägte Bewegung)*
 A.2. flexibel
 G.2. gelehrig
       bildsam
 F.3. wandelbar
       lenkbar
       prägbar
 M.3. anpassungsfähig
 L.2. umstellungsfähig
       biegsam
betonte Bewegung
 I.3. subjektivistisch
       Vorliebe für Anschaulich-
       keit
       wenig Interesse an ab-
       strakten Gegenständen

 V.3. gefühls- und trieb-
       orientiert
       sinnlich
       trotz mangelnder Gestal-
       tungskraft im Wesen echt
       den eigenen Impulsen un-
       terworfen
regelmäßig getakteter Ablauf
 A.4. Mangel an Natürlichkeit
 W.2. Glauben an die Allmacht
       des Willens auch im Ein-
       satz gegen die eigene
       Person
       äußerst selbstdiszipliniert
    3. unter permanenter
       Willenskontrolle
 I.3. fähig zur Selbstbehaup-
       tung
 V.4. wegen Überbetonung des
       Willensaspektes seelisch
       unflexibel
durchgeistigte Schrift
 I.4. nervöse Selbstkontrolle
 F.2. sensibel, feinfühlig
    3. dünnhäutig, feinnervig
       empfindlich
    4. mimosenhaft
       irritierbar
    5. degenerationsbedingte
       Labilität
       hypochondrisch
*ebenmäßiger, aber unruhiger
Ablauf*
 A.4. labil
       disharmonisch
 I.4. schwankendes Selbst-
       wertgefühl
       Mangel an innerem
       Gleichgewicht

F.3. empfindsam
   4. sensibel, stimmungs-
      abhängig
      innerlich unruhig
      unausgeglichen
      irritierbar, störbar,
      ablenkbar
nur leichte Ablaufstörungen
G.3. aufgeschlossen
      beeinflußbar
F.2. emotional
      erlebnisfähig, lebendig
   3. empfindsam, beein-
      druckbar
      feinfühlig, sensibel
   4. störbar, ablenkbar
M.2. einfühlsam
L.4. unflexibel
gestörter Bewegungsablauf
(unausgewogen)
A.4. eher pessimistisch
      überkompliziert und
      -differenziert
W.4. widersprüchliche
      unbewußte Tendenzen
 I.4. tiefgreifende Störungen
      des Selbstwertgefühls
      unzufrieden
      latentes Gefühl des
      Ungenügens
V.4. aggressiv
      unausgeglichenes Tempe-
      rament
      unruhig und reizbar
      nervös
   5. abnorme Erregbarkeit
      destruktiv
M.4. Mangel an Vertrauen
L.5. Leistungsverweigerer

unausgeprägte Bewegung
A.4. wenig entwicklungsfähig
G.5. unfähig, aus Erfahrungen
      zu lernen
W.4. kraftlos
V.4. lahm
M.4. nur begrenzt anpassungs-
      fähig
L.4. wenig originell
      stagnierend
montoner, unelastischer Ablauf
G.4. uninteressiert
 I.4. gehemmt
F.4. Mangel an Innerlichkeit
      und Gemüt
      abgetötetes Innenleben
      verdrängtes Gefühlsleben
      unlebendig
   5. psychisch erstarrt und
      träge
M.5. teilnahmslos
L.4. unselbständig
      stur
lebhaft ausfahrender Ablauf
A.3. impulsiv
   4. vorwärtsstürmend
G.4. sprunghaft
F.4. emotional, affektiv
   5. explosiv, eruptiv
M.5. launisch
L.5. unberechenbar
gehetzter Ablauf
G.4. konzentrationsschwach
      flüchtig und fahrig
W.4. Mangel an unbewußt
      steuernder Kraft
   5. Mangel an innerem Halt
V.4. fehlender innerer Ruhe-
      punkt

V.4. getrieben
  unstetige Spannkraft
  5. zerfahren, hemmungslos
  innerlich aufgelöst
M.4. verführbar
L.4. überhetzt
verkrampfter, unelastischer Ablauf
  A.4. Mangel an innerem
    Gleichgewicht
  W.4. verkrampft, reaktiv

I.4. unsicher
  geringes Selbstwertgefühl
  unausgeglichen
F.3. empfindsam
  beeindruckbar, empfind-
  lich
V.4. Mangel an innerer Spannkraft
  irritierbar
  verletzlich
M.4. gehemmt

2. Das Raumbild

Die Größe

Unter *Größe* versteht man in der Graphologie die Länge der Kurzlängengrundstriche, sobald sie beim Schreibgeübten 2,5 und beim Schreibungeübten 3 Millimeter übersteigt. Gemessen wird dabei nicht die vertikale Ausdehnung des Strichs, sondern seine wirkliche Länge. Frauen schreiben im allgemeinen etwas größer als Männer, das sollte man bei der Deutung mitbedenken. Überhaupt ist die Schriftgröße eines der variabelsten Merkmale und deshalb häufigen Änderungen unterworfen. Man sollte daher *vor* einer Deutung feststellen, ob die *Größe* auch persönlichkeitsspezifisch ist.

Die räumliche Ausdehnung einer Schrift weist – wie die übrigen Merkmale auch – auf die psycho-physischen Strebungen des Schrei-

bers zurück. Für die schriftpsychologische Ausdeutung der Schriftgröße ist die mittelpunktflüchtige Bewegung der Schrift entscheidend, die sich nach außen hin ausdehnt. Der Schreiber braucht auf
dem Papier wie im Leben Platz. Die Bewegung mit der großen
Ausschlagweite weist daher unmittelbar auf einen kräftigen Antrieb,
manchmal gar auf eine expansionistische Haltung hin. Wer große
Bewegung erzeugt, will damit seine Kraft und Energie zum Ausdruck bringen oder aber seine Intentionen verdeutlichen. Solche
Menschen neigen zur pathetischen Geste und setzen zur Erreichung
ihrer Ziele all ihren Schwung und ihre ganze Tatkraft ein. Sie scheuen
auch nicht davor zurück, weit entfernt liegende Ziele ins Auge zu
fassen, ein Hinweis auf Begeisterungsfähigkeit, Großzügigkeit und
Beschwingtheit, gelegentlich jedoch auch auf einen unterentwickel-
ten Wirklichkeitssinn. Großschreiber verfügen im allgemeinen über
ein hohes Selbstbewußtsein. Ob dieses Selbstwertgefühl allerdings
immer echt ist, sei dahingestellt. Auch ihre Einsatzbereitschaft ist
sehr groß, das zeigt schon die *Höhe der Mittelzone*, in der sich die
persönliche Sphäre, das Gemüt, also das eigentliche seelische Zentrum der Persönlichkeit widerspiegelt.

Wer groß schreibt, läßt seinen Antrieben freien Lauf, sein Tatendrang kennt kaum eine Hemmung. Seinem außergewöhnlichen
Unternehmungsgeist entspricht ein ebenso überdurchschnittlicher
Leistungswille, wobei die Gründlichkeit infolge mangelnder Fein-
steuerung jedoch meistens zu wünschen übrig läßt. Menschen des
beschriebenen Typus sind eher zur pauschalen Erledigung gestellter
Aufgaben geeignet als zur Abwicklung der Details.

Das gehobene Selbstwertgefühl, insbesondere das leicht überhöhte
Eigenmachtgefühl des »expansiven« Menschen, birgt aber auch
Gefahren in sich. Aus Würde wird leicht Arroganz, wenn der
Geltungsdrang sich der Zügel der Selbstkritik und Bescheidenheit
entledigt. Je mehr die Größe einer Schrift Produkt eines starken
inneren Antriebs ist, desto echter und natürlicher ist das Selbstwert-
gefühl, je schwächer der Antrieb, um so wahrscheinlicher weist die
Schrift jene »Größe« auf, die nichts weiter ist als ein Ausdruck von
Prahlerei, Hochmut und Überheblichkeit.

Ist in einer großen Schrift der Untenzug die charakteristische
Größe, so deutet das auf eine tiefgegründete und in sich ruhende
Persönlichkeit hin, ist dagegen der Obenzug dominant, so läßt sich
daraus auf einen expansiven und fordernden Charakter schließen.

A. *allgemeines Verhalten*
1. aus der Fülle lebend
   Sinn für das Ungewöhnliche
   und Erhabene
   würdevoll
   ritterlich
   ungebrochener Freiheits-
   drang
   aristokratisches Lebensgefühl
   kunstliebend
   Begeisterung für das
   Heldentum
   sehr starkes Ehrgefühl
2. Identifizierung mit großen
   Menschen und Ideen
   Liebe zum Unbegrenzten
   Herrennatur
   großzügig, großmütig
   Hang zum Außergewöhn-
   lichen
3. optimistisch
   mutig, frisch
   verantwortungsbewußt
   Lebensfreude
   heile Kindheit
   kindlicher Optimismus
   naiv
   Neigung zur Euphorie
4. Mangel an Realitätssinn
   schicksalsgläubig
   Neigung zum Starkult
   Hagestolz
   Tendenz zur Selbstdarstellung
   Neigung zur Pose
5. hochmütig
   prahlerisch
   hochstapelnd

5. größenwahnsinnig
   verletzend überheblich
G. *geistige Fähigkeiten*
1. überzeugungsfähig
2. weitblickend
3. phantasievoll
   spekulativ
   Neigung zum Wunsch-
   denken
4. unaufmerksam
   fahrig, unkonzentriert
   unüberlegt
   wirklichkeitsfern
   mangelnde geistige
   Koordinationsfähigkeit
5. unvernünftig
   pubertäre Verstiegenheit
   Phantast, überspannt
   vollkommen, kritiklos
W. *Willensbereich*
1. ständig initiativ
   enormer Tatendrang
   freimütig
2. unbedingter Autoritäts-
   anspruch
   Unternehmungsgeist
   kühn, wagemutig
   ehrgeizig
   draufgängerisch
3. ständig aktiv
   schwungvoll
4. Machtwille
I. *Ich-Bereich*
1. starkes Streben nach Selbstverwirklichung
   starkes Selbstvertrauen
   Streben nach Selbstentfaltung
2. echte Selbstdarstellung

2. expansiv
   Wunsch nach repräsentati-
   vem Lebensstil
   Wunsch nach Größe und
   Bedeutung
   hohe Selbsteinschätzung
   gehobenes Selbstwertgefühl
3. verständige Selbsteinschätzung
   unkritischer Optimismus
   Neigung zum Subjekti-
   vismus
   starke Eigenliebe
4. Selbstbehauptung um jeden
   Preis
   illusionäres Selbstbild
   pathetischer Kult um die
   eigene Person
   narzißtisch
   angeberisch
   wichtigtuerisch
   Mangel an Selbstkritik
   Selbstüberschätzung
5. egomanisch
   großspurig
   arrogant
   überheblich
   anmaßend
   krankhaft eitel
F. *Fühlen, Gemüt*
2. gefühlstief
3. ernst
   euphorisch
4. übermütig
   überschwenglich
   schwärmerisch
   wenig differenziert und
   feinfühlig
   pathetisch

5. falsches Pathos
   überspannt
V. *Vitalbereich*
2. vitale Sicherheit
   mangelhafte Koordinierung
   der vitalen Energien
   starker Lebensdrang
3. impulsiv
   voller Wünsche
   sorglos, unbekümmert
4. leichtsinnig
   leidenschaftlich
   Überkompensation von
   Minderwertigkeitsgefühlen
5. hemmungslos
   maßlos
   gewissenlos
   hysterisch
M. *mitmenschlicher Bereich*
1. Führungsambitionen
2. ritterlich
3. Streben nach gesellschaftlicher Geltung
4. anspruchsvoll
   Bedürfnis nach Luxus
   angeberisch
   verschwenderisch (um Eindruck zu machen)
   versnobt
   taktlos
   wenig kooperativ
   parteilich
5. rücksichtslos
   barsch
   ungeniert, frech
   phantastischer Lügner
L. *Leistungsbild*
1. von der eigenen Berufung
   überzeugt

2. Streben nach guter Leistung
vorbildliche Berufs-
auffassung
wagemutig
3. Wunsch nach Unabhängigkeit
Übereinstimmung der ho-
hen Selbsteinschätzung mit
den eigenen Fähigkeiten
4. Mangel an Pflichtgefühl
unvorsichtig
fordernd
Selbstüberforderung
5. Bluffer
exaltiert
S. *Sonderformen*
schwankende Größe
   I.4. Störung des Selbstwertgefühls
verstrickte Größe
   W.4. Diskrepanz von Wollen
   und Schaffenskraft
unregelmäßige Größe
   I.4. schwankendes Selbstwertgefühl
   F.3. sensibel infolge von
   Unsicherheit
   G.2. geistig beweglich
   3. lebhaft, ansprechbar

Stellenbetonung durch heraus-
fallende Größen
   I.4. gestörtes Selbstwert-
   gefühl
rasches Absinken der Größe in
einzelnen Wörtern
   W.4. rasches Erlahmen der
   Kraft bei lebhaftem Ein-
   satz
durch Größe aus dem Schrift-
bild herausfallende Kurzbuch-
staben a, o, e
   I.4. Egomanie
   Wichtigtuerei
   Angeberei
   Ich-Inflation
Größe am Schluß
   M.4. immer das letzte Wort
   haben
Größe des Obenzuges
   I.3. erhöhtes Selbstwert-
   gefühl
Größe des Untenzuges
   I.2. selbstbehauptungsfähig
übertriebene Größe
   I.4. Kompensation eigener
   Unzulänglichkeit

Die Kleinheit

War die *Größe* mittelpunktflüchtig, so ist die *Kleinheit* eine mittel-
punktstrebige Bewegung, die nach einwärts gerichtet ist. Sie deutet
auf das eigene Ich, die innere Mitte, das Selbstbewußtsein als
Mittenerlebnis. Der Kleinschreiber setzt sich selbst seine Grenzen.

Wenn die Mittellage der Schrift kleiner als 1,7 Millimeter ausfällt
und die Großbuchstaben diesem geringen Maß entsprechen, so
haben wir – graphologisch gesehen – eine kleine Schrift vor uns. Eine

kleine, unscheinbare Bewegung ist Ausdruck eines eher in sich gekehrten Charakters, dessen Lebensimpulse sich weniger spektakulär Bahn brechen als beim Großschreiber. Auch seine Antriebsintensität insgesamt ist geringer. Wer absichtlich kleine Bewegungen ausführt, will entweder Kraft sparen, seine in geringerem Maße zur Verfügung stehende Antriebsenergie ökonomisch und sinnvoll einsetzen, oder aber er möchte seine psychischen Äußerungen bewußt unauffällig machen und jedes Pathos vermeiden. Es besteht allerdings noch eine dritte Möglichkeit. Er will einen besseren Überblick gewinnen, denn je kleiner eine Sache ist, um so größer ist die Übersicht, die man darüber gewinnt.

Eine kleine Schrift kann auch auf übertriebene Bescheidenheit, auf Unbedeutendheit oder gar Kleinlichkeit hindeuten. Diese Tendenz sollte man nicht übersehen. Die wichtigsten Ideale der Kleinschreiber sind: Selbstbeschränkung, Anspruchslosigkeit und Leidenschaftslosigkeit. Oft ist ihr Selbstwertgefühl gedrückt oder gar gestört, so daß sie zu Ängstlichkeit und übergroßer Bescheidenheit neigen. Ihr Anspruch an die Umwelt ist von Unsicherheit, Kleinmut und gelegentlich sogar Duckmäuserei bestimmt. Da die *Kleinheit* eine bewußt gebremste und konzentrierte Bewegung ist, deutet sie jedoch auch auf nüchterne Mäßigung und Zurückhaltung, auf Wirklichkeitssinn und sachliche Unparteilichkeit hin, ist jedoch trotz allem ein Zeichen für ein unterentwickeltes Selbstbewußtsein.

Wer klein schreibt, kann sich konzentrieren, ist meist gründlich, liebt die Präzision und ist persönlich bescheiden. Häufig besteht jedoch auch eine Neigung zu Minderwertigkeitskomplexen. Sind in einer kleinen Schrift auch die Unterlängen verhältnismäßig klein, so spricht das für innere Unsicherheit. Sind insbesondere die Oberlängen kurz, handelt es sich bei dem Schreiber um einen skeptischen

Menschen. Ansonsten ist die kleine Schrift bei im übrigen positiver *Einstufung* ein Zeichen für eine sich selbst wie der Umwelt gegenüber ausgesprochen kritische Persönlichkeit. Darüber hinaus herrscht bei solchen Menschen häufig ein Gefühl der Unzulänglichkeit oder Angst vor, das heißt eine Beeinträchtigung des Selbstwertgefühls.

A. *allgemeines Verhalten*
1. Tendenz zum Unpersön-
   lichen und Allgemeinen
   besonnen
2. maßvoll
   bescheiden
   Tendenz zur Selbstbeobachtung
   zurückhaltend
   vorsichtig
3. introvertiert
   gedämpfte Impulse
   anspruchslos
   unauffällig
   einfach, schlicht
   bescheiden
   ergeben, fromm, demütig
   schüchtern
   differenziert
4. Lebensangst
   kleinlich
5. feige
G. *geistige Fähigkeiten*
1. wissenschaftlicher Typ
   Verstandesvorherrschaft
   Kopfmensch
   gedankentief
   geistige Ausrichtung
   ungewöhnlich klug
2. gute Beobachtungsgabe
   konzentrationsfähig
   umsichtig, bedachtsam
   vernunftbestimmt

2. kritisch
   verständig
   reflektiv
   synoptische Begabung
3. nüchtern, sachlich,
   realistisch
   Neigung zum theoretisch-
   abstrakten Denken
   tatsachenverhaftet
   aufmerksam
   besonnen, bedachtsam
4. wenig begeisterungsfähig
   mißtrauisch, vorsichtig
   Mangel an Weitblick und
   Initiative
   Mangel an Phantasie
   illusionslos
   grüblerisch
   kurzsichtig, unselbständig
   im Denken
5. dogmatisch, einseitig
   verbohrt
   nörglerisch
   Haarspalterei
   beschränkt
W. *Willensbereich*
2. selbstdiszipliniert
3. vorsichtig, behutsam
4. Mangel an Unternehmungsgeist
   schwunglos
   nachgiebig
   unentschlossen

I. *Ich-Bereich*
2. genügsam
wenig expansiv
selbstkritisch
3. geringes Selbstwertgefühl
verschlossen
Unzulänglichkeitsgefühle
angekränkeltes Lebens-
gefühl
unsicher
4. von Selbstzweifeln heim-
gesucht
Mangel an Selbstvertrauen
lebensuntüchtig
kleinmütig, kleingläubig
kleinlich
5. schwerwiegende Minder-
wertigkeitsgefühle
egozentrisch
selbstquälerisch
Zwangsvorstellungen
würdelos
geizig
unterwürfig
kriecherisch
F. *Fühlen, Gemüt*
1. taktvoll, feinfühlig
sensibel
2. Freude an den kleinen
Dingen des Lebens
bieder
sanft und zart
3. schwer zu begeistern
Duldernatur
hinterhältig
überempfindlich
emotional abgestumpft
engherzig
ängstlich

3. kein Gefühl für Form und
Stil
V. *Vitalbereich*
3. distanziert von Dingen und
Erlebnissen
schwache Vitalität
leidenschaftslos
4. lebensscheu, unlebendig
langweilig, lahm
unlustig
psychisch ausgetrocknet
antriebsschwach
gehemmt
depressiv
menschenscheu
M. *mitmenschlicher Bereich*
2. anspruchslos
taktvoll
friedfertig
bürgerlich
familienorientiert
häuslich
3. unauffällig
subaltern
zurückhaltend
verzichtbereit
geduldig
kooperationsbereit
anpassungsfähig
fähig, allein zu sein
mit wenig Anerkennung
zufrieden
demütig
ergeben
ehrfürchtig
führungsschwach
autoritätsgläubig
4. unterwürfig
Stubenhocker

4. einsilbig
   verschlossen
   engherzig
   spießig
   menschenscheu, einsiedle-
   risch
   mißtrauisch
L. *Leistungsbild*
1. präzise
   intensiv
2. gründlich, sorgfältig, genau
   Freude an verzwickten
   Arbeiten
   engagiert
   wirkungsvoll im Kleinen
   Sinn für das Detail
   sparsam
3. haushälterisch
   pflichttreu
   hortend
   sorgfältig
   haushälterisch mit den
   eigenen Kräften

3. Vorliebe für das Überschau-
   bare
4. Tendenz zur Lebensangst
   kleinkrämerisch
   pedantisch
5. faul
   Drückebergerei
S. *Sonderformen*
extreme Kleinheit
   I.4. Zweifel an der eigenen
        Fähigkeit zur Lebens-
        bewältigung
        schwerwiegende Störun-
        gen des Selbstwertgefühls
klein mit großen Anfangsbuch-
staben
   I.4. Neigung zur Überkom-
        pensierung von Minder-
        wertigkeitsgefühlen
        (Auch die Parkinsonsche
        Krankheit kann Ursache
        extremer *Kleinheit* sein.)

Die Weite

Eine Schrift ist *weit*, wenn der Abstand zwischen den Abstrichen *m*, *n*, *u* größer ist, als der Abstrich hoch ist:

Der Mittelwert des waagerechten Abstands beträgt bei kleinen Schriften etwa 1,5 bis 2 Millimeter und bei großen circa 2,5 bis 3 Millimeter.

Die *Weite* ist ein zentrifugales Bewegungsmerkmal und damit ein Lösungs- und Entspannungsausdruck. Sie weist auf ein vorwärtsdrängendes Temperament, auf Ehrgeiz, Zukunftsorientiertheit, kurz Zielgerichtetheit hin.

Der Drang nach rechts ist Ausdruck einer dynamischen, nach außen gerichteten Persönlichkeit, deren Strebungen sich auf die Umwelt und die Mitmenschen richten. Neben Zielstrebigkeit sind für Menschen dieses Typus Eifer, Aufgeschlossenheit und Interessiertheit, aber auch der Wunsch nach Ungebundenheit und schließlich Flüchtigkeit, Eile und Oberflächlichkeit charakteristisch. Sie beanspruchen für sich viel Raum, nicht selten mehr als ihnen eigentlich zustünde.

Echte *Weite* bedeutet spontane Äußerung der eigenen Wünsche und Impulse, wobei es jedoch nur allzu häufig an der notwendigen Kontrolle fehlt. Wegen der leichten Überdehnung der Schriftzüge deutet *Weite* jedoch auch auf übertriebene Lässigkeit und Haltlosigkeit hin. Im allgemeinen ist bei *Weite* die Bewegung locker, woraus sich auf expansives Drängen, aber auch auf Anspruchlichkeit oder Hemmungslosigkeit und Unüberlegtheit schließen läßt.

Analysiert man die *Weite* unter dem Raumaspekt, so erweist sich ihr Zukunftsbezug. Der Schreiber denkt an sein Ziel, er verfügt über Unternehmungsgeist, seine Kräfte sind optimal koordiniert, und daher ist er auch meist erfolgreich. Die im Rechtszug – oder auch in verlängerten Anstrichen – augenfällig werdende expansive Bewegung ist ein Hinweis auf Entspanntheit, Aufgeschlossenheit und Offenheit für alles Neue, das jedoch recht häufig ohne jegliche kritische Prüfung einfach übernommen wird.

A. *allgemeines Verhalten*
1. Streben nach Weite und
   Entfaltung
   Wunsch nach selbständiger
   Tätigkeit
   expansiv
   aristokratisch
   künstlerisch
2. Lebensfreude, Lebensfrische
   extravertiert
   freimütig
   offen
   unverkrampft
   großzügig
3. aufgeschlossen
   weltoffen
   spontan
   optimistisch
4. großzügiger Lebensstil
   ungeniert
   hysterisch
   Tendenz zur Lebensangst
G. *geistige Fähigkeiten*
1. schöpferisch
   vielfältig interessiert
   spontan
2. weitblickend
   bildungsbeflissen
3. wissensdurstig, neugierig
   aufnahmefähig
   formalistisch
4. Konzentrationsschwäche
   unüberlegt
   flüchtig, oberflächlich
   unbedacht, kritiklos
   flach
W. *Willensbereich*
1. wagemutig
   draufgängerisch

1. unternehmungsfreudig
2. zielstrebig
   eifrig
   strebsam
   durchsetzungswillig
   schwungvoll
3. gute Koordinierung der
   eigenen Kräfte
   aktiv
   durchsetzungsfähig
4. übereifrig
   dominanzstrebend
   indifferent
5. widerstandsschwach
   mangelnde Selbstbeherrschung
I. *Ich-Bereich*
1. expansiv
   freiheitsliebend
2. selbstbewußt
   sicher
3. zuversichtlich
   eitel
   prahlerisch
   wichtigtuerisch
4. anmaßend
   anspruchsvoll
   unverfroren
   rücksichtslos
   ehrfurchtslos
   betriebsam
5. auf der Flucht vor dem
   eigenen Selbst
F. *Fühlen, Gemüt*
2. lebhaft
   gesellig
   offen
3. zwanglos, locker
   unbefangen

3. pragmatisch
4. leichtsinnig
   offenherzig
V. *Vitalbereich*
2. natürliche Gelöstheit
   expansive Antriebe
3. lebensfreudig
   ein wenig verschwenderisch
   Neigung, in den Tag hinein
   zu leben
   übereilt
4. sensationsbegierig
   unbedenklich
   ungebunden, zuchtlos
   bedenkenlos, hemmungslos
5. haltlos
   unbeherrscht, weichlich
M. *mitmenschlicher Bereich*
1. weitherzig
   freigebig, großzügig
   tolerant
2. vertrauensvoll
   fürsorglich
   gebefreudig
   mitteilsam
   zwanglos
3. umgänglich
   mitteilungsbedürftig
   leichtgläubig
4. schwatzhaft
   Mitläufer
   taktlos, distanzlos
   direkt, unverblümt
   aufdringlich
   rücksichtslos
   ungebunden
   nicht festgelegt
5. Ellenbogenmensch
   dreist, frech

L. *Leistungsbild*
1. Streben nach weiträumigem
   Tätigkeitsfeld
   expansiv
   Bedürfnis nach Bewegungs-
   freiheit
   starkes Unabhängigkeits-
   bedürfnis
   großzügig
2. optimistisch
   engagiert
3. interessiert
   unvoreingenommen
   beweglich
   betriebsam
4. Tendenz zur Verschwen-
   dung
   unbeirrbar
   ungenau, ungründlich
   ungeduldig
   oberflächlich
   leichtfertig
   unvorsichtig
   bequem
   behäbig
5. faul
   gewissenlos
   willensschwach
S. *Sonderformen*
sekundäre Weite (gestreckte
Weite zwischen den Buchstaben)
W.3. willensorientiert
I.4. unausgeglichen
     nebulös
L.2. betont korrekt
weit mit Rundung
F.3. Gefühlsmensch
weit mit Winkel
W.2. strebsam, zielsicher

weit, druckschwach, kurze *Unterlänge*	*Störung der Spannung im Auf* *und Ab der Weite*
I.4. Ich-Flucht	W.5. haltlos
F.4. Unzufriedenheit	L.4. lässig, nachlässig
V.4. verborgene Angst	
L.4. Ungeduld	

Die Enge

Die *Enge* einer Schrift bemißt sich ebenfalls an dem seitlichen Abstand der *m-*, *n*-Abstriche. Ist dieser Abstand kleiner als 1,5 Millimeter, so gilt eine Schrift als *eng.*

Ist die *Weite* ein *Lösungsmerkmal,* so hat die *Enge* den Charakter eines *Bindungsmerkmals.* Sie ist ein Hinweis auf eine gewisse innere Abkapselung des Schreibers. Einer engen Schrift fehlt das vorwärtsdrängende Element, das heißt, sie ist Ausdruck eines mangelnden Bezugs zur Umwelt, zum Mitmenschen und zur Tat. Die *Enge* ist *nicht* identisch mit Linksläufigkeit, sie bezieht sich immer nur auf die Mittelzone, also auf die von dieser Zone symbolisierte persönliche Sphäre. Die gedrängte, nicht recht von der Stelle kommende gehemmte Bewegung entspricht einem in seinen Antrieben gehemmten Seelenleben. Ein Mensch, der in seinen Bewegungen verhalten ist, zeigt damit, daß er mit seinen Kräften äußerst haushälterisch umgeht, er scheut sich, rasch vorwärts zu schreiben, entweder aus Vorsicht, Mißtrauen oder Unsicherheit, aber auch weil er sein Ziel nur in kleinen Schritten erreichen kann und es nicht in einem Anlauf schafft. Deutungsmöglichkeiten sind also: Zaghaftigkeit, Mangel an Spontaneität und Ängstlichkeit. Auf jeden Fall deutet *Enge* auf Angespanntheit und auf eine Tendenz zu erhöhter Selbstbeobachtung hin.

Menschen, die eng schreiben, verfügen im allgemeinen über zu schwache Antriebe, wodurch die Schrift unregelmäßig gehemmt erscheint. Diese Schwäche wirkt sich vor allem im mitmenschlichen Bereich aus, daraus resultieren Unsicherheiten und Schwierigkeiten in bezug auf den mitmenschlichen Kontakt, weshalb es zu Spannungsstauungen kommt. Wo diese Zurückhaltung eine *will*kürliche ist, läßt sich die eingesparte Energie konzentriert einsetzen: Genauigkeit, Gründlichkeit und Sorgfalt sind dann die Folge. Unter solchen Umständen ist die *Enge* ein Hinweis auf Selbstbeherrschtheit und Mäßigung.

Negativ zeigt sich dieser Zug als Ängstlichkeit, Furchtsamkeit, Schüchternheit oder als Gefühl von Unfreiheit. Im übrigen ist der geistige Horizont von Engschreibern im allgemeinen recht begrenzt. Nicht selten sind sie engstirnig und laufen mit Scheuklappen durch die Welt.

Als Diagnostiker muß man in jedem Einzelfall der Frage nachgehen, welche lebensgeschichtlichen Einflüsse einen Menschen dazu gebracht haben mögen, eng zu schreiben. In aller Regel wird man dabei auf schon seit der Kindheit wirksame Unterdrückungsmechanismen stoßen, seien sie nun Folge einer übermäßig strengen Erziehung im Elternhaus oder Ergebnis anderweitiger Überforderungen, auf die das betreffende Individuum mit dem Rückzug nach innen reagiert hat. Aus diesem Eingeengtsein kann sich ein Mensch allein nur sehr schwer wieder befreien. Im allgemeinen bedarf er dabei fachkundiger Hilfe.

A. *allgemeines Verhalten*
1. ernste Lebenseinstellung
   zurückhaltend
2. konservativ
   gemessenes Auftreten
   vornehm
   bescheiden
   zurückhaltend
   genügsam
3. langsam fortschreitend
   ängstlich
   Lebensangst
   introvertiert

3. innerlich verhalten
   verschämt
4. wenig expansiv
   wenig spontan
   pessimistisch
   engherzig
5. verkrampft
   sehr mißtrauisch
   verbittert
G. *geistige Fähigkeiten*
1. gespannte Aufmerksamkeit
   kluge Vorsicht
   Konzentrationsfähigkeit

2. besonnen
   vernünftig
3. überlegt
   skeptisch
   bedachtsam
4. Mangel an Sachlichkeit
   enger Gesichtskreis
   kleinliches Beharren
   Krittler
5. engstirnig
   dogmatisch
   borniert
W. *Willensbereich*
1. beharrlich
   diszipliniert
2. kontrolliert
   selbstdiszipliniert
   gesammelt, gezügelt
   maßvoll
   bewußt maßvoll
3. bescheiden
   fleißig
   ehrgeizig
4. Unterdrückung der eigenen
   Wünsche
   zaudernd
   reserviert
   entschlußunfähig
   geringes Machtstreben
   eigensinnig
I. *Ich-Bereich*
1. starkes Ehrgefühl
   Selbstachtung
2. heimlicher Ehrgeiz
   auf Absicherung bedacht
3. autoritätsgläubig
   verschlossen
   selbstverhaftet
   besitzorientiert

4. Mangel an gesundem Selbstvertrauen
   unsicher
   Minderwertigkeitsgefühle
   innerlich steif
   stagnierend
   einseitig
   auf Wirkung bedacht
   autoerotisch, narzißtisch
5. egoistisch
   hinterhältig
F. *Fühlen, Gemüt*
2. empfindsam
3. schüchtern
   ängstlich, furchtsam
   zaghaft, verlegen
   innerlich unfrei
4. empfindlich, verletzbar
   hoffnungslos
   innerlich arm und kalt
V. *Vitalbereich*
2. eingekapselt
   selbstverhaftet
3. genügsam
   vorsichtig aus Vital-
   schwäche
4. vitale Antriebsschwäche
   gehemmt
5. unnatürlich
M. *mitmenschlicher Bereich*
1. diskret
   gute Umgangsformen
   taktvoll, fähig zur Distanz
2. zurückhaltend
   reserviert
3. streng
   steif
   verschlossen
   befangen

humorlos
kontaktarm
4. mit Vorurteilen belastet
menschenscheu
eingeengt
verklemmt
verstockt
5. falsch
neidisch, mißgünstig
unnachgiebig
schroff
verbohrt
geizig
listig, tückisch
intrigant
verlogen
feige
boshaft
L. *Leistungsbild*
1. zuverlässig
sorgfältig
2. gründlich, gewissenhaft, genau
Sinn für Zahlen
improvisationsfähig
überlegt
3. sparsam
ökonomisch im Energie-einsatz
nicht sehr engagiert
4. verbissen, ehrgeizig
kleinlich

4. knauserig
5. fanatisch
sehr pedantisch
S. *Sonderformen*
sekundäre Enge (Buchstaben: eng, Verbindung: weit)
A.2. moralische Ausrichtung
G.2. Klarheits- und Ordnungsstreben
3. Gefahr formalistischen Denkens
4. Prinzipienreiter
I.4. heuchlerisch
durch Enge entstandene Deck-züge
I.4. neurotische Störung des Selbstwertgefühls
L.5. heimlichtuerisch
Enge gegliedert und geformt
G.2. Konzentration
V.2. Stoßkraft
3. Spannung
L.2. kluge Beschränkung
Enge leblos und leer
G.4. beschränktes Blickfeld
L.4. Neigung zu Pedanterie
Wechsel von Enge und Weite
G.2. geistig beweglich
W.4. zielunsicher
M.4. im zwischenmenschli-chen Kontakt gestört

Die Rechtslage

Die *Schriftlage* ganz allgemein zeigt die Einstellung des Schreibers zu seiner Umwelt an. Sie ist ein recht auffälliges Merkmal, obwohl ihre psychologische Aussagekraft geringer ist, als es ihre visuelle Auffälligkeit vermuten läßt. Sie ist von vielen Faktoren abhängig und besonders leicht willkürlich veränderbar, weshalb sie auch je nach

Kontext einen mehr leitbildlichen oder darstellenden Charakter aufweist. Strenggenommen ist sie ein eher sekundäres Merkmal, das die übrige Deutung ergänzt, differenziert, sichert und unterstützt.

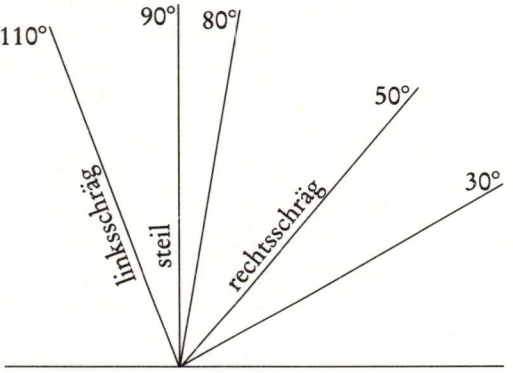

Speziell trifft das für die *Rechtslage* zu, die sich in einem Winkel zwischen achtzig und dreißig Grad bewegt, wobei die *natürliche Lage* zwischen achtzig und fünfzig Grad diagnostisch wenig ergiebig ist. Auffällige *Lageschwankungen* sind deshalb bemerkenswert, weil sie eine Anzeige dafür sind, daß auch das Verhältnis des Schreibers zu seiner Umwelt Schwankungen unterworfen ist.

Die *Rechtsneigung* ist eine offenkundige Geste der Verbindlichkeit und des Entgegenkommens gegenüber der Umwelt. Über den Grad der Selbständigkeit der Persönlichkeit sagt sie wenig aus. Bei der

Rechtslage liegt das Richtungsgewicht im Aufstrich, während der Abstrich der Gegenzug ist. Darin drücken sich Weltzugewandtheit und Offenheit aus. Diese extravertierte Einstellung ist um so stärker, je mehr der Rechtszug betont und je weniger der Untenzug ausgeprägt ist.

Für die neuere Graphologie stehen bei Rechtslage die gelöste Schreibbewegung und die weite Griffelhaltung im Vordergrund. Sie schließt aus dem Vorhandensein dieser beiden Stilelemente auf Gelöstheit und Ungezwungenheit der Antriebe und Gefühle. Menschen dieses Typus unterliegen jedoch auch der Gefahr, sich von ihren Trieben überwältigen zu lassen. Die ältere Graphologie betonte hingegen mehr den Aspekt der Offenheit im zwischenmenschlichen Bereich, den Hang zur Geselligkeit oder auch die soziale Einstellung mit Rechtsneigung schreibender Menschen. Andere Schriftpsychologen heben besonders die Zukunftsorientierung, Einsatzbereitschaft, Hingabefähigkeit und die Bereitschaft, Verantwortung zu übernehmen, hervor. Im Prinzip stimmen jedoch all diese Auffassungen darin überein, daß die Rechtslage Hinweis auf ein Vorherrschen des emotional-gemüthaften Elements gegenüber der Verstandesseite ist.

Je stärker die Rechtslage ist, besonders wenn sie unter fünfzig Grad absinkt, desto mehr gewinnen die folgenden Deutungsmerkmale an Gewicht.

A. *allgemeines Verhalten*
1. weltoffen, weltzugewandt
   gesellig
2. extravertiert
   unmittelbar
   natürlich, ungezwungen
   Leben versprühend
3. temperamentvoll
   menschenfreundlich
   instinktive Orientierung
   verbindlich
   positiv
4. subjektive Gefühlsverhaftung
   willensschwach

5. Mangel an Standhaftigkeit
G. *geistige Fähigkeiten*
3. gelehrig
4. abhängig von fremdem
   Urteil
   unselbständig
   Mangel an Besonnenheit
   unvernünftig
   kritiklos
5. kopflos
   ungelehrig
W. *Willensbereich*
2. impulsiv
   starker Tätigkeitsdrang
   dynamisch

3. Streben nach Bewährung
   willig, geneigt
   führbar
4. blinder Wille
   nachgiebig aus Schwäche
   unbeherrscht, impulsiv
5. haltlos, ohne Rückgrat
   Mangel an Standhaftigkeit
   Spielball der eigenen
   Impulse
   widerstandslos
   suchtgefährdet

I. *Ich-Bereich*
3. sehr soziabel
4. unselbständig
   Mangel an Selbstkontrolle
   Massenmensch
5. opportunistisch
   Tendenz zur Selbstaufgabe

F. *Fühlen, Gemüt*
2. liebesfähig
   gemütsorientiert
3. gefühlsbestimmt
   stimmungsabhängig
4. selbstvergessen
   leichtsinnig
   sentimental, weinerlich
   gedrückt
   leicht entflammbar
5. suggestibel
   jähzornig

V. *Vitalbereich*
2. ursprünglich
   Vorherrschaft unbewußter
   Kräfte
3. Gleichgewicht zwischen
   »unteren« und »oberen«
   Kräften
4. unbewußte Unruhe

4. leicht erregbar
5. suchtgefährdet
   triebbestimmt
   zügellos, hemmungslos
   zuchtlos, maßlos
   völlig haltlos

M. *mitmenschlicher Bereich*
1. weltgewandt
2. anpassungsbereit
   liebevoll
3. anlehnungsbedürftig
   ansprechbar, verträglich
   zugänglich, gesellig
   kein Spielverderber
   ungezwungen, unverstellt
   höflich
4. leichtgläubig, arglos
   unbefangen, naiv
   gutmütig aus Schwäche
   um den Finger zu wickeln
   unterdrückbar
5. aufdringlich
   distanzlos
   hörig
   würdelos kriecherisch

L. *Leistungsbild*
2. innerlich engagiert
   der eigenen Lebensaufgabe
   hingegeben
3. engagiert
   aufopferungsfähig
   einfühlsam
4. vielgeschäftig
   betriebsam
   Jasager
   geschmeidig
   parasitär
   hastig, überstürzt
5. unverzeihlich leichtsinnig

S. *Sonderformen*
zunehmende Rechtslage
M.3. immer ansprechbar
   4. leicht einzuwickeln
    beeinflußbar
übertriebene Rechtslage
F.3. seelisch flexibel
W.4. labil

W.4. keine Standfestigkeit
  5. standpunktlos
übermäßige Rechtslage
A.4. Untertanengeist
V.5. triebverfallen
    dumpf gedrückt
    planloser Kräfteeinsatz
    maßlos

Die Steillage

Viel eher als die natürliche *Rechtslage* ist die *Steilheit* der Schrift von diagnostischer Bedeutung. Raumsymbolisch liegt ihr das Leitbild der aufrechten Form zugrunde. Wer sich aufrichtet, will Überblick gewinnen, Haltung annehmen und sein Vorhandensein deutlich erkennbar machen. Sehen und gesehen werden ist dabei die Devise.

Besten Dank und
freundlichen Gruss

In erster Linie drückt sich in der *Steillage* das Bemühen um Form und um *bewußte* Gestaltung aus, ein deutlicher Hinweis auf Selbstdisziplin. Die Buchstaben stehen unbekümmert um ihre Nachbarn lotrecht, und darin zeigt sich ein willentlicher Vorgang, das heißt der Vorrang des rationalen Prinzips. Geradheit und Aufrechtheit der Schrift stehen aber auch symbolisch für das Rückgrat, für allgemeine Festigkeit, Standhaftigkeit, mangelnde Nachgiebigkeit. Aufgrund innerer Hemmungen sind die Antriebe in ihrer Entfaltung behindert, sie werden bewußt zurückgehalten, und die Persönlichkeitsentwicklung stagniert. Solche Menschen wenden sich weder direkt der Umwelt zu noch von ihr ab. Sie befürchten einen Verlust an Haltung, deshalb halten sie sich steif aufrecht und überwachen und zügeln ihre Antriebe.

Steil schreibende Menschen zeichnen sich nicht nur durch kühles Abwarten aus, sondern auch durch eine mehr oder minder bewußte Distanziertheit und Reserviertheit, die den Drang nach Selbständigkeit verdeutlichen. Nicht wenige Menschen schreiben in ihrer Hauptentwicklungsphase eine steile Schrift, vor allem junge Mädchen in der Pubertät. Man hat beobachtet, daß ein solches Umkippen in die Steillage als »Modeerscheinung« ganze Klassen erfaßt. Auch Examenskandidaten fallen gelegentlich in die Steillage zurück, kehren dann jedoch später meist automatisch wieder in die natürliche Rechtslage zurück.

Das *Richtungsgewicht* liegt bei der *Steillage* im *Untenzug,* worin eine Tendenz zur Beharrung, Nachdrücklichkeit und Stabilität zum Ausdruck kommt. Genausogut aber kann dieses Stilelement auch auf Erregbarkeit, Verspanntheit und die Neigung zu übereilten Entschlüssen hindeuten. Im übrigen zeigt die Gestaltungstendenz das große Gewicht, das der Schreiber seiner individuellen Entfaltung, Eigenständigkeit und Unabhängigkeit zumißt. Der Steilschreiber sagt: »Erst einmal Halt, dann sieht man weiter!« Nicht Herz und Gemüt entscheiden dabei, sondern der nüchterne Verstand. Daher steht bei solchen Menschen das eigene Ego stärker im Vordergrund, als das bei der natürlichen Rechtslage der Fall ist.

A. *allgemeines Verhalten*
1. aufrecht
   vornehm
2. charaktervoll
   geradlinig
   sich selbst treu
   Haltung
3. unbeweglich
   sachlich
   Mangel an Natürlichkeit
   reserviert
   unbewegt
   introvertiert
   nach innen gekehrt
   wenig spontan
4. unsicher
   ohne inneren Rückhalt
G. *geistige Fähigkeiten*
1. kopfbestimmt
   kühler Kopf

2. Verstandesvorherrschaft
   hoher Grad an Bewußtheit
   souverän
   überlegt
3. verständig
   sachlich
   vernünftig
   selbstkritisch
   gesammelt
   abwägend
4. skeptisch
W. *Willensbereich*
1. sehr selbstdiszipliniert
   aufrecht
2. standhaft
   maßvoll
3. zurückhaltend
   willensstark
4. widerstandsstark

I. *Ich-Bereich*
1. eigenständig, selbständig
   hohes Ehrgefühl
2. durchsetzungsfähig
   repräsentationsfreudig
   distinguiert
3. selbstgenügsam
4. ichbezogen
   autistisch
   selbstsüchtig
   isoliert
   selbstgerecht
   stolz
5. blasiert
   hochmütig
F. *Fühlen, Gemüt*
2. zurückhaltend
3. kühl
   schüchtern
4. teilnahmslos
   herzlos
   gefühllos
V. *Vitalbereich*
2. Distanz zur Lebenswirk-
   lichkeit
3. verdrängte Leidenschaft-
   lichkeit
4. gehemmt, verspannt
M. *mitmenschlicher Bereich*
3. isoliert
4. reserviert
   verschlossen
   ungesellig
   stolz
   eingebildet

4. unbeugsam
5. gleichgültig
   unnahbar
L. *Leistungsbild*
1. Streben nach Vorbildlichkeit
2. verantwortungsbewußt
   pflichtbewußt
   besonnen
   ruhig
3. unbeirrbar
   unbeeinflußbar
   unabhängigkeitsbedürftig
S. *Sonderformen*
zunehmende Steillage
A.2. Stabilisierungstendenzen
M.4. nur bedingt ansprechbar
*Langlängen steil, Kurzlängen
schräg*
W.4. eigenwillig
  I.4. neurotisch eitel
       krankhaft geltungs-
       bedürftig bei innerer
       Umweltabhängigkeit
*steile oder linksschräge Kurz-
längen, aber schräge Langlängen*
W.4. inkonsequent
V.3. vom Verstand kontrol-
     lierte Erregbarkeit
  4. widerstrebende Impulse
*unregelmäßige Lageschwan-
kungen der Kurzlängen*
W.4. unentschlossen
F.4. stimmungsabhängig
V.4. neurasthenisch

Die Linkslage

Eine nicht unerhebliche Übersteigerung der *Steillage* ist die *Linksla-*
ge der Schrift. Sie ist als Bewegungsgefüge am wenigsten ausgegli-

chen. Schon durch ihren äußeren Anblick vermittelt sie den Eindruck des Ungewöhnlichen, der betonten Selbständigkeit, der Opposition, der Abwehr oder Ablehnung. Die inneren Hemmungen von Menschen mit einem linkslastigen Schriftbild sind so stark, daß sie nicht nur ständig eine gewisse Reserve zur Umwelt einhalten, sondern sogar in einer ausgesprochenen Abwehrhaltung leben. Der nach links geneigte Obenzug bedeutet innere Anspannung, Verkrampfung und Versteifung. Die Bewußtheit erreicht aufgrund ihrer Übersteigerung die Dimension der Unnatürlichkeit und wirkt gekünstelt. Das Bedürfnis nach Selbstschutz und äußerer Haltung erscheint in seiner Übertreibung unangemessen oder sogar unecht.

Die Linkslage ist häufig Ausdruck eines großen Energieaufwandes. Der Schreiber muß irgendwie über seinen eigenen Schatten springen, und dazu gehören Selbstüberwindung, aber auch Affektiertheit und überzogene Stilisierung. Dabei geht selbstverständlich jegliche Natürlichkeit völlig verloren.

Mit der Linkslage zeigt der Schreiber seine innere ablehnende Haltung und Abwehr gegenüber seiner Umwelt. Diese Gefühle können dabei aus Furcht oder Unsicherheit oder aus Überheblichkeit und Verranntheit resultieren. Immer jedoch bewirken sie eine distanzierte Haltung. Ein solcher Charakter möchte seinem Gegenüber auf keinen Fall zu nahe kommen oder ihm gar verfallen; er hält seine Mitmenschen auf Distanz und läßt sie erst gar nicht an sich herankommen, auch jede Art von Verbindlichkeit ist ihm verhaßt. Man weiß selten, woran man mit solchen Menschen ist, ihre Schutzhaltung ist so perfekt, daß man nicht sagen kann, wovor sie sich eigentlich fürchten, und deshalb wird man mit ihnen auch nie recht warm. Aus diesem Grund leiden sie nicht selten unter erheblichen Kontaktschwierigkeiten.

A. *allgemeines Verhalten*
3. Ablehnung als Grund-
   haltung
   Abwehr innerer Gutmütigkeit
4. unnatürliches Auftreten
   unecht
   gezwungen
   unverbindlich
   isoliert
   triebgehemmt
   Überbetonung des
   Geschmacks
   Lebensangst, Lebensekel
5. falsch
   Maske, Pose
   unnahbar
G. *geistige Fähigkeiten*
1. betonte Verstandeskontrolle
2. besonnen
   objektives Denken
3. unabhängig im Urteil
   skeptische Einschätzung der
   eigenen Person
4. in Illusionen befangen
   voreingenommen
   unsachlich
   ungerecht, borniert
W. *Willensbereich*
2. unfähig, sich Schwächen
   einzugestehen
   betont forciert
   unerbittlich korrekt
3. bemüht forsch
   unerschütterlich
   Unterdrückung der eigenen
   Impulsivität
   Kampf um
   Selbstüberwindung

3. zurückhaltend, maßvoll
I. *Ich-Bereich*
2. Schutzhaltung aus Angst
   vor Schmerz
   übertriebene Selbstkontrolle
3. unzugänglich
   um Autonomie bemüht
   Streben nach Selbst-
   bewahrung
   innerlich uneins
   nicht autonom entschei-
   dungsfähig (bei Arkade)
   Angst vor Beeinflussung
4. Neigung zur Selbst-
   bespiegelung
   Streben nach Überlegenheit
   selbstgerecht
   servil
   selbstverhaftet (bei Enge)
   Neigung zur Selbst-
   täuschung
5. Neigung zur Selbst-
   vergewaltigung
   überheblich, unnahbar
V. *Vitalbereich*
3. (pubertäre) Furcht vor den
   Abgründen des Trieblebens
   Unterdrückung von
   Erregungszuständen
   verschlossen gegenüber
   einer als feindlich erlebten
   Umwelt
   vorgetäuschte Leiden-
   schaftslosigkeit
4. Neigung zur Verdrängung
   der eigenen Unsicherheit
   verschämt
   versponnen

4. unter dem eigenen Schicksal
   leidend
   innerlich zerrissen
   instinktlos
5. unnachgiebig aus Kälte
   affektiert
   verkrampft
   abseitig
M. *mitmenschlicher Bereich*
2. distanziert
3. zurückhaltend
4. nicht bereit, sich anzupassen
   abgekapselt
   indifferent gegenüber
   anderen Menschen
   innerlich unbeteiligt
   unverbindlich
   theatralisch
   Neigung zur Selbst-
   darstellung
   unnatürlich
   mißtrauisch
   hinterhältig
5. falsch
   überheblich
   unzugänglich, unnahbar
   unaufrichtig
L. *Leistungsbild*
2. Wunsch nach Selbständigkeit
   individualistisch

3. geduldig
4. unbeteiligt
   indifferent
   falsch
   Ablehnung von Autorität
   Ablehnung von Tradition
   trotzig
   Quertreiber
5. absolut negative Grundein-
   stellung
S. *Sonderformen*
verstärkte Linkslage
M.4. anspruchsvoll
zunehmende Linkslage
V.5. explosiv leidenschaftlich
M.4. blasiert
   unfähig zur Hingabe
5. bindungsunfähig
   abwehrend gegenüber
   Ansprüchen der Umwelt
L.4. verantwortungsscheu
Linkslage und Druck
M.4. eifersüchtig
Linkslage und Teigigkeit
A.4. negative Grundhaltung
Linkslage plus Größe und
Schnörkel
I.4. Egozentriker, der sich aus
   Mangel an Problemen
   selbst welche schafft

Große Längenunterschiede

Seit der Einführung der *Normalschrift* im Jahre 1941 beträgt auch in Deutschland das *Längenunterschiedsverhältnis* zwischen *Kurz-*, *Mittel-* und *Langlänge* 1:2:3 (3:5:7). Überhöht nun ein Schreiber dieses Verhältnis auf 1:4:7 oder auf 1:4:9, das heißt, dehnt er die Langbuchstaben unverhältnismäßig weit gegenüber der Mittellage aus, so sprechen wir von einem *großen Längenunterschied*.

Große Längenunterschiede sind ein Hinweis darauf, daß der jeweilige Schreiber mit der gegebenen Situation nicht zufrieden ist und daher mit Hilfe weit ausgreifender Bewegungen sich neue Bereiche erschließen möchte. Darunter leidet jedoch das innere Gleichgewicht des Status quo. Zwar erweist sich in der Dynamik der Bewegung die Antriebsstärke des Schreibers, aber ebenso sein Mangel an innerer Stabilität. Er vernachlässigt sein eigenes inneres Zentrum zugunsten abenteuerlicher Unternehmungen, die ihn letztlich jedoch überfordern.

Große Längenunterschiede weisen aber auch auf einen Zug ins Unpersönliche und Sachliche hin, und zwar weil der in dem Entfaltungsdrang des Schreibers nach Erweiterung des Gesichtsfeldes sich äußernde Lebensdrang sein Erkenntnisinteresse eindeutig belegt. Dieser überstarke Lebensdrang führt jedoch nicht selten zu Überspanntheit und Exzentrizität. Er bekundet ein ungefestigtes Selbstwertgefühl und einen Mangel an innerer Festigkeit.

So schwanken Menschen dieses Typus nicht selten zwischen unbedingtem Fortschritts- und Erkenntnisdrang auf der einen und quälender Unzufriedenheit auf der anderen Seite hin und her.

A. *allgemeines Verhalten*
1. faustischer Drang
   eroberungs- und führungs-
   freudig
2. Vervollkommnungsdrang
   dynamisch
3. Wunsch nach exponierter
   Stellung
   offen

ehrgeizig
4. rücksichtslos
   von der eigenen Wichtigkeit
   überzeugt
5. exzentrisch
G. *geistige Fähigkeiten*
2. fortschrittsfixiert
   wach
   initiativ

3. bildungs- und lernbegierig
   allseitig interessiert
   dynamisch
   auf Bestätigung angewiesen
   zwischen geistigen und
   materiellen Interessen
   schwankend
   an Fernweh leidend
4. von Zweifeln befallen,
   skeptisch
   oberflächlich
5. Phantast

W. *Willensbereich*
2. starker Expansionsdrang
   voll Unternehmungsgeist
   ehrgeizig
   ausgreifend, schwungvoll
3. strebsam
   unfähig, sich mit etwas
   zufriedenzugeben

I. *Ich-Bereich*
2. von den eigenen Plänen und
   Unternehmungen überzeugt
3. der eigenen Grenzen nicht
   gewahr
4. Neigung zur Selbstdarstellung
   innerlich unsicher
   Verdrängungskünstler

F. *Fühlen, Gemüt*
2. jugendlich ungestüm
   voll von Sehnsüchten und
   romantischen Träumen
3. innerlich leer
4. uneinheitlich, unaus-
   gewogen
   seelisch unergiebig,
   gemütlos
5. kaltblütig

V. *Vitalbereich*
2. dynamisch
3. antriebslebhaft
   nervös
   allgemein gespannt
4. abenteuerlustig
   innerlich unruhig und
   unausgeglichen
   zwiespältig
   unzufrieden
   ruhelos, zerfahren
5. entwurzelt
   mit sich uneins

M. *mitmenschlicher Bereich*
2. paternalistisch
3. nach Überlegenheit strebend
   die eigene gesellschaftliche
   Stellung und Bildung überschätzend
   extravertiert
4. unausgeglichen
5. revolutionär
   innerlich zerrissen

L. *Leistungsbild*
1. Streben nach Anerkennung
   tüchtig, ehrgeizig
2. beruflich sehr engagiert
   vielseitig, beweglich
3. aktiv belastbar
   voller Pläne
   spielerische Funktionslust
   Tendenz, sich zu über-
   nehmen
4. Mißverhältnis zwischen
   Wollen und Können,
   Wunsch und Wirklichkeit
   fordernd
   Neigung zur Selbstüberschätzung

4. innovationsfreudig
   Karrierist
   unstet
S. *Sonderformen*
Längenunterschiede nicht
sonderlich ausgeprägt
(mittlerer Längenunterschied)
   A.2. gutbürgerlich
   3. maßvoll
   selbstzufrieden
   W.4. geringe Strebsamkeit
   geringes Engagement

V.3. Mangel an Energie
M.3. anspruchslos
   4. parasitär
L.4. problemscheu
   niedrige Frustrations-
   schwelle
wechselnde Längenunterschiede
W.4. zwischen Strebsamkeit
   und Passivität schwan-
   kend

Geringe Längenunterschiede

Wenn die *Ober-* und *Unterlängen* gegenüber der *betonten Mittelzo-*
ne zurücktreten, sprechen wir von einer *geringen Längenbetonung.*
Wir haben es dann mit einer *mittelpunktstrebigen* Schrift zu tun. Die
Unter- und Oberlängen entfernen sich in einem solchen Fall nicht
weit vom Zentrum, das heißt, die Psyche des Schreibers ist in sich
ruhend, und zwar in der Regel weil die Antriebskräfte nur gering sind
und vom Vitalbereich keine übermäßig starken Impulse ausgehen.
Wer seine Bewegungen absichtlich mittelpunktstrebig einsetzt,
bringt damit zum Ausdruck, daß es sein Hauptziel ist, aus der
eigenen Mitte heraus zu leben. Die Motivation dafür kann positiver
wie negativer Natur sein.

ich möchte gegen diese Entscheidung Berufung einlegen!

Manche Menschen trauen sich aus diesem schützenden Zentrum
nicht heraus, sie fühlen sich in ihrer inneren Zurückgezogenheit am
sichersten, weil sie befürchten, den Anforderungen der Außenwelt
nicht gewachsen zu sein. In solchen Fällen dokumentiert die Mittel-
punktstrebigkeit Spannungsarmut, Mangel an Ehrgeiz, Gleichgül-

tigkeit oder auch eine Selbstzufriedenheit, die sich bis zur Trägheit steigern kann.

Wer geringe Längenunterschiede bevorzugt, bringt damit seine innere Ausgeglichenheit zum Ausdruck. Er lebt in Harmonie mit seiner Umwelt, sein Selbstbewußtsein erscheint gesund und stabil. Von dem Tatendrang, wie er für Menschen typisch ist, die große Längenunterschiede bevorzugen, findet sich bei ihm nichts. Solche Menschen wollen ihre Ruhe haben, sie haben keine besonderen Interessen, wollen sich nicht besonders anstrengen, sondern lieber sich entspannen und innerlich möglichst wenig engagieren.

Hinter dieser Fassade der Nonchalance verbirgt sich jedoch nicht selten eine gehörige Portion Egozentrik, die sich allerdings niemals so in den Vordergrund schiebt, daß sie verhaltensbestimmend würde. Im Gegenteil, Menschen dieses Schlages können sich beschränken. Eine ruhige und ungestörte Gemütsverfassung ist ihnen weitaus wichtiger als persönlicher Gewinn. Daher wirken sie auf ihre Umwelt nicht selten weise und humorvoll, weil sie sich lächelnd über sich selbst, über Alltagsnot, ja sogar über das Böse erheben können.

Ansonsten zeigen *geringe Längenunterschiede* die Neigung zum Durchschnittlichen und Gewöhnlichen an, wenn man nicht in besonders primitiven Schriften gar von Beschränktheit sprechen muß. Wer in sich ruht wie die Schnecke in ihrem Haus, entbehrt der lebendigen Verbindung zur Welt. So verhalten sich entweder abgeklärte oder arrogante Menschen, die einen Ausgriff über die persönliche Sphäre hinaus überhaupt nicht mehr nötig zu haben glauben, weil sie sich ohnehin für gar nichts mehr interessieren.

A. *allgemeines Verhalten*	G. *geistige Fähigkeiten*
2. Betonung des Persönlichen	2. abgeklärtes, reifes Urteil
Herz regiert Kopf	3. in sich ruhend
ausgewogen, ausgeglichen	Gefühlsurteile überwiegen
gleichmütig	konservativ
3. ruhig, entspannt	verschlossen
gelassen, abgeklärt	4. begrenzter Horizont
gemäßigt	unsachlich
anspruchslos	desinteressiert
harmlos	einfältig
selbstgenügsam	5. stur
4. selbstzentriert	beschränkt

W. *Willensbereich*
4. mangelnder Ehrgeiz
   Mangel an Schwung und
   Beweglichkeit
   Mangel an Initiative
5. faul
I. *Ich-Bereich*
2. ausgeglichen
3. in sich geschlossen
   selbstzufrieden
   sicher
4. selbstbewußt
   abwehrend
   selbstverhaftet
   geziert
   stehengeblieben, träge,
   phlegmatisch
F. *Fühlen, Gemüt*
2. Reaktionen und Haltungen
   sind hauptsächlich vom
   Gemüt und von der Gesinnung her bestimmt
3. Gefühle werden höher eingeschätzt als Verstand und
   Vernunft
4. schwermütig
V. *Vitalbereich*
2. innerlich ausgeglichen und
   zufrieden
3. in der eigenen Innerlichkeit
   ruhend
   mit der Wirklichkeit ver-
   söhnt
   Neigung zum Subjekti-
   vismus

4. zufrieden aus Desinteresse
5. teilnahmslos
   apathisch, stumpf
M. *mitmenschlicher Bereich*
2. anspruchslos, bescheiden
3. bürgerlich
   selbstzufrieden
   selbstgerecht
   genügsam
   nicht so leicht aus der
   Fassung zu bringen
4. parteigebunden
   antirevolutionär, pazifistisch
   ignorant
   Meidung aller menschlichen
   Extremsituationen
   gleichgültig
   langweilig
   indifferent
   spießbürgerlich
5. blasiert
L. *Leistungsbild*
2. wenig experimentier- und
   risikofreudig
   nicht aus der Ruhe zu
   bringen
3. fleißig und zuverlässig
   sich der eigenen Grenzen
   bewußt
4. keine klare Trennung
   zwischen beruflichen und
   privaten Interessen
   träge, faul, bequem,
   schwerfällig
5. abgestumpft

Die Oberlängenbetonung

Es gibt Schriften, die in der Mittel- und in der Unterzone »normal«
erscheinen, während die Oberzone durch Überlängen, Aufbau-

schung, Bereicherung, Druck oder Schnörkel oder auf sonst auffällige Art verändert und vor allem vergrößert ist. Wir sprechen dann von
Oberlängenbetonung. Raumsymbolisch betrachtet, deutet dieser
Zug auf ein Streben über das Alltägliche und Gewöhnliche hinaus,
auf eine geistige Orientierung, die jedoch nicht ganz frei ist von
spekulativen oder gar illusionären Elementen. Die Verlängerung der
Oberlänge ist daher auch ein Ausdruck von Realitätsferne. Wer sich
dieses Stilmittels bedient, traut sich unter Umständen Aufgaben zu,
denen er zwar geistig gewachsen ist, die jedoch seine Kräfte über-
steigen.

Oberlängenbetonung ist Folge einer besonders ausführlichen Streck-
bewegung, die physiologisch gesehen nicht die natürliche ist. Schreiber dieser Art verlassen den soliden Boden und möchten damit ihre
Beweglichkeit und Kreativität sowie ihre Unabhängigkeit von vitalen
Bindungen dokumentieren. Sie können, von ihrer vitalen Basis
losgelöst, frei im ätherischen Raum agieren und die reine Triebnatur
transzendieren. Die betont in die Oberzone reichende Streckbewe-
gung vermittelt einerseits den Eindruck höherer Geistigkeit und
andererseits ein Gefühl mangelnder Verwurzelung und Bodenständigkeit. Menschen dieser Kategorie suchen die überpersönliche
Wahrheit, können jedoch häufig nicht zwischen Traum und Wirklichkeit unterscheiden. Kommt noch *Völle* hinzu, so handelt es sich
bei dem Schreiber um einen Illusionisten und Traumtänzer.

Betonte Oberlängen sind auch ein Hinweis auf Offenheit und auf
eine Neigung zu geistigen Höhenflügen. Positiv sind sie ein Ausdruck von Idealismus, negativ von Versponnenheit und mangelnder
gedanklicher Gründlichkeit. So gesehen, weist die *Oberlängenbetonung* verwandte Züge mit der *Rechtsläufigkeit* auf, die ebenfalls ein

Zeichen starker Dynamik, mitmenschlicher Offenheit, Konzilianz und Konventionsgebundenheit ist.

Der Rechts-oben-Zug repräsentiert unter anderem auch das Vaterbild des Schreibers. Nach rechts oben weisende Spitzen, Fangschleifen und Harpunen, Deck- und Schirmformen (Arkaden), sehr hoch angesetzte *t*-Striche, stark linksläufige Oberzeichen und nach links eingedrückte *d*-Schleifen zeigen ein gestörtes, negatives Vaterbild. Aggressivität, Furcht, Abwehr und Abkehr sind die Folge.

Auch das Verhältnis des Schreibers zu Autorität, Disziplin, Gesetz und Moral wird in der Oberzone sichtbar. Mangelnde Unterordnungsbereitschaft, Schwierigkeit im Verhältnis zu Vorgesetzten und Opposition gegen »die da oben« sind hier zu erkennen. Die hier aufgezählten vielfältigen Bedeutungen der *Oberzonenbetonung* lassen sich nur im größeren Zusammenhang bestätigen oder ausschalten. Erst eine sorgsame Beurteilung der gesamten Schrift läßt im Einzelfall konkrete Aussagen über die Persönlichkeitsstruktur eines Probanden zu. Viele der hier angegebenen Befunde sind zwar empirisch bestätigt, entbehren jedoch einer überzeugenden theoretischen Grundlegung.

A. *allgemeines Verhalten*	G. *geistige Fähigkeiten*

1. idealistisch
  faustisches Streben und
  Suchen
	1. überdurchschnittlich
	  Streben nach Erkenntnis
	  Intuition

2. Wunsch nach Sprengung der
  Fesseln des Alltags
  gewissensorientiert
  Vervollkommnungsdrang
  Suche nach Sinn
	2. geistig dynamisch
	  geistig gewandt
	  bildungshungrig
	  geistig stark interessiert
	  intellektuell
	  theoretische Begabung
	  begeisterungsfähig
	  Hang zum Übersinnlichen

3. subalterne Moralität
  unverbindlich, vage
  freiheitsliebend	

4. schweifendes Wesen
  Bohèmenatur
  Abenteurer
  weltfremd
  Angst vor der Realität
	3. dynamisch
	  wissensdurstig
	  unstet im Denken
	  sehr abstrakt im Denken
	  traumtänzerisch
	  nach Höherem strebend

5. aufgeblasen ohne Grundsätze	in höheren Regionen schwebend

3. Mangel an Wirklichkeitssinn
   unfähig, Einbildung und
   Wirklichkeit zu trennen
   Neigung zum Schwindeln
   bei subjektiver Ehrlichkeit
4. Mangel an Beobachtungsgabe
   in Illusionen befangen
   vorurteilsbehaftet
   zweiflerisch
   oberflächlich, ohne Tiefgang
   spekulativ
   grüblerisch
   Verwechslung von Phantasie
   und Wirklichkeit
5. versponnen
   illusionistisch
   utopistisch
   überspannt
W. *Willensbereich*
2. ins Allgemeine strebend
   an den eigenen Zielen und
   Interessen wachsend
   von starkem Ehrgefühl
   besessen
3. strebsam
   ehrgeizig
4. impulsiv
   voreilig
   Streber
   fanatisch
I. *Ich-Bereich*
2. Tendenz zu Idealisierungen
3. hohes Selbstwertgefühl
4. in Luftschlössern lebend
   Geltungsdrang
   eitel
   überheblich

4. hochfahrend
   illusionäres Selbstbild
   selbstherrlich
5. Hochstapler
F. *Fühlen, Gemüt*
2. vergeistigt
   Interesse an metaphysischen
   Fragen
   fromm
3. Begeisterung als Grundstimmung
   euphorisch
   romantisch
   unrealistische Sehnsüchte
4. Neigung zu Illusionen und
   Schwärmerei
   überschwenglich enthusia-
   stisch
   verstiegen
   leichtsinnig
   leicht entflammbar
   heftig, auffahrend
V. *Vitalbereich*
3. Sublimierung der Triebe
4. Mangel an vitalen
   Bindungen
   relativ schwache Vitalbasis
   unterentwickeltes Verhältnis zur Körperlichkeit
   dünnblütig
   triebunsicher
   nicht bodenständig, erdfern
   manisch unruhig
   schweifend
   hochfahrend
   Spielerleidenschaft, Spielernatur
   unseriös, unsolide
5. prinzipienlos

M. *mitmenschlicher Bereich*
3. anpassungsbereit
4. unabhängig von natürlichen
   Bindungen
   kontaktlos
   ungebunden
   treulos
   herrschsüchtig
5. unbeherrscht
   umstürzlerisch
L. *Leistungsbild*
1. Führungsambitionen
   von der eigenen »Sendung«
   überzeugt
2. Hingabe an generelle Interessen
   idealistisch
3. vielseitig begabt
   risikofreudig
4. desorientiert
   leichtsinnig
   flüchtig
   oberflächlich
   Abneigung gegen
   körperliche Arbeit
   ungründlich
   unsolide
   unbelehrbar
   verantwortungsscheu
S. *Sonderformen*
übertrieben langes Hervor-
schießen der Oberlängen
W.3. Risikobereitschaft
   4. Herrschsucht aus Ehrgeiz
      unbezähmbarer Auf-
      stiegsdrang
   I.2. Führungsambitionen
   F.4. Neigung zu Übertrei-
      bungen

V.4. unsolide
L.4. abenteuerlicher Unter-
   nehmungsgeist
einzelne nach oben schießende
Langlängen
G.4. Spekulationslust
I.3. ehrgeizig aus Selbstdar-
   stellungsgründen
F.4. Neigung zur Übertreibung
erste Oberlänge kürzer als
zweite
I.4. Minderwertigkeits-
   gefühle
Hervorschießen einzelner
schmaler Oberlängen
I.2. Führungsambitionen
V.4. Spielernatur
Betonung der Oberlänge durch
Völle
G.4. Neigung zu Illusionen
   und Utopien
   spekulativ, verträumt
Anflicken von Schleifen, die
vorher zu mager waren
I.4. idealistische Selbst-
   täuschung
nach rechts geknickte Ober-
länge
F.4. auf ideellem Gebiet enttäuscht
nach links geknickte Oberlänge
I.3. Nebeneinander von
   Selbständigkeitsstreben,
   Unsicherheit und Dar-
   stellungsverlangen
das gleiche in Schriften Jugend-
licher
V.4. Pubertätsstörungen

Umbildung von Schleifen und
Spitzen in der Oberlänge zu
Arkaden

G.2. imitatorischer Formen-
    sinn

  3. Augenmensch

  4. phrasenhaft

  I.4. narzißtisch
    Neigung zur Selbstdar-
    stellung

M.4. Neigung, sich mit frem-
    den Federn zu schmücken

abgeknickte kleine d-Köpfe, die
nach unten durchgezogen sind

W.4. eigensinnig

dieselbe Bewegung am h nach
links geknickt oder rechts unten
durchgezogen

  I.4. rechthaberisches Sich-
    Sperren gegen bessere
    Einsicht

  V.4. Hemmungen aus puber-
    tärem Eigensinn oder auf-
    grund von Minderwertig-
    keitsgefühlen

Schleifen statt Winkel am t

  F.4. schwärmerisches Wesen
    Neigung zur Übertrei-
    bung

sehr (zu) hoch angesetzter
t-Strich

  V.4. gestörtes, negatives
    Vaterbild

verkümmerte Oberlänge

  G.4. geistlos

  W.4. unlustig

  V.4. undynamisch

  F.4. gewöhnlich

Mittellage vernachlässigt

  L.4. große Anstrengung bei
    kleiner Leistung

Oberlänge in die Unterzone
gerissen (Kürassierstiefel)

  I.4. narzißtisch

  V.4. verborgene Freude am
    materiellen Genuß

  M.4. herablassend

in die Oberzone gerissene und
über der Zeile schwebende
Kurzlänge

  A.4. unfähig, sich festzulegen

  V.4. leichtlebig

  L.4. ungründlich

Ober- und Unterlängen ver-
kürzt

  I.2. Hervorhebung der
    eigenen Würde und des
    eigenen Wertes

Die Unterlängenbetonung

Auf ein ganzes Spektrum von Bedeutungen verweist auch die *Unterlängenbetonung.* Dabei ist die Symbolik dieses Stilmittels sehr anschaulich. In ihr reflektieren sich Triebhaftigkeit, Sexualität, Bodenständigkeit und seelische Tiefe des Schreibers.

Die *Unterlängenbetonung* wird einer besonders auffälligen Beugebewegung verdankt, die Ausdruck innerer Festigkeit, Beharrlichkeit und Unbeweglichkeit ist. Wer die Unterlängen betont, neigt im allgemeinen zu Gründlichkeit und zu Realismus und hat eine Vorliebe für das Konkrete und Gewachsene. Sein Geist schlägt gleichsam tiefe Wurzeln und beraubt die Dinge aller Illusionen. Was zählt, sind Sachlichkeit und Nüchternheit. Menschen dieses Schlages sind allem Neuen abhold und halten sich an das Altbewährte. Sie sind zufrieden mit dem, was sie in der Hand halten, und geben materiellen Interessen den Vorzug vor geistigen. In ihrer Vorstellungswelt sind sie sehr stark Triebbildern verhaftet, und diese Verhaftung wird um so größer, je voller die Unterschleifen werden. Ob dabei der Sexualität ein Sonderstatus zukommt, muß bezweifelt werden, es sei denn, es treten spezielle *Verdickungen* oder *Stauungen* im unteren Drittel der Unterlängen auf. Werden Unterschleifen nicht geschlossen, dann erfährt das in ihnen sich ausdrückende Triebhafte keine normale und vollständige Erledigung, es wird nicht ausgelebt, sondern im Bewußtsein trotz seines Vorhandenseins eher ignoriert.

Es gibt verschiedene Spielarten *nicht* geschlossener Unterschleifen, daher bedarf es einer differenzierten Betrachtungsweise, will man dem Schreiber mit der Deutung gerecht werden. Nicht geschlossene Unterschleifen weisen auf eine Negierung des Trieblebens hin, sind sie hingegen zu hoch geschlossen, dann ist die Abdrängung der Triebimpulse nicht wirklich gelungen, und der betreffende Proband vertraut seinen Instinkten mehr als der überlegenden Vernunft. Der graphologisch relevante Zug der Unterlängenbetonung führt nach links und ist ein tiefenpsychologisch ausdeutbarer Hinweis auf die Mutterimago. »Dort unten« stoßen wir auf unsere Lebensgrundlagen, das heißt unsere Leiblichkeit, jene Sphäre, in der die Sexualität und die unmittelbaren Lebensbedürfnisse beheimatet sind. Daher drücken sich in den Unterlängen auch die allgemeine Freude an der

Körperlichkeit sowie der Praxisbezug und die technische Begabung des Schreibers aus.

Alles in allem gibt die Unterlängenbetonung Aufschluß über jenen Bereich, den SIGMUND FREUD als das *Es* bezeichnet hat. Mit diesem Begriff umreißt er alle unzensierten, »animalischen« Triebregungen. Je stärker die Unterzone ausgeprägt ist, desto mehr ist der Schreiber den sinnlichen Freuden des Lebens zugetan; zusätzlicher *Druck* ist ein Hinweis auf Lebensgier, und hinzukommende *Teigigkeit* zeichnet den Hedonisten aus.

Magerkeit und *Schleifenlosigkeit* in der Unterzone sind Indikatoren für Besitzstreben, Wertschätzung des Geldes und deuten auf Interesse an Grundbesitz und an technischen Dingen. Laufen solche mageren Züge nach unten hin spitz zu, stehen sie also auf »Zehenspitzen«, dann äußern sich in diesen Zügen tiefsitzende Unsicherheit und Labilität. Tief hinunterreichende und einigermaßen flächige Formen in der Unterzone symbolisieren beim weiblichen Geschlecht einen Hang zur Mütterlichkeit.

Ob bei der *Unterzonenbetonung* echte oder unechte Festigkeit vorliegt, erkennt man am Antrieb und an der Beschaffenheit der Mittelzone.

A. *allgemeines Verhalten*
2. Neigung zur Grundsätz-
   lichkeit
   Liebe zu allem Organischen
   und Naturgegebenen
   besonders tierliebend
   tiefschürfend
3. in sich ruhend
   praktisch und pragmatisch
   Liebe zu Besitz und
   Eigentum
4. festhaltend
   ohne Ideale
   materialistische Welt-
   anschauung
G. *geistige Fähigkeiten*
2. gute Beobachtungsgabe
   anschauliches Denken

2. praktisch-technisch begabt
   Wirklichkeitssinn
3. mehr dem Instinkt als dem
   Verstand vertrauend
   zielgerichtet denkend
   Abneigung gegen
   Spekulationen
   dem Gegenständlichen
   verhaftet
4. hartnäckig im Denken
   Mangel an geistiger
   Aktivität
   vorurteilsbeladen
   geistig schwerfällig
W. *Willensbereich*
2. standfest
   aktiv
3. lebensnahe Ziele

3. Neigung zu innerer
   Erstarrung
4. zäh bis unbeweglich
   Kraftmeier
I. *Ich-Bereich*
2. innerlich sicher
3. natürliches Eigenmachtgefühl
   realistisch
4. selbstgerecht
F. *Fühlen, Gemüt*
2. warmherzig
3. gemütvoll
4. schwerblütig
V. *Vitalbereich*
1. besondere Lebensfülle
   triebstark und triebsicher
   urwüchsig
2. vitale Verwurzelung, Erd-
   nähe
   körperbetont
   instinktgeleitet
   lebensvoll
3. lebensnah
   dem Konkreten verhaftet
   Dominanz des Unbewußten
   erdnah
   Erwerbssinn
   sportlich
4. Unstimmigkeiten im Tiefen-
   bereich der Persönlichkeit
   der Materie verhaftet
   Neigung zu sexuellem
   Phantasieren
   stark erotische Einbildungs-
   kraft
   voyeuristisch
   sexuelle Eitelkeit
   starke Libido
   Genießernatur

5. in pubertären Spannungen
   stecken geblieben
   Vitalkomplex
   von den Niederungen des
   Lebens angezogen
M. *mitmenschlicher Bereich*
2. ausgesprochener Familiensinn
   verwurzelt in Heimat und
   Familie
   erdgebunden
   bodenständig, seßhaft
   mütterlich fürsorglich
3. anhänglich
   solide Bürgerlichkeit
4. kühl und hart
   gehemmt
   phlegmatisch
   sinnlich
5. von der Sexualität abhängig
   hingabefähig
   rücksichtslos egoistisch
L. *Leistungsbild*
2. gründlich, genau
   gewissenhaft
   zuverlässig
   sachlich
3. praktisch
   technisch-praktischer Sinn
   Verständnis für alles Stoff-
   liche
   lebenstüchtig
4. bürokratisch
   materialistisch
   besitzorientiert
   auf Geld fixiert
   pedantisch
   undynamisch
   schwerfällig

5. lustlos
   völlig unmotiviert
S. *Sonderformen*
dreieckige Unterschleifen
 A.4. Gegensatz zwischen Sein
      und Schein
 W.4. Überkompensation
      fehlender Kraft
      mangelnde Übereinstim-
      mung zwischen Wunsch
      und Wirklichkeit
      herrische Überdeckung
      von Triebwünschen
      meist unechte, gelegent-
      lich auch echte Forschheit
      sporadische Energie-
      schübe
      jeglicher Verpflichtung
      abgeneigt
 M.4. herrschsüchtig im kleinen
      Kreis
 L.4. verantwortungsscheu
desgleichen in Frauenschriften
 V.4. verdrängte weibliche
      Erotik
      innere Unordnung bei
      intakter Fassade
 F.3. manchmal auch unter-
      drückte Zärtlichkeits-
      wünsche
flächige Unterlängen in Frauen-
schriften
 M.2. Mütterlichkeit
Betonung der Unterlängen
durch Schleifen
 F.3. Verwöhnungswünsche
      unterdrücktes Zärtlich-
      keitsverlangen

Unterschleife zu weit geschlossen
 W.4. kraftlos
      resigniert
tief geschlossene Unterlängen
 V.3. Verzicht auf erotische
      Beziehungen
   4. verdrängte Gefallsucht
 M.4. geringe Bindungskraft
einzelne, besonders tief hinab-
gestoßene Unterlängen
 W.3. kraftlose Suche nach
      Festigkeit und Halt
spitzwinkelig gerissene Unter-
längen
 V.5. jähzornig
nach links weggewehte Unter-
längen
 I.4. passiv und eigenbrötlerisch
 M.4. Anlehnungsbedürfnis ist
      größer als zugegeben
 A.5. infantil
rechtsläufige Abbiegung der
Unterlängen
 F.3. instinktives Einfühlungs-
      vermögen
 L.3. Verdrängung der
      Triebimpulse zugunsten
      der Leistung
      Sublimation
linksläufige Schale in der Unter-
länge
 F.2. poetisch
      mystische Neigungen
   3. Hang zum Flirten
doppelte Schnörkel an den
Unterlängen
 I.4. eitel
 F.3. Wunsch nach Zärtlichkeit
 V.3. (Männer) etwas weiblich

parallel laufende Unterlängen
A.4. doppelte Moral
M.4. Angst vor Bindungen
L.4. lavierend
lang oder breit ausgeführte
Unterlängen, die nach oben
nicht durchgeführt sind
V.4 Neigung zur Verdrängung
dünne lange Unterlängen
V.4. versteckte Naschhaftig-
keit und Genußsucht
zugespitzte, scharfe, schmale
Unterlängen
F.4. empfindlich
prüde
V.4. reizbar
zugespitzte, nicht geschlossene
Unterlängen
I.4. eitel
anspruchsvoll
A.4. kompensatorische
Wichtigtuerei
G.4. starrköpfig
V.4. negative Einstellung zur
eigenen Vergangenheit
scharf gequerte Unterlängen
W.4. herrschsüchtig aus
Frustration
abgerissene Unterlängen
V.4. gehemmt
sexuell gestört
5. schwere Triebstörungen
innerlich zerrissen
Unterlängen größer als Ober-
längen
A.3. praktisch begabt
magere Unterlängen
(auch Deckzüge)
V.4. schwache Libido

V.4. starke Verdrängungs-
mechanismen
magere Unterlängen, die in
Spitzen auslaufen
A.4. labil
Unterlänge in die gerissene
Oberlänge (z. B. bei H und G)
A.4. materialistische Einstel-
lung
I.4. körperliche Eitelkeit
in die Unterlänge gerissene
Kurzlänge (bei v und a)
G.3. Schulmeisterei
4. besserwisserisch
M.4. seelisches Dominanz-
streben
verkümmerte Unterlänge
A.4. Grundsatzlosigkeit
G.4. instinktlos
mangelnder Wirklich-
keitssinn
mangelnde Lebens-
erfahrung
Stubenhocker
W.4. undynamisch
Mangel an innerem Halt
unsicher
innerlich ohnmächtig
V.4. unsinnlich
vitale Schwäche
geringe Reserven
geringe Regenerations-
kraft
M.4. ohne Verhältnis zur
Tradition
L.4. ungründlich
Mangel an Übersicht
I.4. Mangel an Selbstver-
trauen

Der Wortabstand

Wortabstände sind raumsparende und raumgebende Bewegungen des Innehaltens. Sie schaffen Leerstellen und gliedern den Raum; je deutlicher die Worte voneinander abgehoben sind, um so stärker und intensiver hebt sich auf seiten des Schreibers ein Einzelgedanke vom andern ab. Raumsymbolisch betrachtet, ist die Größe der Wortabstände ein Indikator für die Distanz, die zwischen dem Schrifteigner und seinen Mitmenschen besteht.

Der normale Abstand zwischen den Wörtern beträgt eine Buchstabenbreite, was darüber liegt, gilt als weit, was darunter liegt, als eng. Ein großer Wortabstand deutet also auf Distanz und Zurückhaltung – bis hin zur Isolierung –, zeigt aber auch die Tendenz, Umschau zu halten, nach Übersicht zu streben und achtzugeben. Man distanziert sich im allgemeinen von einem Problem, um es besser bewältigen zu können.

Kommt zum großen *Wortabstand* noch ein großer *Zeilenabstand* hinzu, dann liegen nicht nur unwillkürliche Kontaktstörungen vor, sondern zusätzlich auch noch eine willentliche Kontakterschwerung. Solche Menschen haben sich ganz auf sich selbst zurückgezogen.

Große Wortabstände zerreißen das Schriftbild innerlich, die darin zum Ausdruck kommende Distanz ist jedoch unwillkürlich und rührt von inneren Zwängen her. *Kleine Wortabstände* dagegen deuten auf eine unmittelbare Verbundenheit mit der Umwelt, auf menschliche Nähe, Wärme und auf eine Kontaktfreudigkeit hin, die bis zur Unbedenklichkeit reichen kann. Eine Fehlform sind die sogenannten *Binnenlücken* innerhalb eines Wortes. Sie sind ein Hinweis auf die Unfähigkeit, am *richtigen* Platz zu differenzieren, und sind Ausdruck einer gewissen Hilflosigkeit.

Wortabstand groß und überweit
G.2. Einfallsreichtum
  3. flexibel im Denken
     musikalisch
  4. ablenkbar
     zeitweilig unproduktiv
     im Denken
     sprunghaft im Denken
  5. Neigung zu folgenlosen
     Gedankenspielereien
I.4 falsche Selbsteinschätzung
     sich selbst fremd
     expansiv
     selbstverhaftet
  5. blasiert
V.4. innerlich einsam
     isoliert
     Neigung zum Tag-
     träumen
  5. hilflos
M.4. reserviert
     wenig mitteilsam
  5. unfähig zur Integration
Wortabstände weit
A.2. großzügig
G.3. nachdenklich
     analytisch
     mehr aus dem Kopf als
     aus dem Gefühl lebend

G.3. Vorliebe für Abstrak-
     tionen
     Neigung zum sinnlosen
     Organisieren und
     Disponieren
     mehr theoretisch als
     praktisch ausgerichtet
  4. unanschaulich im Denken
     langsam und schwerfällig
     im Denken
     detailverhaftet
I.3. Neigung zur Selbst-
     beobachtung
  4. anspruchsvoll
     selbstverhaftet
     innerlich einsam
     eigenbrötlerisch
F.3. besinnlich
  4. weltfremd, leer, isoliert
M.3. einzelgängerisch
     distanziert, reserviert
  4. verschlossen
     kontaktarm, innerlich
     distanziert
     Mangel an Spontaneität
     vereinsamt
  5. Sonderling

Wortabstand größer als Zeilen-
abstand
  G.4. langsam und schwerfällig
      im Denken
      Neigung zu folgenlosen
      Gedankenspielereien
  M.3. gesellschaftlich versiert,
      persönlich gehemmt
      Kontaktprobleme
      äußerlich gesellig, inner-
      lich isoliert
    4. äußerlich intakt, innerlich
      gehemmt
      kontaktsuchend und
      zugleich kontaktunfähig
      unfähig zur Integration
      zudringlich
Wortabstand weit bei engem
Zeilenabstand
  M.4. kontaktsuchend und
      zugleich kontaktunfähig
betont weite Wortabstände bei
Zeilenverhäkelung
  M.4. äußerlich leutselig
      betont gesellig, innerlich
      isoliert
Wortabstand mäßig und klar
  A.2. geordnete Lebensverhält-
      nisse
  G.2. Organisationsgabe
      Ordnungssinn
      klar im Denken
      logisch denkend
    3. verständlich argumentie-
      rend
      deutlich in der Aus-
      drucksweise
  M.2. im richtigen Maße
      angepaßt

zunehmend enger werdende
Wortabstände
  A.3. sparsam
  G.2. schnell im Erfassen
      anschaulich im Denken
    3. realistisch tolerant
    4. beschränkt
      nur begrenzt ausdrucks-
      fähig
      gestörtes Phantasieleben
      distanzlos
      Mangel an Übersicht
      unüberlegt
      unlogisch denkend
      undeutlich in der Aus-
      drucksweise
    5. unklar im Denken
Wortabstand eng
  G.4. Enge des Bewußtseins
      unbelehrbar
  V.3. dünnhäutig
    4. unkonzentriert
      ruhelos
  M.3. zu engen Kontakten fähig
    4. neugierig
      unfähig, allein zu sein
      erlebnishungrig
      wahllos gesellig
      eingebunden in einen
      engen Kreis
      viele, jedoch bedeutungs-
      lose Kontakte pflegend
      Mangel an Gemein-
      schaftssinn
      beziehungsunfähig
      indiskret
      wenig anpassungsfähig
    5. zudringlich, taktlos
      klatschsüchtig

L.3. draufgängerisch
  4. total situationsverhaftet
     immer unterwegs
  5. unflexibel
     unordentlich
Wortabstand eng, Zeile weit
M.3. kontaktfähig bei gleich-
     zeitiger Betonung der
     Distanz
  4. Mangel an ursprünglicher
     Kontaktfähigkeit
V.4. Neigung zu neurotischen
     Angstvorstellungen
     nur äußerlich angepaßt
*enge Wortabstände bei klarer
Zeilenführung*
  I.3. aus Unsicherheit zur
     Imitation neigend
  4. innerlich unselbständig
     bei guter äußerer Haltung
     und scheinbarer Über-
     legenheit

Wortabstand übereng
G.4. ohne Weitblick
     desorientiert
  5. verworren
V.4. ruhelos
     flach
  5. neurotisch
M.4. unfähig, allein zu sein
L.3. betriebsam
*auseinandergerissene Wort-
bilder*
G.4. unfähig, aus einer
     gegebenen Situation
     etwas zu machen
V.4. den Lebensanforderun-
     gen gegenüber hilflos
     Spielball der Umstände
M.4. Mangel an sozialer Orien-
     tierung
     desintegriert, isoliert
  5. entwurzelt

Der Zeilenabstand

Während der *Wortabstand* in erster Linie Ergebnis einer unwillkürlichen Bewegung ist, läßt sich der *Zeilenabstand* mit verschiedenen
Hilfsmitteln wie Linienblatt und vorgedruckter Zeile willkürlich
verändern. Er ist ein Merkmal der Schriftgliederung, und der Schreiber zeigt durch den Zeilenabstand, wie er sich mit dem Raum, also
seiner Umwelt, auseinandersetzt. Diese Umweltbeziehung ist entweder durch Nähe oder durch Distanz gekennzeichnet. Menschen,
die einen weiten Zeilenabstand halten, respektieren den Lebensbe-
reich ihrer Mitmenschen und wahren zugleich den eigenen Lebensraum. Dieses Verhalten resultiert entweder aus innerer Souveränität
oder aus Indifferenz.

Ein *enger Zeilenabstand* ist ein Indiz für engagiertes Handeln und
für die Neigung, auch gesetzte Grenzen zu überschreiten, was
besonders für die *Zeilenverhäkelung* gelten dürfte. Sie ist ein Hinweis auf einen Mangel an Distanz, auf die Übertretung von Konven-

tionen und einen geringen Grad von Selbständigkeit. Neben seiner geistigen Unausgegorenheit dokumentiert der Schreiber damit auch seine Hilflosigkeit. Wie bei einem *großen Zeilenabstand* die Fähigkeit, zu gliedern, zu planen, zu organisieren und zu disponieren, deutlich hervortritt, so zeigt sich in einem *engen Zeilenabstand* die Abwesenheit all jener Vorzüge. Ein solcher Schreiber verstrickt sich in alle möglichen Aktivitäten und kommt aus eigener Kraft selten zurecht. Gelegentlich finden sich aber auch elegante Ausweichmanöver, um eine direkte Zeilenverstrickung zu vermeiden. Hier kann man zwar auch eine unklare Gedankenführung annehmen, aber die instinktive Sicherheit ist so groß, daß es dennoch zu keinen größeren Störungen kommt.

großer Zeilenabstand

A.2. prinzipiell geordnetes Weltbild

G.2. klare Gedankenordnung
Verstandesvorherrschaft
fähig, zu disponieren und zu planen
Organisationstalent
umsichtig
fähig, abstrakt zu denken
Bedürfnis nach Übersicht, Ordnung und Klarheit

G.2. fähig, einen Sachverhalt in seine Grundbestandteile zu zerlegen

3. überlegt, kühl und nüchtern
systematisch
differenzierungsfähig
bewußt

4. intellektuell
formal
schematisch
Neigung, vitale Defizite intellektuell zu kompensieren

G.4. bemüht, seelische Störungen durch geistige Distan-
zierung davon in den
Griff zu bekommen
M.4. beziehungsunfähig
distanziert
zu großer Zeilenabstand
G.3. wegen voreiligen Denkens unfähig, bestimmte
Entschlüsse in die Praxis
umzusetzen
4. um gedankliche Originalität bemüht
Mangel an Objektivität
diskontinuierlich im
Denken
W.3. Neigung zur unbewußten
Korrektur von Ent-
schlüssen
Zeilenabstand größer als Wort-
abstand
G.2. fähig, zu disponieren und
zu organisieren
fähig, planvoll und folgerichtig zu handeln
klar und anschaulich im
Denken
M.3. distanziert bei voller
Kontaktfähigkeit
4. distanziert aus eigensüch-
tigen Gründen
I.4. eigenbrötlerisch
anspruchsvoll
L.4. Mangel an Objektivität
Mangel an Spontaneität
mäßig weiter Zeilenabstand
G.1. geistige Reife
2. umsichtig
souverän

G.3. praxisbezogen im
Denken
instinktive Einsicht in
Zusammenhänge
realistisch
Empfinden für Ordnung
I.2. innerlich ausgeglichen
deutlicher Zeilenabstand bei
engem Wortabstand
M.3. äußerlich gesellschafts-
fähig, innerlich kontakt-
unfähig
enger Zeilenabstand
G.4. mangelnde Übersicht
Neigung zu Vorurteilen
I.4. rechthaberisch
subjektivistisch
M.3. extravertiert
menschlicher Nähe
bedürftig
sozial
instinktive Sicherheit im
Umgang mit anderen
Menschen
voll Vertrauen
Vermeidung von
Verstrickungen
A.2. instinktive Sicherheit
G.3. Dominanz der Phantasie
gegenüber dem Denken
ganzheitliche Weltsicht
im Denken und Handeln
stark an den konkreten
Gegebenheiten orientiert
4. Mangel an analytischem
Differenzierungsvermögen
unfähig, einer logisch
begründeten Argumenta-
tion zu folgen

G.4. unordentlich in der
     Gedankenführung
     unselbständig im Urteil
  5. verworren im Denken
     unbelehrbar
I.2. kontrolliert
  4. konfus
V.3. Sinnenmensch
M.2. konfliktscheu
  3. neugierig
  4. klatschsüchtig
     Neigung zur Ein-
     mischung
L.4. unfähig, eine Situation
     rasch zu erfassen und sich
     entsprechend anzupassen
nach unten hin kleiner
werdende Zeilenabstände
A.4. unter ständigem Zeit-
     druck stehend
G.4. Mangel an Einteilungs-
     vermögen
     unfähig, ein Ende zu
     finden
L.4. Furcht vor neuen Situa-
     tionen
     Tendenz, notwendige
     Maßnahmen hinaus-
     zuschieben
     Angst vor Neuem
  5. unfähig, die eingefahre-
     nen Geleise zu verlassen
nach unten hin größer werdende
Zeilenabstände
A.3. zuversichtlich

A.3. zunehmend mutiger
W.4. Mangel an Selbstbeherr-
     schung
     undiszipliniert
Zeilenverhäkelung
A.5. undurchschaubar
G.4. unfähig, sich klar auszu-
     drücken
     Mangel an geistiger Klar-
     heit
     unfähig, klare Verhältnis-
     se zu schaffen
     unfähig, die eigenen
     Gedanken zu ordnen
  5. im Denken wenig
     leistungsfähig
     verworren im Denken
     nicht darum bemüht, ver-
     standen zu werden
W.4. eigensinnig
V.4. Dominanz der Affekte
     gegenüber der Vernunft
M.4. distanzlos
     Tendenz, sich in fremde
     Angelegenheiten einzu-
     mischen
     wenig einfühlsam gegen-
     über den Gefühlen
     anderer
  5. zudringlich
     aufdringlich
     rücksichtslos
     bohrend neugierig
     hämische Klatschsucht
L.4. in Einzelheiten verstrickt

Die Zeilenführung

In der Schule lernt man, horizontale und gerade Zeilen zu schreiben.
Weicht ein Schreiber davon ab, so fällt das auf. Diese Abweichungen

können verschiedener Art sein, wobei die Zeilen entweder nach oben
oder nach unten verlaufen, gewölbt oder gehöhlt, schwankend oder
unregelmäßig sind, über oder unter der Zeilenlinie entlangführen.

gerade Zeilenführung	*gerade Zeilenführung*
steigene Zeile	*die Zeile steigt*
fallende Zeile	*die Zeile fällt immer mehr*
oberhalb der vorgedruckten Linie	*oberhalb der Linie*
an der Linie klebend	*klebt an der Linie*
Zeile gehöhlt	*gehöhlte Zeile*
Zeile gewölbt	*gewölbte Zeile*
dachziegelförmig steigend	*immer noch höher*
dachziegelförmig fallend	*immer noch tiefer*
unregelmäßig, wellenförmig	*unregelmäßige Wellenzeile*

Seine Auseinandersetzung mit dem vorgegebenen Raum und der
Linie zeigt, wieweit die optische und verstandesmäßige Kontrolle
eines Schreibers wirkt. Man muß dabei in Betracht ziehen, daß
elementare Bewegungsimpulse mit in die Gestaltung des Raumbildes
eingehen, so daß die *Zeilenführung* ein Ergebnis des Widerspruchs
zwischen natürlichen und kontrollierten Bewegungen ist. Eine *gerade Zeilenführung* läßt immer darauf schließen, daß die Grobkontrol-
le des Schreibers, seine planmäßige Steuerung, gut funktioniert. Um
diesen Eindruck aufrechtzuerhalten, wird bei unliniertem Papier ja
oft ein Linienblatt unterlegt. Ob ein Linienblatt Verwendung gefunden hat, läßt sich nachprüfen, indem man *alle* Zeilen, insbesondere
bei doppeltem Abstand der Über- und Unterschrift, mit dem
Stechzirkel ausmißt.

Starke Ungleichmäßigkeiten und Unregelmäßigkeiten lassen auf
mangelnde Steuerung und Zügelung der Antriebe schließen. Fällt die
Zeile, so ist das Ausdruck eines depressiven Charakters, steigt sie
hingegen, so läßt das auf einen erheblichen Ehrgeiz schließen. Ob

fallend oder steigend, wellenförmig oder gerade, immer ist die Zeilenführung insgesamt ein Reflex der Lebensgrundstimmung, wogegen die Führung der Einzelzeile Ausdruck des momentanen Stimmungsbilds ist. Aber auch solche »Stimmungsbilder« geben im Zusammenhang mit der Gesamtdeutung tiefen Einblick in die Psyche des Schreibers, besonders wenn sie stark ins Auge fallen. Die *verschiedenen* Formen der Zeilenführung deuten daher auf höchst unterschiedliche Charaktermerkmale hin, wie man der Merktabelle unschwer entnehmen kann.

gerade Zeile
A.3. äußerlich korrekt
konventionell
mit sich im reinen
W.2. in einem großzügigen
Rahmen leistungsfähig
fest
zielbezogen
zielstrebig im großen
unablenkbar
unbeirrbar
ausdauernd
F.2. emotional stabil
4. innerlich nicht engagiert
gemütskalt, unlebendig
5. stumpf
M.4. nicht sehr ansprechbar
L.2. verläßlich
beständig
ordnungsliebend
sorgfältig
vor monotoner Arbeit
nicht zurückschreckend
genau auf dem Zeilenvordruck
(Kleben an der Zeile)
W.3. diszipliniert
I.4. unselbständig
V.3. eingefahren
4. unsicher

L.3. verläßlich in kleinen
Dingen
Zeile nach dem Linienblatt aus-
gerichtet
A.3. bemüht, einen guten Eindruck zu machen
G.4. ordnungsliebend oder
bemüht, Ordnung vorzu-
täuschen, wobei es dazu
an eigener Kraft erman-
gelt
W.4. um Korrektheit bemüht,
wobei es dazu an eigener
Kraft fehlt
haltsuchend
I.4. äußere Anerkennung
suchend
L.4. Neigung zum Schematismus und zur leeren Form
5. sich nicht zu seinen Hilfsmitteln bekennend
oberhalb der vorgedruckten
Zeile verlaufend
A.3. überheblich
4. weltfremd
G.4. wirklichkeitsfern
desorientiert
W.2. nach Selbständigkeit
strebend

W.3. eigenwillig
I.4. Mangel an Selbstver-
trauen
V.4. berührungsscheu
L.3. nach Selbständigkeit
strebend
unorthodox
mit wenig Erfolg darum
bemüht, keinem Schema
zu verfallen
steigende Zeile
A.3. optimistisch
dynamisch
W.3. eifrig
ruhelos, aktiv
I.4. in Selbstüberschätzung
lebend
V.3. innerlich heiter
euphorisch, seelisch
hochgestimmt
4. außergewöhnlich erleb-
nisfähig
F.4. erregt, überdreht
M.3. mitteilsam
L.2. schwungvoll
ehrgeizig
leistungs- und arbeits-
willig
4. leichtsinnig
5. ohne innere Basis
fallende Zeile
A.4. pessimistisch
melancholisch
G.4. geistlos
W.4. wenig ausdauernd
mutlos
wenig entschlußfreudig
I.3. abgekapselt
V.4. entmutigt

V.4. gedrückt
trübsinnig, niederge-
schlagen
ermüdbar
resigniert
depressiv
M.3. besorgt
4. vom Leben enttäuscht
L.4. undiszipliniert
schwächlich
faul
Zeile gewölbt
W.2. stärker und dynamischer
als auf den ersten Blick
ersichtlich
I.3. in unvertrauten Situationen zunächst mißtrau-
isch, dann jedoch an
Selbstvertrauen zuneh-
mend
4. nicht sehr entschluß-
freudig
antriebsschwach
mutlos
M.4. nörglerisch
Zeile gehöhlt
W.2. im Grunde über mehr
Antriebs- und Willens-
kräfte verfügend als
angenommen
3. allmählich anlaufender
Eifer
4. spontane Unzufrieden-
heitsreaktionen weichen
besserer Erkenntnis.
Theoretisch: Pessimist,
praktisch: Optimist
*dachziegelförmig steigende
Zeile*

W.3. ständig mit der eigenen
Leichtfertigkeit
kämpfend
dauernd im Kampf um
das psychische Gleich-
gewicht

I.3. sich durch Selbstkontrolle vor Übereifer und Mut-
losigkeit schützend

L.3. um ein hohes Arbeits-
tempo bemüht

dachziegelförmig fallende Zeile

W.3. gegen Mißstimmung und
Minderwertigkeitsgefüh-
le kämpfend

L.3. trotz besten Willens nur
beschränkt belastbar

Zeilenende absinkend

G.4. unüberlegt
mangelnde Einteilungs-
fähigkeit

W.4. unter Selbstüberforderung leidend

V.4. übereifrig
Neigung, die eigene
Scheu überzukompen-
sieren
aggressiv

M.4. von den Mitmenschen
sich eingeengt fühlend
darauflosredend

L.4. wenig belastbar
zur Übertreibung
neigend
unfähig, ein Ende zu
finden

Zeilenende ansteigend

M.4. (in Kinderschriften) mangelnde Erfahrung mit

menschlicher Bosheit
(in Erwachsenenschrif-
ten) menschenverachtend

I.3. Überzeugungskraft
naiv selbstbewußt

schwankende Zeile

A.4. unstabil in der Gesinnung

G.4. mangelnder Ordnungs-
sinn

W.4. unkonsequent
ziellos, zielunbestimmt
unentschlossen

I.4. wenig selbstbewußt
unsicher

F.3. der eigenen Tätigkeit mit
Leib und Seele verhaftet
feinfühlig
gemütvoll, sensibel

4. Stimmungsschwankun-
gen unterworfen
emotional labil
erregbar, innerlich
unruhig
emotional, reizbar
launenhaft

V.3. lebhaft

M.4. listig

L.4. planlos
unberechenbar
augenblicksgebunden
ohne feste Linie

wellenförmige Zeilenführung

G.3. nur dem eigenen Urteil
trauend

I.4. Vorschriften und Konventionen mißachtend
Ablehnung aller
Beschränkungen
individualistisch

I.4. eigensinnig	*Verengung am Zeilenende*
renitent	G.4. unfähig zu wirklicher
nicht bereit, Normen ein-	Klarheit
zuhalten	*Erweiterung gegen*
M.4. schlecht angepaßt	*Zeilenende*
L.4. undiszipliniert	W.4. ohne konsequente Hal-
wurstig	tung
5. völlig indifferent	V.4. innerlich getrieben

Ränder

Der beim Schreiben zur Verfügung stehende Raum hat seine Grenzen. Daraus ergeben sich Probleme, Forderungen und Notwendigkeiten, die es zu meistern gilt. Um mit SIGMUND FREUD zu sprechen, der Schreibende muß einen Ausgleich zwischen »Realitäts-« und »Lustprinzip« finden. Diese individuelle Auseinandersetzung mit dem zur Verfügung stehenden Raum gibt dem Schriftpsychologen reichlich Aufschluß darüber, wie der Schreiber veranlagt ist und nach welchen normativen Regeln, ästhetischen Grundsätzen oder ökonomischen Prinzipien er den ihm zur Verfügung stehenden (Lebens-) Raum einteilt. Da das Schreiben auch ein sozialer Akt ist, sollte man nicht nur die Gestaltung der Schriftzeichen selbst, sondern ebenso ihre Stellung im Raum beachten. Dabei geben die *Ränder* als nicht beschriebene Räume den Rahmen ab, der das Bild mitgestaltet.

Der Graphologe muß zwischen *raumsparender* und *raumfüllender Gestaltung* unterscheiden. Während die raumsparende Gestaltung auf einen entwickelten Ordnungssinn, auf Gliederungsfähigkeit, Distanz und Strukturierungsgeschick hinweist, verrät die raumfüllende Anordnung innere Erfülltheit, Hingabefähigkeit und Gutwilligkeit. Der *Raumfülle* liegt Umweltbedrängnis, der *Raumweite* Umweltabhängigkeit zugrunde.

Allseits breite Ränder tragen immer ein ästhetisches Gepräge, wogegen allseits schmale oder gar keine Ränder ein Hinweis darauf sind, daß dem betreffenden Schreiber die äußere Form gleichgültig ist, er sich zumindest den ästhetischen Formen nicht verpflichtet fühlt. Ist die Schrift dabei auch noch groß und anspruchsvoll, so ist das ein Indiz für Aufdringlichkeit. Beläßt der Schreiber oben viel freien Raum, entspricht das einer devoten Respekthaltung. Ein breiter unterer Rand wäre somit Ausdruck der Tendenz, sich nach unten hin abzugrenzen, würde also Distanz nach unten bedeuten,

und zwar aus Taktgefühl oder aus dem Bedürfnis, niemandem zu
nahe zu treten. Ein schmaler oberer Rand verrät Mangel an Respekt
nach oben, unten deutet ein schmaler Rand auf mangelnde Distanz
und die Neigung, den andern zu nahe »auf die Pelle zu rücken«.
Alle übrigen Einzelheiten möge man der Tabelle entnehmen.

allseits genaue Ränder
L.2. ordnungsliebend
   3. genau
   4. pedantisch
allseits ungleichmäßige Ränder
G.4. unkonzentriert
    unordentlich
F.4. nonchalant
I.3. von Äußerlichkeiten
    unabhängig
M.3. unaufmerksam
    gleichgültig gegen soziale
    Beziehungen
allseits breite Ränder
A.1. gepflegter Lebensstil
    hohes Kulturniveau
   2. ästhetische Haltung
    Pflege der äußeren Form
   3. individualistisch
G.2. Formgefühl
I.3. Bedürfnis nach groß-
    zügigem Rahmen
   4. Neigung zur Angabe
    protzig
F.2. ästhetisch anspruchsvoll
M.4. umweltabhängig
    distanziert
    reserviert
    arrogant
allseits schmale Ränder
A.3. unkompliziert
    von Äußerlichkeiten
    unabhängig

   4. stillos, ohne Formgefühl
    kleinlich
   5. ungepflegt
G.3 Neigung zum Tagträumen
   4. geneigt, die Zeit sinnlos
    verstreichen zu lassen
G.4. wenig einteilungsfähig
    unüberlegt
F.3. sorglos
    gedankenlos
    nonchalant
   4. geschmacklos
    knickerig
M.3. direkt
   4. plump
    unhöflich
    aufdringlich
L.2. sparsam
    sachlich
    genau
   3. kleinkrämerisch
    Bevorzugung des Inhalts
    gegenüber der Form
   4. unermüdlich
    unklar über die eigenen
    Forderungen
    parasitär
allseits fehlende Ränder
G.4. mangelndes Formgefühl
L.2. sparsam
   4. geizig
oben breiter Rand
M.3. Respekt vor Höher-

gestellten
bescheiden, zurück-
haltend
subaltern
4. unterwürfig
untertänig
devot

Rand oben breit, unten schmal
M.4. »Radfahrernatur«, nach
oben dienend, nach unten
tretend

oben schmaler Rand
I.4. Hansdampf in allen
Gassen
aufdringlich, eitel
M.4. liebedienerisch nach oben
respektlos

unten breiter Rand
A.3. ängstlich zurückhaltend
I.4. überheblich
hochmütig
5. blasiert
M.2. taktvoll
rücksichtsvoll

3. distanziert gegenüber
Tiefergestellten

unten schmaler Rand
M.3. selbstvergessen
4. nach unten hin wenig
taktvoll und feinfühlig
stillos

*schmaler Rand bei großer
Schrift*
I.2. natürlich selbstsicher
W.2. nicht von Zweifeln
angekränkelt

*schmaler Rand bei besonders
kleiner Schrift*
A.2. bescheiden in der Lebensführung
L.2. sparsam
4. geizig

*vollgeschriebene Ränder bei
kleiner Schrift*
L.3. alles bis zum letzten aus-
schöpfend
4. sparsam bis geizig
pedantisch

Der Linksrand

Der *Linksrand* ist der *Anfangsrand,* daher gilt ihm die besondere Aufmerksamkeit. Der Schreiber achtet nämlich im allgemeinen am Anfang mehr darauf, welchen Eindruck er erweckt, als am Ende. Ein deutlicher, breiter Linksrand ist konventionell und daher diagnostisch bedeutungslos. Ist er jedoch unverhältnismäßig breit, so ist das ein Hinweis auf eine gewisse Egomanie des Schreibers. Ein sehr akkurat senkrecht angelegter Rand ist ein Indikator für Sorgfalt, Disziplin und Korrektheit; ob dabei eher moralische oder ästhetische Gesichtspunkte in den Vordergrund treten, müßte das übrige Schriftbild erweisen.

Ansonsten verrät ein breiter Linksrand Großzügigkeit, Verschwendungssucht oder Ungeduld, ein schmaler hingegen Vorsicht oder Mißtrauen. Bei der Deutung des Anfangsrandes sollte man berücksichtigen, daß seine Gestaltung von verschiedenen äußeren Umständen beeinflußt werden kann, daher müssen andere Merkmale und Strukturelemente die Aussage über den Linksrand immer bestätigen können.

Linksrand gerade und straff
- A.2. konventionell
  Übereinstimmung von
  Pflichtgefühl und
  Neigung
  äußerst pflichtbewußt
- 3. um einen guten und korrekten Eindruck bemüht
- 4. nur äußerlich korrekt
  ängstlich korrekt
- W.2. selbstdiszipliniert
  innerlich fest
- V.4. innerlich verspannt und
  neurotisch
- M.2. treu, loyal
- 4. die eigene Schwäche
  hinter einer Maske
  verbergend

breiter Linksrand
- A.2. vornehm tuend
  innerlich großzügig
  Neigung zur Repräsentation
- 3. kultiviert
  konventionell
  freizügig
  großmütig
- 4. zur Förmlichkeit
  tendierend
- I.4. anspruchsvoll
  großspurig
  geltungssüchtig
  prachtliebend
  angeberisch

- F.2. ästhetisch kompetent
  über Schönheitssinn verfügend
- M.2. großzügig
- 3. die Etikette respektierend
- M.4. vor den eigenen Problemen in Beziehungen zu
  andern Menschen flüchtend
  innerlich distanziert
  ohne tiefe Bindungen
- L.4. verschwenderisch

das gleiche bei kleiner Schrift
- I.4. vor den eigenen Problemen davonlaufend
  innerlich unruhig
  mit sich selbst unzufrieden

Linksrand mittelbreit
- A.3. gutes Auftreten
  konventionell
- G.2. einteilungsfähig
  Formsinn
- L.2. pünktlich
  ordentlich

Linksrand schmal
- A.3. maßvoll und bescheiden
- 4. ungepflegt
- 5. unkultiviert
- G.3. vorsichtig
  besonnen
- 4. den Inhalt höher achtend
  als die Form
- I.3. auf Sicherheit bedacht
- 4. egozentrisch

V.3. unbekümmert
kindlich
naiv, spontan
4. unreif
M.2. hingebungsfähig
taktvoll
3. anspruchslos
zurückhaltend
4. in der mitmenschlichen
Sphäre ängstlich
L.3. einsatzfreudig
sparsam
kleinlich
4. unentwickelter Formsinn
mangelndes Empfinden
für Raumeinteilung
gehöhlter Linksrand
W.4. die eigene innere Getrie-
benheit mit dem Willen
kontrollierend
Spätzünder
V.3. innerlich verspannt
gewölbter Linksrand
W.4. die eigene innere
Gehemmtheit mit dem
Willen kontrollierend
Spätzünder
F.3. voll inneren Unbehagens
*unregelmäßig schwankender
Linksrand*
A.3. unkonventionell
4. großzügig, nicht auf
Genauigkeit bedacht
W.3. sich selbst immer wieder
zur Ordnung rufend
I.4. rücksichtslos gegenüber
Konventionen
L.4. unfähig oder unwillig,
Ordnung zu halten

L.4. unpünktlich
wurstig, gleichgültig
Mangel an Form- und
Ordnungssinn
5. schlampig
Stufenrand
A.4. von allgemeinem Unbe-
hagen durchdrungen
sprunghaft, unstet
I.4. von Mißtrauen gegen sich
selbst befallen
Linksrand breiter werdend
G.4. inkonsequent
W.4. unbeherrscht
zur Haltlosigkeit neigend
F.3. lebhaft
impulsiv, begeisterungsfähig
4. hastig, ungeduldig
M.4. selbstvergessen
formlos im Umgang, spontan
L.4. zur Selbstüberschätzung
neigend
Linksrand schmaler werdend
G.3. besonnen
zu übertriebenen
Bedenken neigend
wachsam und vorsichtig
W.3. starke Tendenz zur
Selbstbeherrschung
F.3. Tendenz zur inneren
Öffnung
Neigung zu Besorgnis
und Angst
V.4. innerlich unfrei
M.4. gehemmt
mißtrauisch
L.2. vorsichtig
zu Bedenken neigend
3. peinlich genau

Der Rechtsrand

Am rechten Rand bricht der Bewegungsfluß des Schreibers ab. Dieser teils freiwillige, teils erzwungene Stopp findet, je nach individueller Disposition, früher oder später statt und ist Ausdruck des Freiheits- beziehungsweise des Sicherheitsbedürfnisses des Schreibers. Ein aktiver Mensch gestaltet den *Rechtsrand* freizügig und schwankend, ein passiver hingegen peinlich genau.

Ein »eingequetschter« Rechtsrand ist ein Indikator dafür, daß der Schreiber mit der Realität nicht umzugehen weiß. Die Merkmale des Rechtsrandes weisen in erster Linie auf das Verhältnis des Individuums zur Form und zu seinen inneren Antrieben hin, aber auch auf den Grad seiner Hinwendung an die Umwelt. Ein breiter Rechtsrand läßt auf Ängste im zwischenmenschlichen Bereich schließen und ist zugleich Ausdruck der Unfähigkeit, eine einmal begonnene Arbeit auch konsequent bis zum Ende durchzuführen.

Rechtsrand breit
- A.2. eigenständig
  freiheitsliebend
- G.2. Formgefühl
- W.2. selbstbeherrscht
- 4. entschlußschwach
  nicht durchsetzungsfähig
- I.3. verschlossen
  Mangel an Selbstvertrauen
- F.2. geschmackvoll
- V.3. ängstlich
  von Lebensangst befallen
- M.3. vorsichtig distanziert
- 4. kontaktlos
  gehemmt
  im sozialen Umgang
  scheu
- L.3. verantwortungsbewußt
  gegenüber größeren Aufgaben verzagt

Rechtsrand breit und regelmäßig

- G.2. fähig, eine Situation rasch
  zu durchschauen
- 3. Form- und Raumgefühl
- W.2. Körperbeherrschung
- 3. willensstark
- F.2. apart
  kunstgewerblich begabt
- L.2. betont individualistisch

Rechtsrand breit und rhythmisch
- W.4. wenig ausdauernd
  vor der letzten Konsequenz zurückscheuend
- F.4. ängstlich
- M.3. zurückhaltend
- 4. im zwischenmenschlichen Bereich ängstlich
- L.4. ohne Ausdauer

Rechtsrand breit und unregelmäßig
- G.4. unfähig, sich die Dinge
  richtig einzuteilen
- V.4. unruhig
  reise- und wanderlustig

*Rechtsrand breit und unrhyth-
misch*
M.3. vorsichtig
   4. beziehungsgestört
      im zwischenmenschli-
      chen Bereich ängstlich
W.4. vor der letzten Konse-
      quenz zurückscheuend
Rechtsrand mittelbreit
F.3. Raumgefühl
L.3. vorsichtig
Rechtsrand schmal
G.4. unfähig, sich die Dinge
      richtig einzuteilen
      unüberlegt
W.3. mutig, draufgängerisch
I.4. Neigung zur Selbstauf-
      gabe
V.4. unvorsichtig, übereilt
      geneigt, die eigene Angst
      zu kompensieren
      vorwärtsdrängend
M.3. sehr mitteilungsbedürftig
      soziabel
   4. umweltabhängig
      distanzlos
   5. unbeherrscht
      rücksichtslos
L.2. hingabefähig
*Rechtsrand schmal und rhyth-
misch*
M.3. lebensnah, umweltver-
      bunden
   4. mitteilsam
*Rechtsrand schmal und
unrhythmisch*
W.4. herrschsüchtig
I.4. geizig
L.4. auf den persönlichen Vor-

teil bedacht
Rechtsrand bedrängt
G.4. unfähig, richtig zu dispo-
      nieren
      kurzsichtig
W.4 übertrieben leistungswillig
V.4. erschöpft, unzufrieden
M.4. mit den Lebensanforde-
      rungen kämpfend
      immer knapp bei Kasse
L.4. unfähig, eine Sache abzu-
      schließen
*unregelmäßig schwankender
Rechtsrand*
G.4. unfähig zur Einteilung
      und Planung
      Mangel an Übersicht und
      ökonomischem Sinn
Rechtsrand breiter werdend
W.4. eigenwillig
      nicht ausdauernd genug
I.4. betont distanziert
V.4. ohne Mut zum Risiko
      von bereits überwunden
      geglaubten Hemmungen
      überschattet
      zunehmende Ängstlichkeit
      von Lebensangst befallen
M.3. die eigene ursprüngliche
      Umweltzuwendung be-
      wußt korrigierend
L.4. unfähig, Vorsätze einzu-
      halten
Rechtsrand schmaler werdend
W.4. unfähig, eine angestrebte
      Form einzuhalten
F.3. nur langsam auftauend
   4. ästhetische Gesichts-
      punkte hintanstellend

M.2. hingebungsvoll, selbst-	aufnahme im zwischen-
vergessen	menschlichen Kontakt
3. langsam in der Kontakt-	am Anfang scheu

Die Gliederung

Ränder und *Raumverteilung* erschöpfen die graphologischen Möglichkeiten der Deutung noch nicht, vielmehr bleibt die Gesamtheit des Textbildes in seiner *Gliederung* zu analysieren. Unter *Gliederung* versteht man die Unterteilung des Textganzen in Einzelteile. Wort-, Zeilen- und Randabstände sind strenggenommen nur Unterformen einer räumlichen Gliederung, die aus dem Bedürfnis erwächst, klare Abgrenzungen vorzunehmen und neue Gedanken zu kennzeichnen. Die Gliederung eines Textes hat also den Zweck, inhaltliche Differenzierungen auch optisch sichtbar zu machen. Sie verrät daher entweder begriffliches Unterscheidungsvermögen, Streben nach Klarheit und Übersicht, Organisationstalent, Distanz-, und Formgefühl oder aber Erstarrung, Bürokratismus, Formalismus und Pedanterie.

Wirkt die räumliche Strukturierung eines Textes gelungen oder nur wenig gestört, dann läßt sich daraus mit großer Sicherheit auf eine ausgereifte, in sich ruhende Persönlichkeit schließen, die in sich gefestigt und gegen Störungen von außen weitgehend gefeit ist. Ist die Gesamtgliederung hingegen sehr kleinlich und eng, so drückt sich darin eine ängstliche Abwehrhaltung aus. Wenn wegen der Unzulänglichkeit der Schriftprobe das Gliederungsmerkmal nicht wirklich kenntlich ist, geht dem Schriftpsychologen unter Umständen ein wichtiger Deutungsfaktor verloren, und er sollte in seinem Gutachten entsprechende Einschränkungen machen, zumal er dann auch nicht über genügend detaillierte Informationen hinsichtlich der übrigen Raumdeutungsmerkmale verfügt.

gute Gliederung

A.2. souverän im Auftreten	G.2. systematisch und rationell
aristokratisches Lebens-	geistige Ordnungsprinzi-
gefühl	pien anerkennend
4. individualistische	zur Lebensplanung bereit
Tendenzen	intellektuell und
G.2. beruflich wie privat	ästhetisch zur Ordnung
umsichtig organisiert	neigend
	4. Tendenz zum Intellektua-

lismus
dogmatisch
W.3. Ordnung über Spontaneität stellend
   4. prinzipienabhängig
I.4. machtstrebend
das eigene Ich durch Di-
stanziertheit schützend
I.4. geltungssüchtig
auf neurotische Selbst-
beobachtung fixiert
   5. vollkommen weltfremd
V.2. gefühls- und instinktsicher
   3. wenig spontan
unabhängig von der Um-
welt und von Gefühlen
   4. lebensüberdrüssig
M.4. kontaktarm, scheu
gehemmt
kühl
innerlich einsam
infolge der eigenen
Distanziertheit isoliert
   5. ressentimentgeladen
blasiert, unnahbar
hilflos
Gliederung ebenmäßig
A.2. innerlich ausgeglichen
harmonisch
innerlich ruhig
rhythmische Gliederung
A.2. reif
G.2. mit sich im reinen
ausdrucksfähig
V.2. innerlich ausgewogen
normale Gliederung
A.2. fähig, Erfahrungen und
Gedankengut klar zu

A.2. vermitteln
in klaren und geordneten
Verhältnissen lebend
unkomplizierter und auf-
rechter Mensch
(bei Regelmaß)
G.2. klar denkend
ordnungsliebend
nach Übersicht strebend
differenzierungsfähig
betont weite Gliederung
A.2. großzügig
G.2. weitblickend
fähig, sich die Dinge
richtig einzuteilen
   3. offen
übermäßig bewußt
W.2. unternehmend, initiativ
   3. Ordnung als Selbstzweck
betrachtend
I.2. äußerst anspruchsvoll
   3. patriarchalisch
von aristokratischem Le-
bensgefühl durchdrungen
nach Selbständigkeit
strebend
   4. einen großen Lebensraum
beanspruchend
nach Macht strebend
expansiv
schematische Gliederung
A.3. ordnungs- und norm-
gebunden
G.4. ohne eigene Meinung
W.4. subaltern
blind gehorsam
I.4. unselbständig
V.4. stur, stumpf
M.3. konventionsgebunden

4. Herdennatur
L.4. bürokratisch
der äußeren Form ver-
haftet
Binnengliederung
A.3. Vorliebe für äußere
Korrektheit
G.2. ordnender Geist
G.2. analytischer Kopf
3. deutlich im Ausdruck
klar im Denken
4. zum formalistischen
Denken neigend
W.3. moralisch (bei schulmäßi-
ger Bindung)
I.4. Großzügigkeit vortäu-
schend
M.3. Furcht, mißverstanden zu
werden
nur gelegentlich auffallende
Binnengliederung
A.3. partielle Korrektheit

G.4. unfähig, das Wesentliche
vom Unwesentlichen zu
unterscheiden
enger geistiger Horizont
L.4. pedantisch
sehr deutliche Absatzgliederung
A.3. Wert legen auf äußere
Form
apart
G.2. in fest umrissenen Sinn-
zusammenhängen denkend
3. feines Empfinden für
Zusammengehöriges
Bedürfnis nach Über-
sicht, Ordnung und
System
4. Tendenz, Zusammen-
gehöriges aus bloßem
Systematisierungsdrang
auseinanderzureißen
L.4. Neigung zu leerem
Schematismus

Die Ungliederung

Ungegliedert schreibt, wer sich vom geistigen Ordnungsfaktor löst.
Solche Menschen neigen zum Improvisieren und zu Kontaktfreudigkeit, aber auch zu Unklarheit oder Aufdringlichkeit. Ihnen fehlt es
vor allem an Weitblick; die subjektive Einstellung herrscht vor, das
persönliche Gefühl spielt eine viel stärkere Rolle als der mäßigende
Verstand. Folge davon können Unmittelbarkeit und Impulsivität,
aber auch Taktlosigkeit sein.

Wer den Raum ungegliedert vollschreibt, legt auch im sonstigen
Leben gegenüber seiner Umwelt eine (manchmal erfrischende)
Gleichgültigkeit an den Tag. Ein solcher Charakter nimmt es nicht so
genau, er lebt in den Tag hinein, oder er ist ein Stürmer und Dränger,
das Enfant terrible oder der Chaote, der auf allen Hochzeiten
gleichzeitig tanzen will. Die Lösung vom Ordnungsprinzip hat
sowohl ästhetische wie auch ethische, geistige und gesellschaftliche
Implikationen.

ungegliedert
A.3. lebensnah
G.3. Eindrucksgedächtnis
Augenmensch
situationsverhaftet im
Denken
4. nicht zur Lebensplanung
bereit
zu Gefühlsurteilen
neigend
unfähig, Wesentliches
von Umwesentlichem zu
unterscheiden
chaotisch
ohne Überblick
einsichtslos
zu irrationalen Urteilen
neigend
unselbständig im Urteil
5. verwirrt, blind
verrannt, von fixen Ideen
besessen
F.3. subjektives Erleben über
die allgemeinen Ordnun-
gen stellend
V.3. instinktsicher
Augenblicksmensch
4. leichtes Opfer des
Massenwahns
an unbewußte Kräfte
fixiert
im Kollektiv verhaftet
5. innerlich unfrei
M.3. von der Mehrheits-
meinung abhängig
kontaktfähig wegen
geringer Distanziertheit

M.3. von starkem Gemein-
schaftsgefühl durch-
drungen
solidarisch
Familiensinn
spontan kontaktfähig
kumpelhaft
4. unfähig, allein zu sein
umweltabhängig
neugierig
5. aufdringlich
distanzlos
taktlos
unrhythmisch gegliedert
G.4. Neigung zum Intellektualismus
I.4. Hang zur Selbstbeobachtung
V.4. ohne innere Balance
grüblerisch
neurotisch
5. entwurzelt
M.4. wenig spontan
menschenscheu
Gliederung unebenmäßig
(Sandbänke)
I.4. ungefestigter Ich-Kern
irritierbar, leicht störbar
F.4. Eindrücken wehrlos ausgeliefert
Binnenlücken (Abstand im Wort
größer als zwischen den
Wörtern)
A.4. Mangel an innerer
Harmonie
M.4. kontaktarm
F.4. überempfindlich, sensibel

Die Raumverteilung

Der *Gliederung* verwandt, aber nicht damit deckungsgleich, ist die *Raumverteilung*. Während die *Gliederung* primär Auskunft über die Verstandeskräfte des Schreibers gibt, kommen in der *Raumverteilung* seine seelische Gestimmtheit und sein Temperament zum Ausdruck. Unter diesem Gesichtspunkt betrachtet, hat sie deshalb einen eindeutig ästhetischen Akzent. Die Raumverteilung reflektiert aber auch den Grad der inneren Ausgewogenheit eines Menschen. Manchen Menschen ist diese Ausgeglichenheit in den Schoß gelegt, andere streben sie unter Mühen an, und wieder andere bemühen sich erst gar nicht darum, weil sie dieses Ziel für unerreichbar halten. Dann herrscht Willkür vor.

Die Deutungsmöglichkeiten der Raumverteilung reichen von der Reife und Geschlossenheit der Persönlichkeit über das Bedürfnis nach Stil und Ausschmückung bis hin zur Ablehnung alles Uniformen und zum Protest gegen alles Konventionelle.

ausgewogene Raumverteilung

A.1. reif und in sich ruhend
fähig, den eigenen Lebensraum in angemessener Weise auszufüllen
2. in geordneten, stabilen Verhältnissen lebend
in gewachsener Harmonie lebend
die eigenen Erfahrungen verantwortungsbewußt verarbeitend
3. nach außen hin ausgewogen und gelassen
stilvoll
Ästhet
G.3. einsichtig
zur intellektuellen Kompensation seelischer Störungen neigend
W.1. kreativ
überzeugungsfähig

W.2. an sich selbst arbeitend
3. durchsetzungsfähig
kulturelle Überformung vitaler Unzulänglichkeiten
F.2. stilvoll
Sinn für das Dekorative
Geschmacks- und Schönheitssinn
natürlicher Sinn für Harmonie
V.3. zur Verdrängung störender Gefühle neigend
ziellos, gleichgültig
innerlich im Gleichgewicht

willkürliche Raumverteilung

A.3. betont salopp
unordentlich und ohne Linie
5. unerzogen
G.4. ohne Übersicht

G.5. verwirrt
  konfus
W.4. eigenwillig
  5. mutwillig
  willkürlich
I.4. die eigene Besonderheit
  zur Schau stellend
  von dem Wunsch
  besessen aufzufallen
  exzentrisch
F.4. Bohèmenatur
V.3. Stürmer und Dränger
  4. grob und plump
  ungeschliffen
  5. alle Fesseln sprengend
M.3. gegen die Einengung
  durch Gesellschaft, Sitte
  und Konvention
  protestierend
  4. launenhaft
  5. taktlos, distanzlos
  rücksichtslos
  Elefant im Porzellanladen
  sich in der Rolle des
  Enfant terrible gefallend
räumliches Durcheinander
A.3. nonchalant
  4. unordentlich
  5. zuchtlos
  liederlich
G.4. ohne Übersicht
  verwirrt, konfus
V.5. haltlos
M.3. zwanglos
  4. gleichgültig
  5. taktlos
L.4. lässig
  5. nachlässig

Raumverteilung unausgeprägt
A.4. Fehlen einer den Lebens-
  raum prägenden Eigen-
  gesetzlichkeit
V.4. im Kollektiv verhaftet
  5. chaotisch
M.4. in Ermangelung eigener
  Kräfte sich der Mehrheit
  anpassend
Anfüllen des Raumes mit
Verhäkelungen
A.4. gleichgültig gegenüber
  der äußeren Form und
  Erscheinung
W.3. unbeschwert
M.3. natürlich
  erfrischend gleichgültig
L.4. legere Arbeitsauffassung
Raum schlecht gefüllt
A.4. Mangel an innerer
  Geschlossenheit
G.4. unstet
L.4. Quartalarbeiter
dichtes Schriftbild
A.3. naive oder primitive Ein-
  heitlichkeit der Person
  psychisch ausgeglichen
  gelassen
G.3. anschaulich im Denken
Leere des Schriftbildes
F.4. weltfremd
V.4. von Lebensangst durch-
  drungen
M.4. schüchtern
L.4. desorientiert

3. Das Formbild

Das Regelmaß

Eine Handschrift wird als regelmäßig bezeichnet, wenn sie innerhalb
der einzelnen Merkmalgruppen nur geringe Schwankungen aufweist.
Solche Merkmale sind: *Lage, Größe, Weite, Druck* und *Zeilenfüh-*
rung, wobei für die Deutung der *Neigungswinkel der Mittel-* und
Langlänge entscheidend ist. Ein in sich ausgewogenes Schriftbild
bezeichnet man als *ebenmäßig; regelmäßig* nennt man hingegen
einen motorisch-monoton getakteten Schreibablauf. Die Lebendigkeit der Bewegung tritt dabei zugunsten einer maschinengleichen,
zwanghaften Bewegung zurück. Damit ist das *Regelmaß* eindeutig
ein Merkmal, das dem ordnenden Willen untersteht. Was unüber-
sichtlich ist, soll durch eine *Regel* überschaubar gemacht werden, um
es in ein System, eine brauchbare Ordnung zu bringen.

Regelmaß bedeutet auch, sich bereitwillig einer Regel zu unterwer-
fen, die dazu dient, ein ganz bestimmtes Ziel zu erreichen. Solche
Ziele können sowohl moralisch-ethischer Natur sein als auch Resultat des Wunsches nach Unauffälligkeit und Uniformität durch Anpassung an das Vorgeschriebene.

Ein Schreiber kann aber auch seine Antriebskräfte bewußt zurück-
halten, um damit an Ausdauer zu gewinnen. Je maskenhafter die
Regelmäßigkeit wirkt, desto eher will der Schreiber sein wahres Ich

dahinter verbergen. Das *Regelmaß* ist ein Schutzschild, hinter dem sich ein namenloses Nichts ebenso verbergen kann wie eine nur momentan schwache Position. In jedem Fall aber liegt einem solchen Schreibstil eine Willenstendenz zugrunde, die typisch für den Gesamtcharakter ist. Ob das Ordnungs- oder Willensprinzip hierbei den Vorrang hat, wird aus den begleitenden Merkmalen ersichtlich. Generell gesehen ist das *Regelmaß* ein brauchbares Stützkorsett für schwache Naturen und ein Hinweis auf einen – wenigstens passiv – starken Willen. Auch sogenannte *Skript-* und *Zuchtschriften* fallen unter die Kategorie *Regelmaß;* ausgeprägte Schönschriften (so zum Beispiel die Kalligraphie früherer Schreibmeister) sind hingegen nicht deutbar.

A. *allgemeines Verhalten*
2. bereit, sich Regeln unterzuordnen
   anpassungsbereit
   ordnungsliebend
3. Gewohnheitsmensch
   eingefahren
   konventionsgebunden
   geradlinig
   der bürgerlichen Moral verpflichtet
   moralisch
   uniform
4. unergiebig
   die eigene Unauffälligkeit
   berechnend einsetzend
G. *geistige Fähigkeiten*
2. wach
3. Empfinden für Ästhetik
   Sinn für Schicklichkeit
   folgerichtig denkend
   lernwillig
   nüchtern
4. einseitig
   eingleisig

W. *Willensbereich*
1. allgemein willensstark
   bereit, sich einem Ideal zu
   unterstellen
2. Dominanz des Willens über
   das Gemüt
   dominierendes Über-Ich
   selbstdiszipliniert
   widerstandsfähig
3. fähig, sich zusammenzunehmen
   ausdauernd
   konsequent
   stetig, beharrlich
   beständig
   gewissenhaft
   verantwortungsbewußt
   nervenstark
4. die eigene Willensstärke
   überschätzend
   starr an Sitte und Gewohnheit festhaltend
   stur
   unnatürlich

I. *Ich-Bereich*
2. persönliche Erwägungen
allgemeinen Normen unter-
ordnend
an allgemeinen Normen
Halt suchend
Exponiertheit fürchtend
selbstdiszipliniert
Moralist

F. *Fühlen, Gemüt*
4. langweilig
unreif
unnatürlich
gefühlsarm, kalt
ängstlich, kleinlich
gehemmt, unlebendig
verknöchert

V. *Vitalbereich*
1. innerlich fest
unerschütterlich
durchhaltefähig
2. dem Höheren verschrieben
3. undifferenziert
antriebsschwach
unlebendig
4. innerlich verspannt
innerlich gezwungen
Massenmensch
neurotisch
zu Verdrängung und Angst
neigend
5. innerlich starr
unreif, banal

M. *mitmenschlicher Bereich*
2. bereit, sich dem Partner
anzupassen
gehorsam
brav
rücksichtsvoll

2. solidarisch
3. bereit zur Unterordnung
subaltern
anpassungswillig
duckmäuserisch
konfliktscheu
uniform
4. zur Verstellung neigend
anpasserisch
spießig
gleichgültig
in seelischer Monotonie
dahinlebend
langweilig
undifferenziert
banal
5. scheinheilig
tarnende Fassade
doppelte Moral

L. *Leistungsbild*
2. verantwortungsbewußt
sauber
ordentlich
stabil
pflichtbewußt
zuverlässig
leistungsfähig
3. genau in der Befolgung von
Vorschriften
verläßlich
stetig
ausdauernd
haushälterisch mit den
eigenen Kräften
4. roboterhaft
profillos
durchschnittlich
stereotyp
Gewohnheitstier

4. eingefahren
   verantwortungsscheu
   schablonenhaft
   schematisch
   unwillig, alte Gleise zu verlassen
   Prinzipienreiter
   perfektionistisch
   kleinlich, pedantisch
Störungen durch Größen-
schwankungen
I.4. gestörtes Selbstwertgefühl
V.3. impulsiv
4. zu kurzfristigen Gefühlsaufwallungen neigend
M.4. im zwischenmensch-
   lichen Bereich unaus-
   geglichen
F.4. zwischen Spontaneität
   und Zurückhaltung
   schwankend
S. *Sonderformen*
erstarrte Regelmäßigkeit
A.4. fassadenhaft
W.4. einseitig willensbetont
F.4. infolge starren Fest-
   haltens an Sitte und
   Gewohnheit für Neues
   unempfänglich
V.4. verkrampft
   neurotisch
   gezwungen
Zuchtschriften
A.4. unfähig, sich auszu-
   drücken
   die eigene Individualität
   verbergend
   getarnt aggressiv

V.4. innerlich unsicher
I.4. um gute Wirkung bemüht
manierierte Schrift
W.4. streberisch
   im falschen Sinne ehr-
   geizig
M.4. unfähig, Kritik zu
   ertragen
stilisierte Schrift (auch Skript-
schrift)
A.3. *ästhetisch orientiert*
4. *Format vortäuschend*
   die eigene Durchschnitt-
   lichkeit leugnend
M.4. *heuchlerisch*
Regelmaß wechselt mit
Unregelmaß
G.3. unfähig, aus Erfahrungen
   zu lernen
   unbelehrbar
W.4. mangelnde Koordination
   von Wille und Gefühl
Störungen infolge Neigungs-
schwankungen
A.4. unfertig
G.4. von widersprüchlichen
   Interessen geprägt
M.4. schwankende Kontakt-
   bereitschaft
Störungen infolge schwanken-
der Zeilen
F.4. stimmungslabil
W.4. in den Zielvorstellungen
   unsicher

Das Unregelmaß

War beim *Regelmaß* der Wille der bestimmende Faktor, so ist es beim *Unregelmaß* das Gefühl. Unregelmaß tritt auf, wenn die zügelnden psychischen Kräfte fehlen und die Antriebe sich mehr oder weniger ungehindert entfalten können. Solche Schreiber möchten ihre Impulse ungefiltert verwirklichen. Sie lehnen alles ab, was nach Gleichmacherei aussieht, und wollen ihre Neigungen und Wünsche ganz frei ausleben, auch wenn sie dabei Gefahr laufen, die Grenzen der Freiheit nach dieser oder jener Seite hin einmal zu überschreiten. Im allgemeinen sind sie starke Individualisten.

Unregelmaß drückt sich graphisch vor allem in *Schwankungen der Lage, Größe, Weite*, des *Druckes* und der *Zeilenführung* aus. Kommt es zum Schwanken aller Schriftelemente bei einer deutlichen Schwächung der Steuerungstendenzen, so sinkt automatisch auch die *Formhöhe* der betreffenden Schrift ab. Weniger das Überwuchern des Gefühls als vielmehr das Fehlen des eingreifbereiten Willens kennzeichnen das Unregelmaß.

A. *allgemeines Verhalten*	4. unharmonisch
1. individualistisch	unausgeglichen
originell	unstet
künstlerisch kreativ	Abwechslung suchend
2. freiheitsliebend	labil
frisch, lebendig	5. Enfant terrible
gewollt originell	G. *geistige Fähigkeiten*
impulsiv	2. vielseitig und vielfältig
3. nach eigener Form	interessiert
suchend	spontan

4. unkonzentriert
ablenkbar
unkontrolliert

W. *Willensbereich*

3. unkonventionell
durchsetzungsfähig mit
Hilfe strategischer Mittel

4. inkonsequent
wenig ausdauernd
unbeständig
innerlich unstabil
mangelnde Selbstbeherr-
schung
unentschieden, unent-
schlossen
wankelmütig, labil
ziellos

5. zuchtlos
haltlos
im Verhalten willkürlich

I. *Ich-Bereich*

2. um Selbstverwirklichung
kämpfend
individualistisch
unbeschwert selbstbewußt

4. im Selbstwertgefühl
schwankend
innerlich haltlos
uneingestandenen Fehl-
haltungen verhaftet
subjektivistisch

F. *Fühlen, Gemüt*

1. innerlich reich

2. gemütvoll
lebhaft, aufgeschlossen

3. sensibel
gefühlsbestimmt
stimmungsabhängig
leidenschaftlich

4. reizbar
zu Gefühlsaufwallungen
neigend
ängstlich, verkrampft

V. *Vitalbereich*

1. von ursprünglicher Kraft
urwüchsig

4. unruhig
heftig, reizbar
den eigenen Emotionen
ausgeliefert
unbezähmbar

5. maßlos, ungezügelt
innerlich zerrissen

M. *mitmenschlicher Bereich*

2. lebensfähig
beweglich, agil

4. emotional unstet
anpassungsunwillig
launisch
sozial unzuverlässig
verführbar

5. nicht zur Anpassung bereit
unberechenbar
antibürgerlich

L. *Leistungsbild*

2. umstellungsfähig
freiheitsliebend
nach Unabhängigkeit
strebend
gewollt originell
jegliche Routine ablehnend

3. nicht bereit, sich unterzuordnen
nonchalant

4. unbekümmert, nachlässig
leistungsschwach
unordentlich
Abwechslung suchend

4. Mangel an Pflicht-
   bewußtsein
   jeden Zwang ablehnend
   opponierend, widerspenstig
   wurstig, verschlampt
5. unzuverlässig
   Gesetz und Normen
   ablehnend
   unberechenbar
   revolutionär
   anarchistisch, chaotisch

S. *Sonderformen*
   starkes Unregelmaß
   A.4. pubertär
   W.5. zuchtlos
   V.4. von widersprüchlichen
         Trieben beherrscht
         völlig ohne innere
         Bindungen
   F.4. launenhaft

Die Bereicherung

Man nennt solche Schriften *bereichert,* die mit Zutaten versehen sind, die über die Schulvorlage hinausgehen. Der hierzu notwendige Bewegungsreichtum führt leicht auch zu einer *formalen Bereicherung.* Meist macht sie sich bei den großen Anfangsbuchstaben bemerkbar. Die reichhaltigen, vielfältigen Bewegungen sind Ausdruck ebenso reichhaltiger und vielfältiger psychischer Lebensäußerungen. Eine derartige Opulenz kann jedoch sehr unterschiedlich motiviert sein. Häufig ist sie ein Beleg dafür, daß der Schreiber dem Einzelnen und Nebensächlichen mehr Wert beimißt als dem Ganzen. Er kann nicht klar zwischen Wesentlichem und Unwesentlichem unterscheiden, weshalb das Unwesentliche unangemessen in den Vordergrund tritt und eine zu ausführliche Behandlung erfährt. Einer solchen Ausschmückung der Nebenteile liegt jedoch häufig auch der Wunsch zugrunde aufzufallen. In einem solchen Fall handelt es sich dann um reine Protzsucht und Angeberei. Gleichzeitig aber kann die anspruchsvolle Fassade die dahinterstehende Leere nur verdecken wollen.

Die beiden möglichen Ursachen der *Bereicherung* verlangen zwei verschiedene Deutungsansätze. Nicht selten ist sie nur eitle Verschnörkelung, das heißt individuelle, gelegentlich sogar originelle Spielerei, oder sie ist gestaltet und stellt dann eine formale Überhöhung des Bewegungszuges dar, wobei der Grad der individuellen Gestaltung den Maßstab für die Begabung abgibt.

Die reichere Form verrät jedenfalls das größere Maß an Vorstellungsgabe und -kraft. Sie ist nicht so sehr ein Ausdruck eines geschliffenen analytischen Denkvermögens als vielmehr der gedanklichen Anschauungsfülle. Auf der Verhaltensebene deutet sie auf eine buntschillernde Vielfalt hin. Im übrigen zeigt sich in ihr die Freude an der Vielgestaltigkeit des Lebens. Menschen dieses Schlages geben der Fülle des Konkreten gegenüber der Armut des Abstrakten entschieden den Vorteil. Schließlich ist die *Bereicherung* häufig ein Indiz für ein sicheres Form- und Raumgefühl sowie für bildnerische und konstruktive Neigungen.

Überwiegend negativ zu bewerten ist die *ungestaltete Bereicherung,* die tendenziell eine Entartung darstellt und Gefallsucht, Eitelkeit, Effekthascherei, Weitschweifigkeit oder gar Unsachlichkeit verrät. Schreiber bereicherter Schriften haben meist auch eine bereicherte Sprechweise, sind phantasievoll und allem Nüchternen und Zweckmäßigen feind.

A. *allgemeines Verhalten*
1. Lebenskünstler
   optimistisch
   nach Vervollkommnung
   strebend
2. ästhetisch orientiert
   Sinn für Repräsentation und Kultur
   ausdrucksfähig
   dem Dekorativen zugetan
3. anregbar
   lebendig, munter
   innerlich vielschichtig
   ausdrucksfähig
4. dem Nebensächlichen
   verhaftet

4. theatralisch
   schmuckliebend
   eitel
   unrationelle Lebensform
5. protzend
   prunkliebend
   geschmacksverwirrt
   geschmacklos
G. *geistige Fähigkeiten*
1. ideenreich
   mit Intuition
   ausgestattet
   anschaulich im Denken
2. phantasievoll
   kreativ
   Fabuliergabe

3. über Raum- und Form-
   gefühl verfügend
   stilvoll
   verständnisvoll
   offen im Denken
4. unfähig, zur Sache zu
   kommen
   weitschweifig
   phrasenhaft
   unkonzentriert
   subjektivistisch im Urteil
   unrealistisch, versponnen
   von den eigenen Vorstel-
   lungsbildern geblendet
   zur Überschätzung von Nebensächlichkeiten neigend
   unfähig, den Kern der Sache
   zu erfassen
5. von fixen Ideen besessen
   unter Einbildungen leidend
   versponnen

W. *Willensbereich*
2. dynamisch
   fleißig
4. sich selbst überfordernd
   unsicher
   willensschwach
   unbeherrscht

I. *Ich-Bereich*
1. die eigene Persönlichkeitsentwicklung vorantreibend
   fähig, Qualität zu erkennen
2. klug in der Lebensplanung
3. zur Überschätzung von
   Äußerlichkeiten neigend
   bemüht, im Vordergrund zu
   stehen
   zur Selbstdarstellung
   neigend

4. eitel
   subjektivistisch
   narzißtisch
   selbstgefällig
   wichtigtuerisch
   großspurig, übertreibend
   anspruchsvoll
   unsachlich
   sich selbst im Wege stehend
5. prahlerisch, renommier-
   süchtig
   Parvenü

F. *Fühlen, Gemüt*
2. Lebensfreude ausstrahlend
   beweglich
   für Schönheit empfänglich,
   kreativ
   unstet
3. gefühlvoll
   lebhaft
   emotional überströmend
4. mit Gefühlen egoistisch
   Hang zum Luxus
   Liebe zum Überfluß

V. *Vitalbereich*
2. Lebensdrang
   psychisch beweglich
3. innerlich gebrochen
   unter verdrängten Trieb-
   wünschen leidend
   verletzbar
   zu Komplexen neigend
5. zu kriminellen Handlungen
   neigend

M. *mitmenschlicher Bereich*
2. komödiantisch
   spontan
3. konventionell
   redselig

3. um Originalität bemüht
4. Hansdampf in allen Gassen
   geschwätzig
   ständig bemüht aufzufallen
   kokettierend
   gefallsüchtig
   aufdringlich
   undiszipliniert
   verschroben
5. verstiegen, versponnen
   geheimniskrämerisch
L. *Leistungsbild*
1. organisationsfreudig
   gestaltungsfreudig
2. aktiv
   produktiv
   beweglich
3. am Detail interessiert
   souverän im Umgang mit
   Menschen
4. neuerungssüchtig
   psychisch unflexibel
   kleinkrämerisch
   konfliktscheu
   unfähig, ein Ende zu finden
   unrationell

4. umständlich
   zu Übertreibungen neigend
   weitschweifig
   zu theatralischen »Zusam-
   menbrüchen« neigend
5. von Erfinderwahn besessen
   betrügerisch
S. *Sonderformen*
   einzelne Bereicherungen,
   vor allem in der Mittelzone
   (Einrollungen)
   G.3. verantwortungsbewußt
      im Denken
   4. verbohrt
   W.4. subjektivistisch, recht-
      haberisch
      eigensinnig
   M.5. unaufrichtig
   I.4. narzißtisch
   überbetonte Formen, Krallen-
   züge, Einrollungen
   A.4. um Eindruck bemüht
      zur Verstellung neigend
      heuchlerisch, scheinheilig
   M.4. unglaubwürdig
   5. unzuverlässig

Vereinfachung und Vernachlässigung

Wenn ein Schreiber alle Schriftzüge auf ein Mindestmaß verkürzt, alles Überflüssige abstreift und auf ein möglichst kurzes, vielleicht gerade noch lesbares Maß reduziert, dann sprechen wir von *Vereinfachung*. Geschieht das aber aus Nachlässigkeit und sind die Verknappungszüge ungestaltet, dann handelt es sich um echte *Vernachlässigung*. Beide Erscheinungen haben eine gemeinsame Wurzel.

Wer sein Schriftbild bewußt vereinfacht, kann das aus verschiedenen Gründen tun. Einmal kann er Energie sparen und sich nicht unnötig verausgaben wollen, er kann aber auch den kürzesten Weg suchen und sich auf das Wesentliche beschränken wollen. Ein solcher

Mensch versucht in der Regel, sich klar und eindeutig zu äußern und verzichtet deswegen auf alle Nebensächlichkeiten.

Hauptkriterium der *Vereinfachung* ist aber das Weglassen der unwesentlichen beziehungsweise das Herausarbeiten der wesentlichen Züge. Diese Stilmittel verraten in erster Linie Abstraktionsfähigkeit und Prägnanz im Ausdruck. Auf der Ebene des Handelns richten sich solche Schreiber im allgemeinen ziemlich genau nach bestimmten Prinzipien. Verkürzungen lassen aber auch auf die Fähigkeit schließen, Sachverhalte sehr rasch in ihrem Gesamtzusammenhang zu erkennen.

Ein Übermaß an Verkürzung und das Fortlassen wesentlicher Buchstabenteile hingegen stellt eine *Vernachlässigung* dar; sie beeinträchtigt die Lesbarkeit und zeigt einen Mangel an Zielbestimmtheit sowie Unverläßlichkeit an. Auch Ungenauigkeit, Unpünktlichkeit und Vertuschungstendenzen liegen bei einem derartigen Schriftbild nahe. Wer *vernachlässigt*, ist auch im übrigen Leben flüchtig, übereilt und oberflächlich, unter Umständen auch kraftlos und undurchschaubar. Er nimmt wenig Rücksicht auf den jeweiligen Leser, will nur schnell fertig werden und kümmert sich dabei wenig um Details oder die angemessene Form. *Vereinfachungen* hingegen offenbaren den Drang, die Vielfalt der Formen auf ihre wesentlichen Züge zu reduzieren, und weisen derart auf ein ausgeprägt rationales, direkt zupackendes und zweckorientiertes Denken. In diesem Zusammenhang sei noch darauf verwiesen, daß auch die *typographischen* Formen in den Bereich der *Vereinfachung* gehören.

A. *allgemeines Verhalten*
1. fähig, den Kern der Sache zu sehen
großzügig, genialisch
2. modern, sachlich
3. realistisch
hart
schlicht, einfach
unproblematisch
genügsam
unauffällig
anspruchslos
zurückhaltend
zweckorientiert
4. utilitaristisch
weltabgewandt
gleichgültig gegenüber der äußeren Erscheinung
Mangel an Formgefühl
5. vieldeutig
gewissenlos
rücksichtslos unbekümmert
verschlagen

G. *geistige Fähigkeiten*
1. genialisch
prägnant im Ausdruck
geistig reaktionsschnell
2. das Wesentliche erfassend
direkt
rasche Auffassungsgabe
geistig sehr gewandt
geistig selbständig und eigenwillig
ordentlich und klar
deutlich
klarblickend
systematisch im Denken
konstruktiv
technisch-praktisch intelligent

3. praktisch klug
fähig, den Kern einer Sache zu erfassen
rational
bestimmt im Urteil
funktionale Formen bevorzugend
kreativ
stilvoll
um Ästhetik bemüht
geschmackvoll
4. übertrieben rational
phantasielos
oberflächlich, flüchtig
unkonzentriert
unfähig, Qualität zu erkennen
5. zu Dämmerzuständen neigend
völlig unbekümmert

W. *Willensbereich*
2. zielstrebig
3. ordentlich
klar und eindeutig
entschlußfähig
4. eigenwillig, eigenmächtig
undynamisch
wenig ausdauernd
kraftlos
5. undiszipliniert
willensschwach

I. *Ich-Bereich*
4. wenig belastbar
subjektivistisch
5. willkürlich
formalistisch

F. *Fühlen, Gemüt*
3. herb
nüchtern

3. kalt
4. Mangel an Schönheitssinn
   unsinnlich
   innerlich ausgedörrt
   ohne Erlebnistiefe
V. *Vitalbereich*
4. nervös
   gehetzt
   erregbar
   hastig
   undifferenziert
   plump
   antriebsschwach
   psychisch unflexibel
   apathisch
   stur
   gehemmt
   müde
5. kernlos
   verstockt
M. *mitmenschlicher Bereich*
2. klar und natürlich
   fähig, die Interessen anderer
   zu berücksichtigen
3. großzügig
   puritanisch
   unkonventionell
4. direkt und unverblümt
   plump
   unfähig, Gefühle auszu-
   drücken
   unfähig, sich anzupassen
   unhöflich
   mundfaul
   unerzogen
5. rücksichtslos
   vorschnell im Urteil
   unwahrhaftig
   undurchschaubar

5. verschlagen
   hinterhältig
L. *Leistungsbild*
2. praktisch veranlagt
   rationell
3. darum bemüht, Vorbilder
   zu erreichen
   kunstgewerblich interessiert
4. gleichgültig
   lässig
   bequem
   Schwierigkeiten aus-
   weichend
   ungründlich
   Vielgeschäftigkeit vortäuschend
   wenig sorgfältig
   undifferenziert
   an Schablonen gebunden
   humorlos
   ungenau, unpünktlich
   pflichtvergessen
   nachlässig
   lustlos, müde
   bequem, lässig, träge
   indolent
5. schlampig, liederlich
S. *Sonderformen*
   verwaschene Buchstaben
   (Kammschrift: einheitliche
   Form für mehrere Buchstaben)
   L.4. unfähig, Fehler einzu-
        gestehen
        jegliche Verantwortung
        zurückweisend
        vgl. Lesbarkeit (S. 254)

Ligaturen
G.2. zur gedanklichen Vor-
 wegnahme von Ereignis-
 sen neigend
 fähig, Sachfragen in ihren
 wesentlichen Zusammen-
 hängen zu durchschauen

Weglassen von unwesentlichen
Buchstabenteilen, in der Ober-
zone ungenau und vorauseilend
G.4. unselbständig im Urteil
 konfus
A.4. ausweichend
M.4. ohne spezifisches Interes-
 se am Mitmenschen
L.4. mittelmäßig
 überhastet, ungründlich

Die Völle

Eine Schrift gilt als *voll*, wenn infolge ausladender, kreisender und bogiger Bewegungen, die von den Buchstaben umschlossenen Flächen sehr weiträumig sind. Entscheidend ist dabei der Grad der Rundung. Für die Deutung ist in diesem Kontext die *Mittelzone* entscheidend, und zwar die Buchstaben *a, o, g, p* und *q*, aber auch *l, b, h, f* sowie *j* und *y*. Die in der *Völle* vorherrschende Flächigkeit ist ein Ausdruck der Fülle, des Anschaulichen, Ruhenden und Passiven. Die Bewegung umkreist dabei ein Zentrum, sie umschließt einen Inhalt. Infolge dieses Kreisens verliert die Bewegung aber zugleich auch ihre Rechtstendenz, den Drang nach vorwärts. Sie bleibt länger auf der Stelle und beschäftigt sich dafür um so mehr mit dem Inhaltlichen, der Substanz.

Entsprechend der geschwollenen Bewegung, die der *Völle* zugrunde liegt, deutet sie auch auf einen Charakter mit einem geradezu barocken Gemütsleben. Die zur *Völle* führende Bewegung ist fast immer rund, weich, gleitend, und in Übereinstimmung damit entbehren auch die psychischen Äußerungen solcher Schreiber aller

Härte; ihr Seelenleben wird in erster Linie aus dem endothymen Grund gespeist. Die Funktion solch runder, umschließender Bewegungen ist es, das Inhaltliche anschaulich, leicht faßbar und konkret fühlbar zu machen; das lineare Gerüst bekommt auf diese Weise Fleisch und Blut. In der Flächigkeit der bogigen Züge aber kommt auch die Stärke der Phantasie und Vorstellungsgabe zum Vorschein. Auf der Defizitseite verrät die *Völle* eine gewisse Schwäche des Verstandes und eine leichte Unklarheit des Denkens, das heißt, in *vollen* Schriften kommt die Oberzone zu kurz. In der Mittelzone hingegen zeigt sich ein großer Gefühlsreichtum, aber auch eine Tendenz zur Selbstdarstellung, während die Unterzone auf einen starken geschlechtsspezifischen Geltungsdrang hindeutet.

Völle ist als *Fülle* immer auch mit *Reichtum* sinnverwandt, in ihr zeigt sich die Dominanz des Gemüthaften, der Thymopsyche, über den Verstand. Daher reflektieren sich in ihr Beseeltheit, Gemüthaftigkeit, eine Neigung zu illusionären Phantastereien, zum Wunschdenken, Spekulieren und zum Größenwahn.

Man sagt der *Rundung* nach, sie enthalte das Geheimnis der Liebe. Vielleicht ist damit die Symbolik ein wenig überstrapaziert, aber die für die *Völle* so typische Rundung ist dennoch um vieles mehr ein Ausdruck gemüthafter Wärme als jede eckige und damit abweisende Bewegung.

A. *allgemeines Verhalten*
2. seelenvoll
   optimistisch, unbeschwert
   besinnlich
   innerlich heiter
3. Augenmensch
   emotional
   anschaulich im Fühlen und
   Denken
   ausdrucksfähig
4. zu Illusionen neigend
   anspruchsvoll
   aufgeblasen
G. *geistige Fähigkeiten*
2. visuell ausgerichtet
   phantasievoll

2. anschaulich-konkret im
   Denken
   gestaltungsfreudig
3. die Dinge anschaulich
   erfassend
   an unbewußte Bilder fixiert
   situationsabhängig im
   Denken
   reich an unbewußten
   Bildern
   subjektivistisch im Denken
   unfähig zu abstrahieren
   zu Gefühlsurteilen neigend
   Wunsch und Traumvorstellungen gegenüber dem
   Verstand dominierend

4. eigene Erlebnisse vorschnell
verallgemeinernd
unrational
unpräzise im Urteil
unsystematisch
unfähig zu verallgemeinern
kritiklos, kritikunfähig
unscharf im Denken
versponnen

5. in Phantasien lebend
verworren
unverständig
an überhöhte Ideen fixiert

W. *Willensbereich*

4. von den eigenen Fähigkeiten
überzeugt
zu Übertreibungen neigend
in Wünschen lebend, die der
Wille zu schwach ist zu
realisieren
geistig undiszipliniert
weich

I. *Ich-Bereich*

2. emotional in sich ruhend

3. zur Selbstdarstellung neigend
von einem geschlechts-
spezifischen Geltungsdrang
besessen

4. aufgeblasen
wichtigtuerisch
selbstgefällig
aus Unerfahrenheit zu
Projektionen neigend
narzißtisch
großspurig

5. anmaßend
blasiert
angeberisch
eitel und selbstzufrieden

F. *Fühlen, Gemüt*

2. innerlich erfüllt
zur Gefühlsseligkeit neigend
reich an Gefühl und Seele
ganzheitlich im Erleben

3. gemüthaft, warmherzig
gefühlsbetont
zu sentimentaler Gefühls-
duselei tendierend
stark gefühlsabhängig
den eigenen Emotionen
wahllos ausgeliefert
pathetisch

V. *Vitalbereich*

4. erotisch betontes Phantasie-
leben
triebbetont
zur Sexualprotzerei neigend

5. abhängig von übersteigerten
Triebphantasien

M. *mitmenschlicher Bereich*

2. herzlich
warmherzig
mütterlich, in einer starken
Mutterbindung lebend
urwüchsig
verständnisvoll

3. verwöhnungs- und schutzbedürftig
vor Strenge und Härte
zurückscheuend

4. sentimental
überschwenglich

5. dreist

L. *Leistungsbild*

4. subjektivistisch
unsachlich
verträumt
behäbig

5. zu Übertreibungen neigend
   realitätsscheu
   sich in vagen Spekulationen
   ergehend
S. *Sonderformen*
einzelne Völle in sonst magerer
Schrift
   V.3. Gefühlstiefe vor-
        täuschend
   4. zwischenzeitlich inner-
      lich uneins
Völle an Nebenteilen
   M.4. kokett
        Nebensächlichkeiten auf-
        bauschend
   5. phrasenhaft, verlogen
Langlänge voller als Kurzlänge
   I.3. das allgemeine über das
        persönliche Interesse
        stellend
Kurzlängen voller als Lang-
längen
   I.4. das persönliche über das
        Allgemeininteresse
        stellend

Völle in d-Köpfen
   I.4. größenwahnsinnig
        unrealistische Pläne ver-
        folgend
        versponnen
Stellenbewertung durch
einzelne Völle
   V.3. emotional übertrieben
        anspruchsvoll
Völle in Oberzone
   G.4. traumtänzerisch
        zum Spekulieren neigend
Völle in Mittelzone
   I.3. zur Selbstdarstellung
        tendierend
   F.3. reich an Gefühl
aufgeblasene Völle in der
Mittelzone
   G.4. dumm
Völle in der Unterzone
   V.4. triebbetont
        nach Geltung strebend

Die Magerkeit

Eine Schrift wirkt *mager*, wenn Schleifen und Bogen fast zu linearen Strichen zusammenschrumpfen, so als wolle der Schreiber sie tunlichst vermeiden. Linien durchschneiden den Raum. Das Lineare repräsentiert daher im Gegensatz zum Flächigen das Formale, Abstrakte, aber auch das Aktive. Der linearen Bewegung fehlt das Zentrum, der Gehalt, die innere Geschlossenheit; sie ist dürr, herb und blutleer und verrät damit unmittelbar die psychische Struktur des Schreibers. Ein solcher Mensch wünscht sich auf das zu beschränken, was bei realistischer Betrachtung zur Erreichung seiner Ziele notwendig ist.

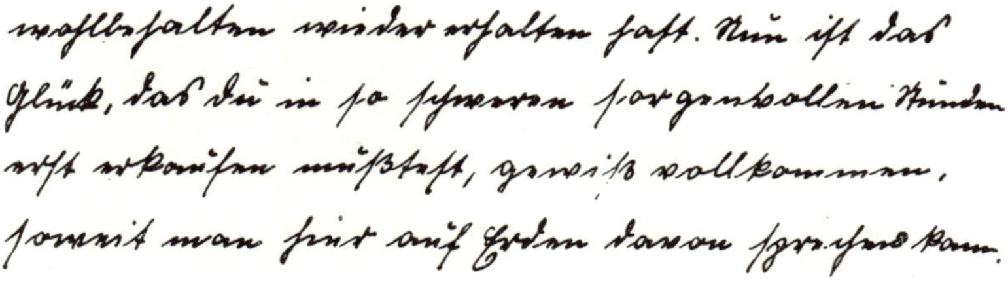

So zeigt die *Magerkeit* nicht nur einen Mangel an Vorstellungsvermögen und Phantasie, sondern zugleich auch geistige Klarheit und die Fähigkeit zu theoretischem Denken an. In der Oberzone symbolisiert sie Ehrgeiz und Rechthaberei, in der Mittelzone Gefühlsherbheit und Schüchternheit, in der Unterzone Triebeinengung und Unbefriedigtsein. In allen Fällen überwiegt jedoch die Vernunftsteuerung gegenüber der Gefühlssteuerung. Der Winkelduktus und der dünne Strich verraten Verstandesschärfe, Kritikfähigkeit, Abstraktionsvermögen und Genauigkeit. Die Kehrseite dieser Qualitäten zeigt sich in Kopflastigkeit, mangelndem Engagement und in Formalismus.

Wie schon oben angedeutet, ist *Magerkeit* der Blutleere verwandt, weshalb man davon ausgehen kann, daß das Leben *mager* schreibender Menchen einer gewissen Fülle entbehrt.

A. *allgemeines Verhalten*
2. sachlich, kühl, nüchtern
sittlich, religiös
3. gerade, einfach
verhalten, vorsichtig
durch Erfahrungen
desillusioniert
asketisch
4. phantasielos
einseitig
ohne Formgefühl
schüchtern
äußerlich vernachlässigt
prüde
pessimistisch

G. *geistige Fähigkeiten*
1. geistig klar
intellektuell
das Wesentliche erfassend
scharfsinnig
2. rational
kopflastig
logisch streng
Neigung zum theoretisch-abstrakten Denken
bestimmt und unbestechlich im Urteil
3. rationalistisch
analytisch
formalistisch

4. phantasielos
   spitzfindig
   agnostisch
   einseitig intellektuell
   Spekulationen abgeneigt
   einfallslos
   unsinnig, fade
   zielgerichtet im Denken
5. uninspiriert im Denken
   steril
W. *Willensbereich*
2. zielbestimmt
   ehrgeizig
   selbstdiszipliniert
   entschieden
   streng, ernst
   die Triebe unterdrückend
3. nüchtern
   tatkräftig
5. fanatisch
I. *Ich-Bereich*
4. unsicher
   ohne inneren Ruhepunkt
   schüchtern
   im Selbstwertgefühl
   schwankend
F. *Fühlen, Gemüt*
2. schlicht und einfach im
   Gemüt
4. Mangel an Herz und Gemüt
   innerlich kühl
   gemütsarm, trocken
   durch die eigenen Gefühle
   verunsichert
   herb
V. *Vitalbereich*
4. ohne inneres Zentrum
   geringe Erlebnistiefe
   oberflächlich

4. neurotisch
   ungeweckt, altjüngferlich
   ohne seelische Tiefe
   zu Verdrängungen neigend
   furchtsam
   die eigenen Triebe unterdrückend
   verspannt
   unbefriedigt
5. innerlich ruhelos
M. *mitmenschlicher Bereich*
3. zurückhaltend
   puritanisch
4. nur bedingt mitteilungsfähig
   humorlos
   gleichgültig, desinteressiert
   ängstlich, empfindlich
   intolerant
   rechthaberisch (rechts-
   bewußt)
5. boshaft
L. *Leistungsbild*
2. sachlich
   anspruchslos
   unbestechlich
3. rationell im Arbeiten
   blind agierend
4. formalistisch
   einseitig
5. undurchschaubar
S. *Sonderformen*
   magere Schrift bei Verein-
   fachung
   A.4. hart
   sehr magere a und o in der
   Mittelzone
   V.4. verdrängte Angst

Die Anfangszüge

Die Erfahrung hat gezeigt, daß den *Anfangsbuchstaben,* insbesondere wenn es sich dabei um *Großbuchstaben* (Majuskeln) handelt, eine besondere Bedeutung zukommt. Der Schreiber konzentriert sich im allgemeinen am Anfang eines Wortes besonders stark, und seine Bewußtheit ist dabei relativ intensiver als etwa im Innern dieses Wortes. Daher unterliegen die *Anfangszüge* einer besonderen Gesetzmäßigkeit, deren diagnostischer Stellenwert häufig unterschätzt wird. Besonders an den Majuskeln zeigen sich Erscheinungen, die man sonst nirgends in der Schrift wieder antrifft. Weil nun jede schriftliche Äußerung auch gleichzeitig eine Äußerung des Ich an die Umwelt darstellt, symbolisiert gerade der Anfangsbuchstabe die Beschaffenheit des Ich-Gefühls.

Ist der Anfangsbuchstabe überhöht, so drückt sich darin ganz offenkundig ein Überlegenheitsgefühl des Schreibers aus. Er sieht gewissermaßen von oben auf die anderen herab. Nur am Wortanfang auftretende Bereicherungen weisen auf starke Geltungswünsche hin. Durchstrichene Großbuchstaben am Anfang symbolisieren den »Strich durchs Leben«. Dabei handelt es sich um eine Art verunglückter Einrollung; ursprünglich hat wohl der Schreiber beabsichtigt, eine größere und schwungvollere Bewegung auszuführen, aber die Angst vor der eigenen Courage hat ihm dabei einen »Strich durch die Rechnung« gemacht, so daß er seine eigene Absicht symbolisch durchkreuzen mußte. Damit nimmt er aber schon wieder etwas von dem zurück, was er eigentlich sagen wollte, und bestreitet sozusagen seine eigene Daseinsberechtigung.

Völle und *Breite* als *Anfangsbetonung* kommen häufiger vor, sie sind ein Zeichen hoher Selbstsicherheit und der Überzeugung, jede Lage allein meistern zu können.

Isolierte Anfangsbuchstaben – die sich eigentlich gut einbinden ließen – zeigen individualistische Tendenzen. Solche Schreiber neigen dazu, sich entweder aus Überheblichkeit von ihrer Umwelt zu distanzieren, oder sie erwägen vor jeder Handlung lange das Für und Wider. *Anfangsarkaden* und *Anfangsgirlanden* bei ansonsten anderer Schreibweise verdienen erhöhte Beachtung, denn damit werden nicht selten innere Haltungsgegensätze kompensiert. Im Anfangszug wird der Umwelt demnach schon mitgeteilt, was der Schreiber selbst für das Wichtigste hält. Das Spektrum dieser Möglichkeiten reicht von dem Wunsch, einen guten Eindruck zu machen, über das Sich-ins-rechte-Licht-setzen-Wollen, das Bedürfnis nach Anerkennung, die Behauptung eines Führungsanspruchs bis hin zur Aufgeblasenheit und Arroganz, zum Hochmut oder zu einfacher dummer Eitelkeit.

Die *Anfangsminderung* dagegen deutet auf das Gegenteil: den anspruchslosen, kleinmütigen, gelegentlich auch servilen oder unterwürfigen Menschen, der sich nicht traut und im Leben meist zu kurz gekommen ist.

Die *Anfangsbetonung* findet sich besonders häufig und auffallend in Unterschriften. Falls sich die gleiche *Betonung* in der übrigen Textschrift *nicht* findet, muß sich der Schriftpsychologe bei der Deutung die entsprechende Zurückhaltung auferlegen.

betonte Anfangszüge	3. engagiert
A. *allgemeines Verhalten*	bemüht, auf andere zu
2. Sicherheit beim ersten Auf-	wirken
treten	zur Selbstdarstellung neigend
3. bemüht, sich durch den er-	um Selbstentfaltung bemüht
sten Eindruck Ansehen und	4. auf vordergründige
Beliebtheit zu verschaffen	Wirkung bedacht

4. unkonventionell
   großspurig
   nur an Äußerlichkeiten
   orientiert
   falsch
5. hochmütig, arrogant
   anmaßend, aufgeblasen
G. *geistige Fähigkeiten*
3. von innerem Überlegen-
   heitsgefühl durchdrungen
4. eingebildet
W. *Willensbereich*
3. anfänglich voller Schwung
   unternehmungsfreudig
   impulsiv
4. übermäßig ehrgeizig
   machtorientiert
   zur Kraftmeierei neigend
   anfänglich in einer Weise
   fordernd, der die nachfolgenden Leistungen nicht
   entsprechen
I. *Ich-Bereich*
1. der eigenen Würde sehr
   bewußt
2. geltungsbedürftig
   um Anerkennung bemüht
   selbstsicher
3. von sich selbst überzeugt
   die eigene Person über-
   höhend
   egomanisch
   Überlegenheit anstrebend
   bemüht, selbstsicher zu
   erscheinen
4. narzißtisch
   angeberisch
   unverbesserlich eitel
   ruhmsüchtig

4. anmaßend
   stolz
   geschmacklos
   überheblich
   dünkelhaft
5. überanspruchsvoll
   hochstaplerisch
   größenwahnsinnig
F. *Fühlen, Gemüt*
2. freimütig
3. spielerisch
4. rasch entflammbar
V. *Vitalbereich*
3. furcht- und bedenkenlos
M. *mitmenschlicher Bereich*
1. von den eigenen Führungsqualitäten überzeugt
2. hierarchisch denkend
4. plump
   kokett
   gefallsüchtig
   herablassend
   anmaßend
5. dreist, frech
   unverschämt
   verlogen
L. *Leistungsbild*
2. einsatzfreudig
   von der eigenen Berufung
   überzeugt
3. überzeugt, jede Lage
   meistern zu können
4. in Selbstüberschätzung
   lebend
   prahlerisch
   unglaubwürdig
   von einem ungerechtfertigten Überlegenheitsgefühl
   durchdrungen

4. unzuverlässig
    renommiersüchtig
Anfangszüge unterbetont
A. *allgemeines Verhalten*
2. friedfertig
    bescheiden
3. gleichgültig gegenüber der
    eigenen Wirkung
    anspruchslos
4. ungeschickt oder unsicher
    im Auftreten
    schwach und unsicher
G. *geistige Fähigkeiten*
2. auf das Wesentliche aus-
    gerichtet
    sachlich
    reell
3. vorsichtig
4. aus der Froschperspektive
    urteilend
W. *Willensbereich*
4. schwunglos
I. *Ich-Bereich*
3. ablehnend gegenüber
    jeglichem Geltungsdrang
4. Mangel an Selbstvertrauen
    bescheiden
    undynamisch
    zur Selbstunterschätzung
    neigend
    überbescheiden
V. *Vitalbereich*
4. von Lebensangst befallen
    furchtsam
    schüchtern
    von Minderwertigkeits-
    komplexen befallen
    ohne Selbstachtung
5. würdelos

M. *mitmenschlicher Bereich*
3. zur Idealisierung neigend
    rücksichtsvoll
    zurückhaltend
    autoritätsgläubig
    ohne Ehrgeiz
4. von Autoritäten abhängig
    unauffällig
    ausnutzbar
    duckmäuserisch
    servil
    ressentimentgeladen
    unterwürfig
5. kriecherisch
L. *Leistungsbild*
3. dem Neuen gegenüber miß-
    trauisch
    zurückhaltend
    ohne Engagement
    wenig einsatzfreudig
4. unfähig, aus sich herauszu-
    gehen
    verantwortungsscheu
Großbuchstaben am Anfang
von den jeweils folgenden
Kleinbuchstaben getrennt
G.2. bedächtig und nachdenk-
    lich
 I.4. individualistisch
    auf die eigene Person
    fixiert
    isoliert
M.4. elitär
    einzelgängerisch
    überheblich
    unsozial
Anfangszüge einer Initiale
verlängert
W.2. ehrgeizig, fleißig

*Anfangsbetonung der Mittel-
lage*
  I.4. unsicher
*das gleiche bei hochgezogener
Mittelschleife*
  I.5. hochmütig, dünkelhaft
durchstrichene Großbuchstaben
  A.5. undurchschaubar
  W.4. die eigenen Fähigkeiten
      überschätzend
      undynamisch
  I.3. von Schuldgefühlen
      durchdrungen
      zur Selbstverleugnung
      neigend
  V.4. antriebsschwach
  L.4. verantwortungsscheu
Druck am Anfangsbuchstaben
  G.4. berechnend
  W.4. wenig durchhaltefähig
  I.3. egozentrisch
Anfangszüge besonders schmal
  I.2. labile Selbstachtung
   3. empfindlich
Anfangsarkade
  A.2. um repräsentative
      Erscheinung bemüht
   3. Sinn für effektvolles
      Auftreten
      auf Wirkung bedacht
   4. förmlich im Auftreten
      verschlossen
Anfangswinkel
  W.3. unnachgiebig, recht-
      haberisch
*Arkade statt Girlande am
Anfang*
  A.3. darstellungsfreudig
  I.4. aufgeblasen

  G.3. gestaltungsfreudig
  L.4. ohne Basis
girlandig gebogene Anstriche
  M.3. liebenswürdig und ver-
      bindlich
   4. aus Berechnung liebens-
      würdig
      übertrieben liebens-
      würdig
      nur scheinbar entgegen-
      kommend
*langer Anstrich in der Mittel-
zone*
  W.3. eifernd egozentrisch
langsam ausgeführte Anstriche
  G.4. unsachlich
Anstriche mit Häkchen
  A.4. aggressiv
lang heraufgezogene Anstriche
  V.3. impulsiv
   4. angriffslustig
*verlängerte Anstriche auch im
Wortinneren*

  W.3. geschäftig
  L.4. vom eigenen Wert über-
      zeugt
      umständlich

L.4. pedantisch strebsam und
     geschäftig
geringe Anfangsverzierung
M.3. berechnend liebens-
     würdig
*zugerollte Anfangs- und End-
züge*
A.4. unaufrichtig
     verlogen
     zu Ausflüchten neigend
*Anfangsbetonung ohne
entsprechende Endbewegung*
W.4. anfänglich dynamisch,
     dann rasch erlahmend
M.4. großsprecherisch

*Korrektheitsstriche (isolierter
Anstrich bei a, d, g)*
A.3. korrekt
  4. um den Eindruck von
     Gründlichkeit bemüht
L.3. gewissenhaft im Kleinen
  4. unfähig, sich vom Ge-
     wohnten und allgemein
     Üblichen zu trennen
     pedantisch
*fehlende Anstriche bei Klein-
buchstaben*
L.2. direkt
     kurz und knapp
  3. plump

Die Endzüge

Im Gegensatz zu den *Anfangszügen* symbolisieren die *Endzüge* jene
Grenze, wo das Individuum in seinen Lebensäußerungen der Um-
welt begegnet und mit ihr in Kontakt gerät. Daher zeigt sich in den
Endzügen besonders auffällig das Verhältnis des Schreibers zu seinen
Mitmenschen. Dabei darf auch nicht außer acht bleiben, daß jedes
Wort für eine Teilhandlung steht und das Wortende somit anzeigt,
wie diese Teilhandlung zum Abschluß gebracht worden ist.

Die *Endzüge* können betont sein durch *Druck, Weite, Größe,
Verlängerung* und *waagerechte Striche.* Sie geben daher Aufschluß
über den Durchsetzungswillen, eine mögliche Neigung zu Rechthaberei oder Rücksichtslosigkeit, aber auch über Geltungsbedürfnisse
beziehungsweise eventuell vorhandene Tendenzen zum Bluff. Auch
Ehrgeiz und Mißtrauen finden in den *Endzügen* ihren Ausdruck.

Ebenso häufig wie die Endbetonung findet sich auch die *Endunter-
betonung* respektive *Endverminderung,* die bis zu *abgebrochenen
Endzügen* reichen kann. Die *Endverminderung* zeigt an, daß der
Schreiber es am Schluß einer von ihm zu erfüllenden Aufgabe nicht
mehr so genau nimmt oder daß ihm die Kraft zur Vollendung fehlt. In
gestalteten Schriften ist sie jedoch auch häufig ein Zeichen diplomati-
schen Geschicks oder psychologischen Einfühlungsvermögens. Sie
kann jedoch auch auf die Gefahr plötzlicher Resignation hinweisen,
da ja die *Endzüge* den Aufwand an Kraft dartun, der entweder
sinnvoll eingesetzt wird oder aber wirkungslos verpufft. *Abgebrochene Endzüge* schließlich verraten ein gebrochenes Verhältnis zur
Umwelt. Solche Schreiber wollen im allgemeinen keinen Kontakt,
sind schnippisch oder gar unhöflich, zumindest innerlich abweisend.

Endzüge betont
A.2. gesinnungsfest
   3. gerade, unverfälscht
      gerecht
G.4. begrenzt
      unfähig, aus Erfahrungen
      zu lernen
      ohne Überblick
      unverständig
   5. uneinsichtig
      unbelehrbar
W.2. zu affektiver Willens-
      steigerung fähig
      durchsetzungsfähig
      ehrgeizig
   3. forsch
      zäh
      widerstandsfähig
      angriffslustig, kämpferisch

W.4. auftrumpfend
      rechthaberisch
   5. hartnäckig und aggressiv
I.2. zur Selbstbehauptung
      fähig
   3. egozentrisch
   4. selbstgefällig
      voreingenommen
      sich selbst im Wege stehend
      geneigt, sich zu verrennen
      resigniert
V.4. derb
   5. verkrampft
      infantil
M.3. gesellig
      unfähig, allein zu sein
      gebefreudig
      hilfsbereit
      kontaktfreudig

M.3. unbeeinflußbar
    direkt
  4. kontaktgehemmt
    wenig einfühlsam, taktlos
    neugierig
    taktlos freimütig
  5. Schuld auf andere
    abwälzend
    permanent aneckend
    rücksichtslos
L.3. in der Leistungsfähigkeit
    zunehmend
  4. Neigung zum Bluff
Endverminderung
A.4. unfähig, sich zu
    exponieren
    leisetreterisch
G.1. weltmännisch klug
    geschliffen in den
    Umgangsformen
  2. psychologisch verständig
    erfahren
    auf das Wesentliche
    konzentriert
  3. schlau
    vorurteilslos
  4. (übertrieben) vorsichtig
    listig
  5. gerissen
I.4. wenig selbstbehaup-
    tungswillig
    zu Minderwertigkeits-
    gefühlen neigend
F.2. feinfühlig
M.2. persönliche Interessen
    hintanstellend
  4. zur Mißachtung
    zwischenmenschlicher
    Beziehungen neigend

V.3. leicht entspannungsfähig
  4. wenig konstant im
    Kräftehaushalt
    unsicher
    unflexibel
    undynamisch
    depressiv
  5. leicht erschöpfbar
kleiner werdende Wortenden
M.2. diplomatisch und
    anpassungsfähig
L.2. einfühlsam, gewandt
Endbetonung durch Größe
A.2. gesinnungsfest
  3. kindlich
    um Anerkennung bemüht
W.4. hartnäckig
    rechthaberisch
V.4. derb
M.3. in kindlicher Weise
    autoritätsgläubig
  4. undiplomatisch
    zur Teamarbeit
    ungeeignet
  5. respektlos
    taktlos freimütig
    halbstark
L.4. zum Bluff neigend
weiter werdende Wortenden
W.4. unfähig zur Selbstbeherr-
    schung
    wenig ausdauernd
    inkonsequent
M.3. nur langsam Vertrauen
    fassend
L.4. unfähig, eine Verrichtung
    gründlich zu Ende zu
    führen
    nicht sehr ausdauernd

L.4. unfähig zur Menschen-
führung

enger werdende Wortenden

G.3. im letzten Augenblick vor
Entscheidungen zurück-
schreckend

W.3. die eigene Spontaneität
zügelnd

M.3. aufgrund von Erfahrungen zurückhaltend
verschlossen

4. langweilig
verschlossen

L.4. gleichgültig (wenn End-
strich wegfällt)

nach rechts kippende Wortenden

A.4. nachlässig in formalen
Dingen

G.4. unvorsichtig

W.4. unfähig, Vorsätze durch-
zuhalten
wenig durchsetzungs-
fähig

V.4. triebabhängig
geneigt, sich gehen zu
lassen

M.4. gutgläubig
vertrauensselig

L.4. unfähig, eine Sache
ordentlich zu Ende zu
bringen
ungeduldig und nach-
lässig

abgebrochene Endzüge

M.4. unhöflich
schnippisch
innerlich abweisend

W.3. die eigenen Impulse
unterdrückend

*steiler oder linksschräger
werdende Wortenden*

G.3. skeptisch

W.3. Versuchungen erst im
letzten Moment wider-
stehend
Neigung zur Triebunter-
drückung

M.3. vorsichtig und mißtrauisch im mitmenschlichen
Umgang
zugeknöpft
zurückhaltend bis
ablehnend
hinsichtlich Sympathie
und Antipathie starken
Schwankungen unter-
worfen

*verlängerte rechtsläufige
Wortenden (auch verlängerte
u-Bogen)*

W.2. übermäßig ehrgeizig
der eigenen Ziele sicher
und unbeirrbar in ihrer
Verfolgung

M.4. mißtrauisch
distanziert
nicht wirklich kontakt-
fähig

L.3. ambitiös

*mit waagerechten Strichen
verlängerte Wortenden*

I.3. sicherheitsbedürftig
vorsorgend

M.4. fremde Einflüsse und
Einmischung von außen
fürchtend
mißtrauisch

aufsteigende, sanft ausklingen-
de Bogen
  G.3. dem magischen Denken
       verhaftet
  I.4. mangelndes Selbstver-
       trauen
  F.3. fähig zu akzeptieren
  V.3. schicksalsergeben
       sich höheren Mächten
       ausgeliefert fühlend
       zu höheren Mächten auf-
       blickend
       vom Glauben an eine
       höhere Bestimmung
       durchdrungen
       fromm
       frömmelnd
       innerlich unfrei
       vital unsicher
    5. scheinheilig
Höherstellung von Endbuch-
staben
  G.3. weltfremd
    4. unrealistisch
  F.4. ohne Bezug zum Tatsäch-
       lichen
Wortende als End- oder Eile-
faden
  G.2. von intensivem Spürsinn
  F.2. psychologisch einfühlsam
  M.2. diplomatisch
  L.4. gleichgültig gegenüber
       Nebensächlichkeiten
unter die Zeilenbasis herab-
sinkende Endbuchstaben
  W.4. wenig ausdauernd
       kurz vor dem Ziel
       ermattend
  V.4. nüchtern

  L.3. zu früh vom Erfolg der
       eigenen Bemühungen
       überzeugt
Schlußarkade bei im übrigen
anderer Bindung
  G.3. zur Verdrängung neigend
  W.4. berechnend
  V.4. scheu
       ängstlich
  M.4. gehemmt
       verschlossen
       kontaktfeindlich
Endarkade
  A.4. vom Widerspruch
       zwischen Sein und Schein
       beherrscht
  M.4. zurückhaltend aus Vor-
       sicht oder Berechnung,
       Angst oder Eigensinn,
       manchmal auch aus Ver-
       legenheit
Endarkade zum Oval
eingekrümmt
  M.5. unaufrichtig
       verlogen
Endarkade im Wortinneren
  M.2. versteckt, gutmütig
Endgirlande
  M.2. liebenswürdig und ver-
       bindlich
       gesellschaftlich versiert
    3. um Kontakte bemüht
    4. nur äußerlich freundlich
Wortende durch Druck betont
  W.2. durchsetzungswillig
    3. entschieden
    4. eigenwillig
       widerspenstig
  I.2. zur Selbstbehauptung fähig

I.4. sich in den Vordergrund
    drängend
    rechthaberisch
M.5. rücksichtslos

Ende mal größer mal kleiner
A.3. verbindlich
    draufgängerisch
L.2. sehr diplomatisch

Die Oberzeichen

Die *Oberzeichen* gehören im allgemeinen zu den Schriftzeichen, die am unwillkürlichsten gesetzt werden, und daher kommt ihnen in ihrer individuellen Vielgestaltigkeit auch eine besondere Bedeutung zu. Eigentlich gehören sie ja zum Merkmal *Verbundenheitsgrad*, aber da sie in der oberen Zone stehen und gelegentlich auch als Unterscheidungsmerkmal zwischen zwei Buchstaben gebraucht werden (beispielsweise von *i* und *c*), haben sie eine Sonderfunktion und lassen sich, besonders wenn sie eine auffallende Tendenz aufweisen und aus dem Schriftbild herausfallen, nur individuell deuten. Im weitesten Sinne des Wortes kann man auch die Kopffähnchen an Großbuchstaben und *t*-Durchstreichungen zu dieser Kategorie zählen, doch gelten sie für die Deutung als weniger ergiebig.

Oberzeichen genau	*dies ist genau*
tief	*tief und dick*
hoch	*fließen mit*
voreilend	*vore ende Druck*
zurückhängend	*hängt zurück*
doppelt gesetzt	*nicht mit*
vorverbunden	*mit, ihm*
nachverbunden	*gut, ihm*
gemalt	*Güte, über, im.*

Genau gesetzte, isolierte *Oberzeichen* tragen noch etwas von einer schulmäßigen Genauigkeit in sich, sie repräsentieren Gewissenhaftigkeit, aber auch die Tendenz zu subalternem Verhalten. Ungenaue Oberzeichen sind in den meisten Fällen nur ein Zeichen von Eile, oft aber auch von Flüchtigkeit, Ungenauigkeit, Unbekümmertheit oder mangelndem Interesse. Ein tief gesetztes Oberzeichen bezeichnet einen starken Realitätssinn, aber auch das Bedürfnis, sich auf etwas zu stützen, wogegen hoch gesetzte Zeichen auf einen Mangel an Wirklichkeitssinn, eine Tendenz zu hochfliegenden Plänen, auf

Idealismus oder einfach nur Flüchtigkeit hinweisen, das hießt, in den nächsten Buchstaben mit eingebundene Oberzeichen verraten geistige Gewandtheit und eine besonders gute Kombinationsgabe. Sie verlieren allerdings auch den Charakter eines Unterscheidungsmerkmals, das heißt, der Schreiber glaubt, er könne Kleinigkeiten großzügig übergehen.

In der Schriftexpertise gehören die Oberzeichen zu jenen Merkmalen, die im allgemeinen am wenigsten von einer möglichen Verstellung der Schrift betroffen sind.

Oberzeichen genau gesetzt
A.2. gewissenhaft
G.3. konzentriert
L.2. gründlich, genau,
    pünktlich, sorgfältig
   4. pedantisch
sofort gesetzte, isolierte Oberzeichen
A.3. korrekt
G.3. unfähig, vom eigenen
    Standpunkt zu
    abstrahieren
    aufgeschlossen für neue
    Gedanken
    aus Angst vor Vergeßlichkeit übergenau
F.3. äußerst reizempfänglich
   4. von der Angst besessen,
    etwas zu versäumen
L.2. gewissenhaft
    genau
   4. pedantisch
genaue Oberzeichen, trotz Eile
G.2. beweglich und schnell
L.2. sauber und zuverlässig
    arbeitend
    ordnungs- und
    präzisionsliebend

Kreis über dem »i«
I.3. will sich von der Allgemeinheit abheben
gemalte Oberzeichen
F.2. Sinn für Ästhetik
genaue Oberzeichen
A.4. langsam
    bedachtsam
später gesetzte, isolierte Oberzeichen
G.3. auf das Wesentliche
    konzentriert
    durch Nebensächlichkeiten nicht von der
    Hauptsache abzubringen
L.3. auf die Einhaltung der
    Prioritäten fixiert
   4. der Hauptsache derart
    verschrieben, daß alles
    übrige nur stört
hoch gesetzte, isolierte Oberzeichen
G.2. voll hochfliegender Pläne
   4. realitätsfern
F.2. begeisterungsfähig
   4. flatterhaft
L.4. oberflächlich
    leichtsinnig in Kleinigkeiten

*tief gesetzte, isolierte Ober-
zeichen*
G.2. gute Beobachtungsgabe
G.3. realistisch
nüchtern
genau
I.3. stützbedürftig
immer nach Rückendek-
kung Ausschau haltend
4. wenig risikofreudig
ungenaue, isolierte Oberzeichen
A.3. unbekümmert
4. großzügig
G.4. unkonzentriert
V.4. ungründlich
eilig, flüchtig
M.4. gleichgültig, wurstig
L.4. ungenau
voreilende Oberzeichen
V.4. überhastet, flüchtig
ungeduldig
auf die Zukunft hin
orientiert
zurückhängende Oberzeichen
A.4. undynamisch
lebensuntüchtig
regressiv
*doppelt gesetzte Oberzeichen
(insbesondere solche, die nachträglich zur Verdeutlichung eingebundener Oberzeichen hin-
zugefügt werden)*
I.4. mangelndes Vertrauen in
die eigene Leistung
zu Unrecht von der
Furcht besessen, ständig
etwas zu vergessen
V.3. ohne Vertrauen in die
eigene Zuverlässigkeit

L.3. an der Qualität der
eigenen Leistung
zweifelnd
*doppelt eingebundene Ober-
zeichen*
G.3. alles in ein System ein-
beziehend
4. unfähig, die Eigen-
ständigkeit von etwas
Fremdem anzuerkennen
zur Konstruktion von
unangemessenen Zusam-
menhängen tendierend
I.4. zu eigenwilligen, inhaltlich
ungerechtfertigten Gestal-
tungsmitteln greifend
L.4. bequem
nachverbundene Oberzeichen
A.4. kleine Unterschiede
ignorierend
G.2. am inneren Zusammen-
hang orientiert
vorverbundene Oberzeichen
G.1. scharfsinnig
2. geistig gewandt und
geschmeidig
kombinationsfähig
3. fähig, entfernt liegende
Dinge miteinander zu
verknüpfen
4. sophistisch
*später nachverbundene Ober-
zeichen*
G.2. geneigt, bestimmte Aufgaben zunächst un-
erledigt zu lassen, um sie
dann später nachzuholen
Vergessenes mit Eleganz
nachholend

G.2. über Kleinigkeiten
    scheinbar achtlos hinweg-
    gehend, um schließlich
    dennoch auf sie zurück-
    zukommen
L.4. angeberisch
u-Bogen und ü-Striche zwischen
die Grundstriche gesetzt
G.4. leicht aus dem Konzept
    zu bringen
    leicht zu irritieren
V.4. unsicher
L.4. geneigt, den zweiten
    Schritt vor dem ersten zu
    tun
fehlende Oberzeichen
I.2. selbstsicher
G.4. unklar im Denken
L.4. sich über Kleinigkeiten
    erhaben fühlend

häufig vergessene Oberzeichen
A.4. unordentlich
G.4. vergeßlich
L.4. unzuverlässig
    ungründlich
eingebundener t-Strich
W.2. widerstandsfähig
schwache, drucklose Ober-
zeichen (bei stärkerer Text-
schrift)
A.4. charakterlich gefährdet
eingebundene Oberzeichen in
sonst schwach verbundener
Schrift
G.2. ideenreich, jedoch
    unpraktisch
V.2. seelisch schwerfällig bei
    intellektueller Gewandt-
    heit

Das Ebenmaß (der Form)

Das *Ebenmaß* ist insofern ein umstrittenes Merkmal, als es genau-
genommen ein *Ebenmaß der Bewegung*, ein *Ebenmaß des Raumes*
und ein *Ebenmaß der Form* gibt. Da die ersten beiden Spielarten des
Ebenmaßes schon unter den Begriffen *Ablaufrhythmus* beziehungsweise *Raumbild* abgehandelt wurden, bleibt hier noch das *Ebenmaß*
der Form zu erläutern. Es ist von der *Regelmäßigkeit* dadurch
abgegrenzt, daß es ohne Formhilfen (Linienblatt) zustande kommt.
Die Entscheidung zwischen den beiden Kategorien ist jedoch letztlich mehr eine intuitive und basiert nicht primär auf formalen
Kriterien; ausschlaggebend ist dafür die *Harmonie* des Schriftbildes.

Bitte, wenn möglich, Gutachten
bis Montag, d. 4.6.73 – 18.30 Uhr.
Angelegenheit eilt sehr!

Wenn die in einer Schrift auftretenden Formen einander verwandt oder ähnlich sind, wenn sie in ihrer Bewegung und Verteilung angemessen erscheinen und keinerlei Formübertreibungen oder Unnatürlichkeiten vorliegen, dann handelt es sich um ein echtes *Ebenmaß* der Form.

Das *Ebenmaß* ist ein Standard, der sich auf das Erscheinungsbild der Gesamtschrift bezieht; es dürfen in ihr keine in sich widersprüchlichen Merkmale auftreten. Je ebenmäßiger die Formung, desto deutlicher, klarer und leserlicher wird eine Schrift sein, ohne schulmäßig zu wirken. Eindeutigkeit, Klarheit und Unmißverständlichkeit sind dabei im allgemeinen auch charakteristisch für solche Schreiber. Gute Leserlichkeit ist aber auch ein Ausdruck klarer zwischenmenschlicher Verhältnisse. Grundsatztreue, Charakterfestigkeit, Unkompliziertheit, Sachlichkeit und Objektivität sind nur einige weitere mit dem *Ebenmaß* in Zusammenhang gebrachte Qualitäten, denen auf der Negativseite Formalismus und Pharisäertum sowie Uninspiriertheit und geistig-seelische Stagnation gegenüberstehen.

A. *allgemeines Verhalten*
1. sicher und ausgeglichen
   in sich ruhend
   gleichmütig
2. harmonisch
   gelassen
   Sinn für Ästhetik
   kultiviert

G. *geistige Fähigkeiten*
2. Sinn für Maß und Vernunft
   objektiv im Urteil
   gerecht
3. abwägend im Urteil
   ohne besondere Wünsche
   und Ideale
   unbewußt
   einfältig
4. wenig aufgeschlossen
   ohne ausdrückliche
   Meinung

4. einseitig
   gleichgültig
   undifferenziert

W. *Willensbereich*
2. willensstark, nach Vervollkommnung strebend
   um Konzentration bemüht
   kontrolliert und bewußt
3. maßvoll in Ermangelung
   starker Triebe
   bescheiden und zufrieden
   wegen niedrig angesetzter
   Ziele
   kontrolliert, mit der Folge
   abnehmbarer Erlebnisfähigkeit
   subaltern (bei Tendenz zur
   Schulmäßigkeit)
4. uneigenständig

I. *Ich-Bereich*
2. innerlich sicher und ausgeglichen
   natürlich selbstbewußt
   konservativ
   unerschütterlich
3. in einem natürlichen inneren
   Gleichgewicht
4. zu Selbstgerechtigkeit und
   Sattheit neigend
   innerlich leer
   langweilig
   stagnierend
F. *Fühlen, Gemüt*
1. abgeklärt und ruhig
2. lebensnah
   naturverbunden
   relativ unerschütterlich
3. geruhsam, in sich ruhend
4. innerlich unlebendig
   seelisch stagnierend
   flach
   unlebendig
   innerlich lahm
   müde, schlaff
   stumpf, eintönig
   grobnervig, derb
L. *Leistungsbild*
2. flexibel und belastbar
3. im Strom mitschwimmend
4. verantwortungsscheu, träge

V. *Vitalbereich*
1. mit der Welt im Einklang
   im Gefühlsbereich ökonomisch und ausgeglichen
2. unkompliziert
   fähig, Erfahrungen mühelos
   zu verarbeiten
   instinktsicher
4. zur Kompensation von Unzulänglichkeiten neigend
   unter Gewissensbissen
   leidend
   antriebslos
   unempfindlich
   ziellos
   kindlich, primitiv
   regressiv
M. *mitmenschlicher Bereich*
3. naiv, harmlos
   still
   autoritätsabhängig
   ignorant
   ehrlich aus Furcht
4. Herdennatur
   unsensibel
   langweilig
   indifferent
   undifferenziert
   unpersönlich

Das Unebenmaß (der Form)

Der Übergang vom *Ebenmaß der Form* zum *Unebenmaß* ist fließend. Sind *Ablauf, Verteilung* und vor allem die Formung in einem
Schriftbild gestört, so sprechen wir von *Unebenmaß*. Dieses gestörte
Verhältnis zeigt sich entweder in künstlerisch eigenwilliger oder in
einer sonstwie eigenartigen Formgebung. Die Gestaltung eines solchen Formbildes ist mißlungen, gelegentlich sogar geschmacklos. So

kann sich eine individuelle Schrift aus vielen divergierenden Stilelementen zusammensetzen. Dahinter können sich sowohl innere Richtungslosigkeit wie auch seelische Zerrissenheit verbergen. Immer zeigt sich in diesem Stilgemisch jedoch auch der Wunsch, die eigene Individualität zum Ausdruck zu bringen.

Unebenmaß findet sich bedeutend häufiger als *Ebenmaß*. Es ist eine Folge des Mangels an ausreichend regulierenden Kräften und weiterhin Ergebnis ungleichmäßiger, nicht sonderlich dynamischer Antriebe, die eine echte Gestaltung des Schriftbildes nicht zulassen. In diesem Zusammenhang seien noch die *verunglückten Formen* erwähnt, die von manchen Schreibern nachträglich nachgebessert werden. Sie zeigen, daß der Schreiber mit dem Ergebnis seiner Leistung nicht zufrieden gewesen ist und deshalb solche Korrekturen vornimmt, um einen anderen Eindruck zu erwecken, als es der ursprünglichen Leistung entsprechen würde. Positiv mag daran zu bewerten sein, daß ein solcher Schreiber sich keine Ungenauigkeit gestattet, negativ hingegen der Wunsch, den Leser zu täuschen. Man sollte solche Nachbesserungen aber erst dann diagnostisch auswerten, wenn sie gehäuft auftreten.

A. *allgemeines Verhalten*
4. unausgegoren
   in der Entwicklung stehengeblieben
   auf einen guten Eindruck bedacht
   ohne stabile Gesinnung
   widersprüchlich
   auf Abenteuer aus
   unnatürlich, unecht
5. extravagant
   unzuverlässig
   jenseits von Gut und Böse
G. *geistige Fähigkeiten*
2. vielseitig
3. problembewußt
   aufgeweckt
4. standpunktlos
   in Wunschbildern lebend
   ohne geistige Linie

4. geistig unproduktiv
   unkultiviert
   zu Projektionen neigend
   dem Widersprüchlichen und
   Gegensätzlichen zugetan
5. zerfahren, verworren
W. *Willensbereich*
4. inkonsequent
5. charakterlos
I. *Ich-Bereich*
3. um Originalität bemüht
   regressiv
   substanzlose Selbstdarstellung betreibend
4. auffallsüchtig
   unkreativ
   zwischen unvereinbaren
   Haltungen und Wertmaß-
   stäben hin und her gerissen
   angeberisch
5. maßlos
F. *Fühlen, Gemüt*
3. differenziert
   sensibel
   stimmungsabhängig,
   erregbar
4. abergläubisch
   schwärmerisch

4. erregbar, reizbar
5. hysterisch
V. *Vitalbereich*
4. unfähig, die eigenen Antriebe sinnvoll einzusetzen
   unausgeglichen
   unentschlossen
   in der Entwicklung zurückgeblieben
   formalistisch und leer
   innerlich verkrampft
   ablenkbar
5. innerlich zersplittert
   ohne moralischen Halt
   desintegriert
M. *mitmenschlicher Bereich*
3. aufgeschlossen
   für alles empfänglich
4. aufrührbar
L. *Leistungsbild*
2. innovativ
3. rührig
   wirkende Arbeitskraft
4. Neuerer, jedoch ohne
   geistig-seelische Wendigkeit
   ungleichmäßig in der
   Leistung
   ohne Arbeitsmoral

Der Formrhythmus

Nicht alle Formen lassen sich im *Ebenmaß* oder im *Unebenmaß* einer
Schrift erfassen. Aus der Vielfalt der Formgebung resultiert ein
eigener *Formrhythmus,* der die genaue, gute lesbare und gestaltete
Form ebenso umfaßt wie die mißlungene Form, die Formauflösung
und den Formzerfall.

Wenn eine Schrift der Schulnorm zuneigt, die Abweichung davon
nur gering ist und die Buchstaben wie langweilige Wiederholungen
der immer gleichen Formgestalt wirken, dann spricht man von
Formstarre. Sind Form und Bewegung dagegen ausgewogen, inner-

lich einheitlich und echt, organisch gewachsen, selbständig gestaltet
und in ihrer individuellen Eigenart unverkennbar, dann liegt *Formfestigkeit* vor. Leichte Abweichungen von der Norm bezeichnet man
als *Formvielfalt* oder *Formbeweglichkeit*, gröbere Störungen hingegen als *Formauflösung* oder *Formzerfall*. Letztere erschweren die
Lesbarkeit in erheblichem Maße. Unter diese Kategorie fallen auch
alle Übertreibungen und unschöne oder mißlungene Formgestal-
tungen.

Formzerfall

Auch die sogenannten *Wechselmerkmale* sind mitbestimmend für
den *Formrhythmus*. Sie resultieren aus dem plötzlichen Wechsel der
Schrift in Führung und Richtung und sind ein Anzeichen für das
Nachlassen einer gleichmäßigen Schriftgestaltung. Somit deuten sie
auf eine große Bereitschaft zum Wandel und Wechsel der seelischen
Haltungen. Der Begriff des *Formrhythmus* umfaßt, dem *Ablaufrhythmus* vergleichbar, eine ganze Reihe von Stilelementen. Die
näheren Einzeldeutungen wolle man der Tabelle entnehmen. Es sei
noch darauf hingewiesen, daß die vorliegenden Deutungsmerkmale
sich in vielen Fällen durch andere Merkmale bestätigen lassen.

ausgeprägte Form
A.2. innerlich gefestigt
den eigenen Überzeugun-
gen verpflichtet
G.2. geistig produktiv
3. glaubensfähig, phantasievoll
W.2. entwicklungsfähig,
kreativ

W.3. tatkräftig
zur Sublimierung fähig
I.2. auf dem Weg zur Indivi-
duation
nach Vervollkommnung
strebend
F.2. innerlich von konkreten
Leitbildern und Idealen
erfüllt

formfest und gut lesbar
A.1. grundsatztreu
     gesinnungsfest
  2. um Allgemeinverständ-
     lichkeit bemüht
  3. einfach, klar, eindeutig
     den vorgegebenen
     Rahmen respektierend
  4. fassadenhaft
G.2. geistig orientiert
W.2. ordentlich, beharrlich
     ausgleichend
     moralisch
     ehrlich aus Tradition oder
     Stolz
 I.4. hohl
     uneigenständig
V.4. unterentwickelt
     infantil, primitiv
M.2. lebensnah
  3. konfliktscheu
  4. pharisäerhaft
Formbetonung
A.2. kultiviert
  3. auf Form und Haltung
     bedacht
  4. oberflächlich
     unecht, gewollt
  5. maskenhaft
G.2. kreativ
W.2. Festigkeit und Abgren-
     zung über Gefühle und
     Triebwünsche stellend
 I.4. unbewußt zur Selbstdar-
     stellung neigend
V.4. ohne große Reserven
L.4. imitativ
individuell gestaltete Formen
A.2. individualistisch

W.2. lebendig, konstruktiv
 I.2. klar konturiert
  3. ausdrucksfähig
   ' eigenwillig im Geschmack
  4. Uniformität ablehnend
     bemüht aufzufallen
  5. exzentrisch
F.2. ästhetisch orientiert
V.2. innerlich differenziert
M.4. antibürgerlich
L.3. unkonventionell
*Formbeweglichkeit bis Form-
vielfalt*
A.4. grundsatzlos
G.3. vielseitig interessiert
  4. für neue Entwicklungen
     sehr empfindsam
V.2. flexibel und wendig
     innerlich differenziert
     fähig, Erfahrungen
     kreativ zu verarbeiten
M.3. anpassungsfähig
  4. opportunistisch
L.3. umstellungsfähig
  4. jede Gelegenheit nutzend
*weiche, einheitliche Formen
(subkortikal)*
A.2. echt, unkompliziert
     einfach
F.2. beschaulich
     tief
     innerlich erfüllt
M.2. schlicht, bescheiden
     ehrlich
  3. einfältig
Genauigkeit, gestaltet
A.3. gewissenhaft
G.3. realistisch
     genau kalkulierend

L.1. präzise
2. pünktlich
sorgfältig, gründlich
3. pflichtbewußt
Genauigkeit, ungestaltet
G.4. kleinbürgerlich
I.4. unselbständig
L.4. von einer Vorlage
abhängig
langsam
an Vorschriften klebend
geizig
Ungenauigkeit, gestaltet
A.2. großzügig
G.2. selbständig denkend
synoptisch begabt
Sinn für das Wesentliche
Ungenauigkeit, ungestaltet
A.4. verantwortungslos
G.4. oberflächlich
M.5. bindungsunfähig
L.4. ungründlich im Detail
5. nachlässig, schlampig
gewissenlos
verschwenderisch
Formstarre bei geglückten
Gestaltungsversuchen
A.3. auf der Suche nach einer
eigenen Form
W.3. nach Eigenständigkeit
strebend, ohne die dazu
notwendige Kraft zu
besitzen
I.3. erfolglos um Selbständig-
keit bemüht
M.4. vergeblich um die Lösung
aus alten Bindungen
kämpfend

Formreduzierung und
Abkürzung der Schreibwege
G.1. intellektuell gewandt
2. vom Verstand beherrscht
geistig eigenständig,
konstruktiv
nüchtern und abstrakt
denkend
bestimmt im Urteil
3. sachlich, objektiv
theoretisch ausgerichtet
um die Auffindung logi-
scher Gesetzmäßigkeiten
bemüht
skeptisch, rationalistisch
4. formalistisch
Formzerfall und Formauflösung
G.1. genialisch
W.4. eigenmächtig, eigenwillig
undiszipliniert
5. form- und haltlos
V.1. ursprünglich
4. machiavellistisch
innerlich abwehrend
labil
5. synoptisch begabt
innerlich zerrissen
moralisch indifferent
dämonisch
M.4. gehemmt
5. rücksichtslos
L.4. ungründlich
Anstückelung und Nach-
besserung
A.2. nach Vervollkommnung
strebend
3. um einen guten Eindruck
bemüht

G.2. nach Genauigkeit und
Sorgfalt, Eindeutigkeit
und Klarheit strebend
3. um Deutlichkeit bemüht
4. ablenkbar, irritierbar
W.2. selbstkritisch
3. der eigenen spontanen
Äußerung mißtrauend
bemüht, die eigene Un-
gründlichkeit zu korri-
gieren
I.3. mit der eigenen Leistung
unzufrieden

I.3. Konzentrationsmangel
durch erhöhte Selbstkon-
trolle ausgleichend
4. zu pedantischer Selbstbeobachtung neigend
V.4. von Gewissensbissen
geplagt
skrupulös
M.4. berechnend
5. heuchlerisch
L.5. zur Vertuschung eigener
Fehlleistungen neigend

Die Lesbarkeit

Niemand schreibt nur um des Schreibens willen, das Geschriebene
hat immer den Zweck, etwas mitzuteilen. Eine solche Mitteilung
kann an die eigene Person gerichtet sein, zum Beispiel wenn wir uns
etwas merken wollen, oder aber sie geht an einen anderen. Dieser
Empfänger steht in seiner sozialen Stellung entweder über oder unter
dem Schreiber, oder er befindet sich mit ihm auf gleicher Ebene. Der
Verfasser der Mitteilung bringt ihm entweder mehr oder weniger
Sympathie entgegen, oder er ist ihm gleichgültig, vielleicht lehnt er
ihn jedoch auch ab. Manchmal sind wir von dem Empfänger einer
schriftlichen Mitteilung abhängig, manchmal haben wir gar nichts
mit ihm zu tun. Jedenfalls beeinflußt das Verhältnis zum Empfänger
unsere innere Einstellung, was natürlich entsprechend in das Schriftbild mit einfließt. Durch die schriftliche Mitteilung stellen wir einen
sozialen Bezug her, und die Lesbarkeit unserer Handschrift sagt sehr
viel über unsere grundlegende Einstellung gegenüber anderen Menschen aus.

*Ich werde mich weiterhin bemühen,
Ihre Bestellungen sorgfältig und
schnell zu erledigen und ich
werde die Qualität meiner Wäsche*

[handschriftlicher Text:]

Viel Hoffnung hatte ich mir... Aber, meine Vasike stand noch genau so auf dem Tisch, wie ich sie hingestellt hatte... Nun, meine Freude konnen Sie sich denken.

[Unterschriften]

Auf uns selbst nehmen wir meist die geringste Rücksicht, wir kennen uns ja mit uns selbst aus, und daher werden Schreibnotizen für den eigenen Gebrauch oft nur oberflächlich hingekritzelt oder ohne besondere Aufmerksamkeit zu Papier gebracht. Die eigene »Klaue« läßt sich eigentlich immer entziffern, selbst wenn infolge *Eile* oder *Nachlässigkeit* viele Formen zerfallen sind und die *Lesbarkeit* auf ein Minimum herabgesunken ist. In der Beurteilung für den Eigengebrauch bestimmter Notizen sollte der Schriftpsychologe daher soviel Großzügigkeit walten lassen, wie sich der Schreiber selbst zubilligt.

Anders sieht es bei Mitteilungen an andere Personen aus. Natürlich spielt auch immer der Anlaß eines Schreibens eine wichtige Rolle. Es ist bei weitem nicht egal, ob man nur jemandem eine kurze persönliche Notiz zukommen läßt oder eine Examensarbeit, einen Liebesbrief oder ein Dankschreiben verfaßt. Für eine Bewerbung verwendet man mit Sicherheit eine besonders gepflegte Schrift, wogegen es bei einer Beschwerde nicht so genau darauf ankommt. Ob ein Arzt ein Rezept nur für den ihm bekannten Apotheker schreibt oder den Patienten auch von den notwendigen therapeutischen Maßnahmen in Kenntnis setzen will, wird unter anderem die Lesbarkeit seiner Schrift ausweisen.

Unter diesem Gesichtspunkt betrachtet, ist die Schrift ein Kommunikationsmittel, das Aufschluß über die Einstellung des Schreibers zu seinen Mitmenschen gibt. Die *Lesbarkeit* zeigt damit auch etwas von dem guten Willen beziehungsweise Unwillen, mit dem ein Individuum dem anderen begegnet. Achtung oder Mißachtung der Persönlichkeit des Adressaten spiegelt sich unmittelbar in den Schriftzügen wider; zwischen beiden Extremen liegt natürlich das breite Feld der Gleichgültigkeit und Indifferenz. Immer jedoch ist der Grad der Lesbarkeit ein Indikator für die Reifungsstufe, auf der sich ein Schreiber zu einem gegebenen Zeitpunkt befindet.

graphischer Ausdruck	*Deutung*
absolute Lesbarkeit sichere Formbeherrschung zentrierte Gliederung regelmäßiger Neigungswinkel nicht zu starker Druck einheitliche Bindungsform	G.2. um Allgemeinverständlichkeit bemüht auf der Suche nach einer geistigen Orientierung V.2. lebensnah M.2. sozial konfliktscheu L.2. gewissenhaft kooperativ
gute Lesbarkeit	M.3. einordnungsbereit bereit, sich anzupassen
überbetonte Lesbarkeit dazu originelle Formen- und Gestaltungstendenzen manchmal stilisiert normschriftverwandt vorwiegend starker Antrieb	G.2. ideenreich und flexibel genialisch 4. selbstherrlich A.3. unbekümmert 4. amoralisch L.4. reproduktiv

graphischer Ausdruck	*Deutung*
relative Lesbarkeit Betonung des Unwesentlichen ohne Beeinträchtigung des Wesentlichen, Weglassen von unwesentlichen Schriftteilen häufig Oberzeichen ungenau voreilend	A.3. ausweichend G.3. unselbständig im Urteil 4. unausgegoren M.3. nicht darum bemüht, sich verständlich zu machen L.3. mittelmäßig
unechte Lesbarkeit Überbetonung der Form meist schlecht gegliedert Krallenzüge, Einrollungen linkswärts eingerollte Schluß-züge, schmieriger, unmotivier-ter Druck	A.3. Bluffer I.4. um einen guten Eindruck bemüht scheinheilig, nur nach außen hin korrekt M.3. konventionsgebunden L.4. unglaubwürdig und unzuverlässig
unentwickelte Lesbarkeit primitive, schulmäßige Form unselbständige Buchstaben-gestaltung, Anfangsbetonung größer werdende Wortenden	F.4. zu Kurzschlußhandlun-gen neigend V.4. innere Unsicherheit kaschierend M.4. unfähig, sich einzu-ordnen 5. parasitär rücksichtslos
absolute Unleserlichkeit unrhythmische Druckschwan-kungen; Bewegungs- und Formelemente sind gebrochen oder fallen auseinander abrupte, ausfahrende Einzel-züge, Mangel an Koordination	G.4. unselbständig im Urteil A.4. gleichgültig gegen Äußer-lichkeiten weltfremd Außenseiter I.4. unaufrichtig egozentrisch M.4. nicht anpassungswillig

Die Eigenart

Der geübte Schriftpsychologe erkennt auf den ersten Blick den *Eigenartsgrad* einer Schrift und mißt daran nicht nur die Formhöhe, sondern schließt daraus auch auf den Grad der seelischen Reife eines Probanden.

An sich müßte jede Deutung mit der Analyse dieses Merkmals beginnen, da es sich bei der *Eigenart* um ein ganzheitliches Merkmal der Schrift handelt, das LUDWIG KLAGES noch mit *Rhythmus* bezeichnete, um derart die Eigengesetzlichkeit der rhythmischen Bewegung angemessen zu würdigen. Dieses Charakteristikum zeigt sich schon in der Phase des Schreibenlernens. Kein Lernanfänger wird trotz gleicher Vorlage genau den gleichen Buchstaben schreiben wie seine Mitschüler. Seine Schrift unterscheidet sich oft schon im *Ansatz*, spätestens aber in *Druck, Lage, Duktus, Weite* und *Form* überhaupt, so daß jeder geschriebene Buchstabe von Anfang an ein individuelles Gepräge und einen persönlichen Stempel trägt, an dem zumindest der jeweilige Schrifteigner seine Schrift sofort wiedererkennt. Jedes Schriftbild trägt mit fortschreitender Übung und seelischer Reifung charakteristische Züge, und darin besteht ihre *Eigenart*.

Die *Eigenart* ist folglich nicht mit dem *Rhythmus* deckungsgleich, sondern ein echtes Kriterium der *Formhöhe* einer Schrift. Andererseits sollte man die Wichtigkeit der *Eigenart* insgesamt für die Deutung auch wiederum nicht überschätzen, sondern sie in Verbindung mit anderen Merkmalen dazu benutzen, allgemeine Tendenzen der charakterlichen Entwicklung des Probanden zu eruieren. Im übrigen ist sie ein ziemlich zuverlässiger Indikator für den Reifungsgrad eines Menschen, was in besonderem Maß auf die Schrift von Kindern und Jugendlichen zutrifft.

ausgeprägte Eigenart
A.1. außergewöhnlich
  2. überdurchschnittlich
G.2. begabt
    kreativ
    produktiv
I.1. stolz auf die eigene
    Einmaligkeit
  2. souverän und
    selbständig
  3. selbstsicher
  4. Außenseiter
  5. zu Staralüren neigend
    exzentrisch
F.4. sektiererisch
  5. anarchisch
M.4. anpassungsunfähig
    eigenbrötlerisch
unausgeprägte Eigenart
A.2. unauffällig
  3. brav, einfach

A.3. schlicht, bescheiden
    konventionell
  4. unpersönlich
    um den Eindruck von
    Vornehmheit bemüht
G.3. sachlich
    durchschnittlich
  4. unbegabt
W.3. asketisch
I.4. unselbständig
    unauffällig
    ohne eigene Konturen
    infantil
    banal
  5. zur Selbstaufgabe neigend
unpersönliche Schrift
A.3. austauschbar
    ohne eigenes Profil
    durchschnittlich
M.4. langweilig
    Herdenmensch

Druckschrift, normnah
G.2. um besondere Deutlichkeit bemüht
auf Ästhetik bedacht
3. (berufsbedingte) Technikerschrift
4. normentreu
maskenhaft
5. die eigenen charakter-
lichen Schwächen ver-
bergend
Wolf im Schafspelz

Verwendung von Faserstiften
I.4. angeberisch
bemüht, einen starken
Eindruck zu hinterlassen
V.4. bequem
mit nicht vorhandener
Kraft protzend

V.4. den eigenen Charakter
verbergend
I.4. naiv anspruchslos
bemüht, bedeutend und
auffällig zu erscheinen

Verwendung farbiger Tinten
I.3. nach Einmaligkeit
strebend
sich zu sich selbst
bekennend
ästhetisch orientiert
farbenblind
verliebt
4. eitel
imponiersüchtig
bemüht, zu verlocken
oder zu verführen

Über- und Unterstreichungen

Wer sich oder seine Meinung hervorheben will, wird nach einer stützenden Form suchen, um sich darauf zu präsentieren. Graphisch gesehen, ist die *Unterstreichung* ein solches Podest. In manchen Fällen hat sie durchaus ihre Berechtigung, tritt sie hingegen gehäuft auf, so ist das ein Anlaß zum Mißtrauen.

Aussparungen in Unterstreichungen sind ein Hinweis auf mangelndes Selbstvertrauen. Menschen dieser Art scheuen vor wirklichen Konsequenzen zurück, wollen niemandem auf die Füße treten oder zu nahe kommen und halten sich möglichst aus allem heraus.

Überstreichungen schließlich gelten seit eh und je als Protektionsgeste. Man sollte sie jedoch in ihrer diagnostischen Bedeutung nicht überbewerten.

In einigen Ländern ist die *Unterstreichung* der Unterschrift üblich, so daß diese Praxis für eine individualpsychologische Deutung nichts hergibt. Ansonsten zeigt diese Angewohnheit das persönliche Geltungsbedürfnis des Schreibers an. Es kann aber auch sein, daß er in seinem Selbstbewußtsein einer gewissen Stütze bedarf, weil er befürchtet, ansonsten völlig unbeachtet in der Masse unterzugehen. Das Motiv für die Unterstreichung der Unterschrift ist nicht aus der Unterschrift selbst, sondern nur aus der Textschrift zu erschließen.

Überstreichungen ohne Druck
  V.2. lebhaft
       temperamentvoll
Überstreichungen mit Druck
  W.3. nach Macht strebend
  M.2. sich zum Beschützer
       aufwerfend
normale Unterstreichungen
  G.3. das Wesentliche hervor-
       hebend
	G.3. um Deutlichkeit bemüht
	       differenzierend
	       eindringlich, nachdrück-
	       lich
	  M.4. Mißverständnisse fürch-
	       tend
	       bemüht, die eigene
	       Meinung auch im Detail
	       verständlich zu machen

gehäufte Unterstreichungen	*Unterstreichung mit Aus-*
G.4. spleenig	*sparungen an der Unterlänge*
V.4. zu Affekthandlungen	V.4. den eigenen spontanen
neigend	Impulsen gegenüber miß-
zu Übertreibungen	trauisch
tendierend	ängstlich
manisch	M.4. auf Abstand bedacht
hysterisch	übertrieben, rücksichts-
5. bis zur Aufdringlichkeit	voll
spontan	L.4. supergenau, pedantisch
	verantwortungsscheu

Die Strichqualität

Die *innere Struktur eines Striches* bleibt bei ein und demselben
Schreiber nach den Untersuchungen Professor R. POPHALS immer
gleich. Sie ist mit bloßem Auge nicht zu erkennen, sondern erst bei
etwa fünfzehnfacher Vergrößerung. In Kugelschreiber- und Faser-
stiftschriften verwischt sich diese Struktur wieder, solche Schriften
lassen sich daher zur Untersuchung der Strichstruktur kaum ver-
wenden.

amorpher Strich

granulierter Strich

homogener Strich

Die Deutungsbefunde der *Strichqualität* sind nur dann relevant,
wenn mehrere einwandfreie Schriftproben vorliegen. Was sich in der
Strichstruktur ausdrückt, hängt mit den tiefsten Bereichen der
Persönlichkeit zusammen und ist ohne optische Hilfsmittel kaum
erkennbar.

Wir unterscheiden drei Arten der Strichqualität: den homogenen, den granulierten und den tuschigen oder amorphen Strich. Der *homogene Strich* ist fest und dicht; er ist in sich geschlossen, und seine Ränder sind glatt. Ein solcher Strich wirkt klar, eindeutig, sauber, ruhig, rein und gleichmäßig. Zwar kann dabei ein periodischer Wechsel zwischen hellen und dunklen Stellen, die sich voneinander abheben, auftreten, aber der Strich insgesamt bleibt dennoch in sich fest. Der *granulierte Strich* hingegen ist porös, aufgelockert, durchlöchert, unfest. In seinem Aufbau ist er uneinheitlich, in seinem Gefüge unorganisch, eine innere Differenzierung ist nicht vorhanden. Dieser *Strich* wirkt körnig, marmoriert, fleckig, unruhig, flimmernd und ungleichmäßig. Die Pigmente sind zerstreut oder aufgelöst, wobei die vorherrschend trübe und unklare Strichqualität ungleichmäßig aufgehellt sein kann. Der *amorphe* oder *tuschige Strich* schließlich erscheint schwach, leblos, monoton und einförmig. Er wirkt undurchsichtig und trübe wie Tusche, und die Pigmente der Schreibflüssigkeit sind gestaltlos ineinander verschmolzen.

Die gesamte Problematik der *Strichstruktur* gehört eigentlich in den Bereich des *Farbbildes*, dessen Verständnis uns gewiß tieferen Einblick in gewisse seelische Vorgänge geben würde, dessen »innere Logik« jedoch graphologisch wohl noch nicht so weit und gründlich erforscht ist, daß man auf dieser Basis zu gesicherten Aussagen gelangen könnte. Auf diesem Feld bleibt für zukünftige Forschung noch viel zu tun.

homogener Strich
A.2. charakterfest
    eindeutig, klar, sauber
G.2. initiativ, aktiv und
    wendig
W.2. innerlich fest und stabil
    unbeugsam in der Ver-
    folgung wichtiger Ziele
I.2. sich selbst treu
    weder durch Erfolge noch
    Niederlagen aus der Bahn
    zu werfen
V.2. innerlich ausgewogen
    3. anregend

M.2. vertrauenswürdig
L.1. führungsfähig
    2. solide
granulierter Strich
A.4. unharmonisch
    5. charakterschwach
    gesinnungslos
G.3. fachlich kompetent,
    jedoch ohne Initiative
    4. zur Fachidiotie neigend
W.4. labil
    willensschwach
    die eigene Willenskraft
    unökonomisch einsetzend

V.3. innerlich locker
  4. leicht erregbar, nervös
  5. labil, brüchig
     ohne inneren Schwer-
     punkt
M.4. wenig vertrauenswürdig
L.3. für Routinearbeiten ge-
     eignet
  4. ohne Führungsfähig-
     keiten
  5. unzuverlässig
amorpher (Tusche-)Strich
G.3. nüchtern
  4. indifferent

V.4. unlebendig
     monoton
     wenig leistungs- und
     erfolgsorientiert
     seelisch-geistig undiffe-
     renziert
     primitiv
M.4. langweilig
     indifferent
L.4. geeignet für Routine-
     arbeiten
     formalistisch, pedantisch
     entscheidungsunfähig
     unsicher im Auftreten

Die Unterschrift

Ein Schreiber offenbart in seiner *Textschrift* seine Persönlichkeit. Das gleiche sollte man eigentlich von seiner *Unterschrift* auch vermuten, aber in vielen Fällen trifft diese Annahme nicht zu. Die Unterschrift weicht nämlich bei nicht wenigen Menschen merklich von der Textschrift ab, da sich darin darstellende Merkmale besonders gut anbringen lassen. Der Schreiber zeigt also in der Unterschrift primär, wie er nach außen erscheinen möchte.

Die *Unterschrift* nimmt auch infolge ihrer juristischen Bedeutung schon eine Sonderstellung ein. Sie muß nicht unbedingt lesbar, aber für die Gewähr ihrer Echtheit gleichbleibend sein. Sie ist das persönliche, für die Öffentlichkeit bestimmte, Aushängeschild des Individuums und verdient schon allein deshalb besondere Beachtung. Ohne seine Unterschrift sollte man die Handschrift eines Menschen erst gar nicht begutachten, denn erst im Vergleich von *Text-* und *Unterschrift* wird offenbar, ob der Schreiber in seinem privaten und öffentlichen Auftreten übereinstimmt. Die Inkongruenz zwischen beiden ist ein Warnsignal! Nach dem Grundsatz: Wer nichts zu verbergen hat, versteckt auch nichts, sollte die Unterschrift eigentlich lesbar sein. Je unleserlicher sie ist, desto mehr Zweifel an der sozialen Einstellung des Schrifturhebers müssen aufkommen, da eine unleserliche Unterschrift ein Zeichen dafür ist, daß der Schreiber keinen gesteigerten Wert darauf legt, von seiner Umwelt erkannt oder verstanden zu werden. Dennoch zeigen sich gerade in der Unterschrift ungeschminkt Geltungsbedürfnisse, Herrschsucht, die Größe und Art des Selbstwertgefühls, Ehrlichkeit oder Unehrlichkeit sowie der Grad der inneren Reifung. Mit einem Punkt hinter der Unterschrift stellt sich der Schreiber gleichsam symbolisch hinter seinen Text, und die Paraphe unter seinem Namen zeigt die Stellung an, die er gern in seiner Umwelt einnehmen möchte. Es gibt Fälle, da sagt eine Unterschrift mehr als ganze Seiten Text. Stimmen Text- und Unterschrift hingegen völlig überein, so läßt sich daraus auf eine einheitliche und in sich geschlossene Persönlichkeit schließen. Sobald jedoch die Unterschrift von der Textschrift abweicht, kommt darin ein Kompensationsverhalten zum Ausdruck, dem man nachgehen sollte, denn selten ist eine gegenüber der Textschrift veränderte Unterschrift ein Zeichen menschlicher Stärke. Sie kann allerdings auch aus gutem Grund individuell gestaltet sein, damit zum Beispiel eine Nachahmung erschwert ist; man findet dieses Motiv häufiger in Kaufmannsschriften. Die häufigste Form der Eigengestaltung aber ist die Überhöhung oder Vergrößerung; das ist ein Zeichen dafür, daß der Schreiber glaubt, im gewöhnlichen Leben zu kurz gekommen zu sein, und mit derartigen Stilisierungen seinen Anspruch auf persönliche Geltung deutlich anmeldet.

Unterschrift deutlich, ohne Zutaten	
A.2. zuverlässig	A.3. schlicht
ehrlich	L.2. verantwortungsbewußt
moralisch mutig	3. ruhig und sorgfältig
	gewissenhaft
	unbeirrbar

Unterschrift wie Textschrift
A.2. charakterlich ausgewogen
    natürlich
    ausgeglichen, gutmütig
    bescheiden, zufrieden
    echt
  4. unzufrieden
    naiv
    selbstgerecht
    ohne Abstand zu sich
    selbst
Unterschrift deutlicher als Text
I.4. wichtigtuerisch
    eitel
Unterschrift undeutlich
A.4. falsch
G.4. berechnend
M.4. mißtrauisch
L.4. vielgeschäftig
  5. verantwortungsscheu
    feige
M.5. unsozial
Unterschrift vernachlässigt
V.4. gehetzt
    überlastet
L.4. übereilt
    ungründlich
Unterschrift unleserlich
L.4. feige und verantwor-
    tungsscheu
*Unterschrift unlesbar, Text-
schrift lesbar*
A.4. privat klar, geschäftlich
    nicht ganz eindeutig
Unterschrift unterstrichen
I.4. geltungssüchtig
    eitel
    egomanisch, selbst-
    gefällig

Unterschrift überstrichen
I.4. geltungssüchtig
M.3. schutzbedürftig
W.4. herrschlustig
    rücksichtslos
Unterschrift abfallend
V.4. depressiv
Unterschrift ansteigend
W.2. strebsam
    ehrgeizig
    erfolgsorientiert
A.3. optimistisch
Unterschrift kurvenreich
W.3. kompromißgeneigt
M.2. unparteiisch
    vermittelnd
  4. entscheidungsschwach
Unterschrift eckenreich
W.2. kompromißunfähig
    zielgerichtet
    unnachgiebig
    durchsetzungsfähig
I.4. unfähig, Kritik zu
    ertragen
    autoritär
M.4. streitlustig
L.4. unkooperativ
*Unterschrift größer als Text-
schrift*
I.3. selbstbewußter als nach
    außen hin sichtbar
    mehr an Persönlichem als
    an Sachlichem interessiert
*Unterschrift kleiner als Text-
schrift*
M.3. bescheiden
  4. unsicher
I.4. schwaches Selbstver-
    trauen

*Unterschrift größer und druck-
stärker als Textschrift*
 I.3. selbstbewußt
  4. eitel
   auf Wirkung bedacht
*Unterschrift kleiner und druck-
schwächer als Textschrift*
 I.4. bemüht, nicht aufzufallen
   unfähig, die eigenen
   Interessen zu vertreten
   (insbesondere bei Faden)
*Unterschrift rechtsschräg, Text-
schrift steil*
 M.4. im Beruf weniger
   menschlich als zu Hause
   beruflich vorsichtiger als
   privat
   leicht verkrampft
*Unterschrift steil, Textschrift
schräg*
 L.2. beruflich voll engagiert
  3. unter dem Mangel an
   Privatleben leidend
*Unterschrift anmaßend, Text-
schrift schwach*
 M.3. beruflich überlastet
  4. tyrannisch in der
   Familie
Unterschrift in der Mitte
 I.4. sich in den Mittelpunkt
   stellend
Unterschrift links Mitte
 F.3. vergangenheitsbezogen
 V.4. mutlos, melancholisch
   vorsichtig
   gehemmt
Unterschrift tief unten
 M.3. bescheiden
 V.4. materialistisch

Unterschrift weiter oben
 G.3. intellektuell
 W.2. strebsam
 M.4. zudringlich
 L.4. unbesonnen
Punkt nach Unterschrift
 A.2. behutsam
  3. vorsichtig
 G.3. um einen deutlichen
   Abschluß bemüht
 I.3. sicherheitsbedürftig
 L.2. verantwortungsbewußt
*gleiche Formgebung bei
Vor- und Zunamen*
 A.3. innerlich ausgeglichen
*unterschiedliche Größe bei
Vor- und Zunahmen*
 I.3. die Privatsphäre bevor-
   zugend
*Unterschrift aus Vor- und
Zunamen in einem Zug*
 I.2. Privatsphäre und öffentli-
   ches Auftreten im Gleich-
   gewicht
   privater wie öffentlicher
   Sphäre gleiches Gewicht
   beimessend
*ständige Hinzunahme des Vor-
namens in die Unterschrift*
 M.2. freundlich und warmherzig
*Unterstreichung der Unter-
schrift bei tiefer gesetzten Großbuchstaben*
 I.4. zur Selbstverhimmelung
   neigend
   wichtigtuerisch
   um Bedeutung bemüht

Titelbetonung in der Unter-
schrift
  I.3. stolz
    4. geltungsbedürftig
Titelvernachlässigung in der
Unterschrift
  I.2. zurückhaltend
    bescheiden
Titel des Mannes bei Frauen
  I.5. anmaßend
Einrollungen der Unterschrift
von innen nach außen bei den
Kleinbuchstaben a, d, g
  I.4. nur an den eigenen Inter-
    essen orientiert
    unsachlich
    5. narzißtisch
    egozentrisch (krankhaft)
das gleiche von außen nach
innen
  A.3. diskret, bedachtsam

M.3. zurückhaltend, ver-
    schlossen
L.3. zurückhaltend, diploma-
    tisch
    geschickt und konzen-
    triert
Unterschrift fängt groß an, hört
klein auf
  A.4. aufgeblasen
  L.4. protzend ohne die ent-
    sprechende Leistung
Anfangsbuchstabe in Unter-
schrift durch Verlängerung
über- oder unterstrichen
  I.4. narzißtisch
Unterschrift eines Künstlers
  A.2. seine Faszination liegt in
    der Darstellungskraft

Die Sonderformen

Trotz aller Systematisierung gibt es noch immer Formen, die einen so starken Eigenrhythmus haben, daß sie in das allgemeine Schema des *Formrhythmus* nicht mehr hineinpassen. Solche Merkmale haben meist eine Bedeutung, die sich ziemlich direkt aus ihrer Bildhaftigkeit herleiten läßt. Man sollte ihnen jedoch bei weitem nicht jene Aussagekraft beimessen, wie es die Graphologie des neunzehnten Jahrhunderts noch getan hat. Viele dieser Formen sind allerdings, wie es scheint, unausrottbar. Trotzdem handelt es sich dabei häufig nur um spielerische Einzelformen, die besonders den rein intuitiv begabten Graphologen anregen, aus der Bildhaftigkeit Assoziationen herzuleiten, die mit dem wirklichen Leben übereinstimmen mögen, es jedoch nicht müssen. Zum Teil beruht die Interpretation solcher Merkmale auf kaum erklärbaren Erfahrungswerten und hat dann die Funktion, die übrigen Befunde zu unterstützen.

Diskrepanz statt Schlingen

Deutsch – lateinische Mischschrift
entsteht, wenn Buchstaben aus
der deutschen Schrift übernommen
werden.

fünf – fünf

gegangen

lateinisch-deutsche Mischschrift	doppelt geknickte Langlängen
A.4. unzuverlässig	A.4. innerlich gebrochen
nach rechts gewölbte Langlänge	sehr krisenanfällig
F.4. entmutigt und enttäuscht	V.4. Triebimpulse ver-
beeinflußbar und Reizen	drängend
hilflos ausgeliefert	*starker Wechsel zwischen gro-*
M.4. ängstlich verschlossen	*ßen und kleinen Kurzlängen*
nach rechts gehöhlte Lang-	I.4. im Selbstwertgefühl ge-
längen	stört (oft mit allgemeiner
I.3. zur Selbstbehauptung	Erregbarkeit verbunden)
fähig	*Vernachlässigung der Grund-*
W.4. hartnäckig	*striche*
gegen wirkliche oder ver-	W.4. unfähig, sich durch-
meintliche Hindernisse	zusetzen
ankämpfend	*Stützungen und Deckzüge statt*
sich selber im Weg	*Schleifen*

F.3. unter der Oberfläche
   weich
   4. verklemmt
Verkleinerung und Verengung
einzelner Buchstaben
F.4. unsicher
   gehemmt
krampfaderähnliche Verdickun-
gen in den Unterlängen
V.4. im Sexualbereich gestört
zu einem dunklen Punkt
zusammenfließende Kreis-
bewegung (beispielsweise im a)
I.5. unaufrichtig und eitel
V.4. komplexbeladen

Druckbuchstaben
G.2. literarisch gebildet
   3. zu Vorbildern empor-
      blickend
A.4. bemüht, die eigene
      Persönlichkeit zu tarnen
A.5. hinter einer Maske ver-
      borgen
      charakterschwach
symbolhafte Zeichen und
Formen
V.3. von verdrängten Wunsch-
      vorstellungen besessen
      (Deutung vieldeutig und
      unsicher!)

VI. Das Gutachten

1. Sein Aufbau

Mit der Analyse der einzelnen Merkmale ist die wichtigste graphologische Vorarbeit geleistet, jetzt gilt es, in der *Synthese* zu einer Form
der Beschreibung zu finden, die auch dem außenstehenden Betrachter verständlich ist. Während der systematischen Auflistung der
Deutungsbefunde nach *vorher* festgelegten Gesichtspunkten –
zweckmäßigerweise sollten diese Ordnungsprinzipien schon in dem
graphischen Merkmalprotokoll aufgegliedert sein – entsteht in dem
Betrachter (oft auch intuitiv) eine gewisse Vorstellung von Charakter
und Persönlichkeit des Probanden. Anhand der dabei in den Vordergrund tretenden Schwerpunkte läßt sich ein Gutachten am besten
aufbauen. Man faßt zusammen, was inhaltlich zusammengehört,
verwandt ist, das Verhalten begründet, bestärkt oder als Mangeler-
scheinung auftritt.

Der Aufbau eines *Gutachtens* ist keine graphologische Leistung
mehr, sondern das Ergebnis einer psychologisch zutreffenden Zu-
sammenschau und darüber hinaus in seiner sprachlichen Gestaltung
eher eine literarische Leistung, die zwar einer wissenschaftlichen
Grundlage nicht entbehren sollte, über weite Strecken jedoch primär
eine künstlerische Aufgabe ist; und in diesem Zusammenhang zeigt
sich der Unterschied zwischen einem »nur« graphologisch gebildeten
Gutachter und dem wahren Schriftpsychologen.

Was ist nun ein graphologisches Gutachten? Ein graphologisches
Gutachten ist das schriftlich fixierte sachverständige Urteil eines
psychologisch geschulten Graphologen, der Charakter- und Verhal-
tensstruktur eines Menschen aus dessen Handschrift erschließt,
begründet und verständlich darlegt. Mit Sicherheit dient jedes Gutachten einem bestimmten Zweck. Die entsprechenden Fragestellun-
gen sind folglich recht mannigfaltig, je nachdem ob es sich um eine
Aussage über die Eignung für eine bestimmte Berufstätigkeit handelt

oder ob beispielsweise ein Partnerschafts- oder Persönlichkeitsgutachten verlangt wird. Von diesem Zweck her wird die Formulierung eines Gutachtens wesentlich mitbestimmt.

Neben dem Verwendungszweck eines Gutachtens, über den von Anfang an Klarheit herrschen sollte (es könnte nämlich dazu einfach die ethische Berechtigung fehlen), muß der Gutachter auch die Auffassungsgabe des Auftraggebers berücksichtigen. In den meisten Fällen handelt es sich dabei um Laien, die zwar psychologischen Gedankengängen sehr wohl folgen können, aber mit Fachausdrükken aus diesem Bereich nur wenig anzufangen wissen beziehungsweise sie sogar mißverstehen. Deshalb sollte der Gutachter Fachausdrücke, die nicht allgemeinverständlich sind, tunlichst vermeiden oder so in die Umgangssprache übersetzen, daß sie auch dem Nichtfachmann verständlich sind.

Bei der Abfassung des Gutachtens ist natürlich die Individualität des Schrifteigners in Betracht zu ziehen, das heißt herauszuarbeiten, wie der Betreffende sich selbst erlebt, um dann in einem zweiten Schritt auf sein Sozialverhalten einzugehen. Dabei hat sich der Gutachter aller diskriminierenden Äußerungen zu enthalten. Wo der Gutachter auf Charakterdefizite zu sprechen kommt, kann er das auch in Form höflicher Umschreibungen tun.

Je nach Interessenlage des Auftraggebers stellt sich nun die Frage, wie der betreffende Schreiber unter den gegebenen Bedingungen zu beurteilen ist. Die dominanten Merkmale und ihre Deutung haben dabei immer Priorität. Im Verlaufe des Zusammentragens von immer mehr Einzelaussagen klärt sich dann allmählich die Schichtstruktur der Persönlichkeit, und es kristallisieren sich charakterliche Zusammenhänge oder typische Verhaltensweisen heraus, die nur für dieses eine Individuum kennzeichnend sind. Ob hierbei der Schwerpunkt der Interpretation mehr auf analytischer oder auf intuitiver Erfassung liegt, spielt eine untergeordnete Rolle, entscheidend ist, daß der Gutachter seine Befunde sachlich begründen kann.

Quer durch alle Schulen herrscht Übereinstimmung hinsichtlich der Grundbedeutungen der Einzelmerkmale. Wichtiger als alle isolierten Bedeutungen sind jedoch die Zuordnung, die Gewichtung und unter Umständen die Bedeutungseinschränkungen, wie sie sich unter gewissen Umständen ergeben können. Oft erweist es sich dabei als zweckmäßig, nicht zu sehr an den wörtlichen Bedeutungen der Einzelmerkmale zu kleben, sondern selbst eine dem Zusammenhang angemessene Formulierung zu finden. Dazu ein Beispiel: In der Merkmaltabelle findet sich unter *Faden G 4* die Bedeutung *seicht und oberflächlich*. In einem Gutachten könnte man nun schreiben: Denken und Handeln des Probanden vollziehen sich mit einer Leichtigkeit, die fast beneidenswert wäre, würde sie nicht infolge eines gesteigerten psychischen Tempos dabei an Gründlichkeit und Tiefgang so viel einbüßen, daß die Bewältigung ernsthafter Aufgaben dadurch gefährdet ist. Solche oder ähnliche »barocke« Formulierungen sind natürlich nicht immer angebracht, manchmal genügt es auch, statt von Seichtheit und Oberflächlichkeit nur von einem zu geringen Tiefgang zu sprechen.

Schwierig wird die Erstellung eines Gutachtens, wenn offenbar gegensätzliche Bedeutungsmerkmale in einer Schrift auftauchen. Solche »Widerspruchsdominanten« bringen echte Farbe in ein Persönlichkeitsbild, vorausgesetzt, es ist dem Graphologen gelungen, diese scheinbaren oder wirklichen Gegensätze dynamisch zueinander in Beziehung zu setzen und ihre verhaltensbegründende Funktion zu erhellen. »Zwei Seelen wohnen, ach, in meiner Brust«, bekennt Dr. Faust in GOETHES gleichnamigen Drama, und nicht wenigen Menschen ergeht es ähnlich. Meist sind sie sich ihrer inneren Zerrissenheit jedoch nur dumpf bewußt. Dem Schriftpsychologen bleibt dann die manchmal undankbare Aufgabe, solche Widersprüche »unter einen Hut zu bringen«, das heißt sie so zu koordinieren, daß sich ein abgerundetes Persönlichkeitsbild daraus ergibt.

Es ist zweckmäßig, bei der Abfassung eines Gutachtens den Stoff nach bestimmten Schwerpunktgruppen aufzugliedern. Solche Gruppierungen sind beispielsweise *Leib–Seele–Geist* oder *Intelligenz –Durchsetzungsvermögen–mitmenschliches Verhalten* oder *Energie –Vitalität–Leistung* oder *Selbstwertgefühl–soziales Verhalten–berufliche Qualitäten*. Der Zweck des Gutachtens sowie die Art des Schrifteigners bestimmen die passende Gliederung des Gutachtens.

In jedem Gutachten sollte am Anfang zunächst einmal wenigstens eine positive Seite des Probanden herausgestellt werden. Charakterliche Mängel und sonstige Defizite kann man dann in der Folge erwähnen, ohne dabei verletzend zu wirken. Zu einem rein beschreibenden Gutachten gehört auch eine begründende und zusammenfassende Gesamtschau, welche die verhaltensbestimmenden Motivationen des Schreibers erhellt. In dieser kurzen Zusammenfassung sollte, falls erbeten, auch der Eignungsbefund stehen.

Es darf in einem Gutachten auf keinen Fall der Eindruck entstehen, der Graphologe habe das betreffende Individuum völlig enttarnt oder gar entlarvt, sondern vielmehr sollte darin das Verhalten des Schrifteigners dem Auftraggeber verständlich gemacht werden. Falls notwendig und erwünscht, kann der Schriftpsychologe dem Probanden auch einige hilfreiche Ratschläge erteilen. Derart ist graphologische Arbeit Dienst am Menschen, und als solcher will ein graphologisches Gutachten auch verstanden sein.

An dieser Stelle ist es angebracht, noch ein kurzes Wort über die Berufsauffassung des Schriftpsychologen zu sagen. Seiner subjektiven Bedingtheit sollte ein guter Graphologe neben kritischer Selbsterkenntnis und Verantwortungsgefühl auch eine fundierte Fachausbildung sowie das Bemühen um sprachliches Differenzierungsvermögen entgegensetzen. Kein Graphologe sollte sich dazu hergeben, nur die gesellschaftliche Neugier zu befriedigen, obwohl der Anreiz dazu oft recht groß ist. Ehrfurcht und Achtung vor dem Menschen gebieten es, daß er klärend, verstehend und helfend seine Aufgabe erfüllt, und die Fairneß verlangt von ihm, die Intimsphäre eines Menschen soweit wie möglich auszuklammern und unter Wahrung der Menschenwürde des Probanden ehrlich das zu sagen, was notwendig ist, um dem Auftraggeber Klarheit sowie Verständnis für den Bewerber zu vermitteln. Ein gutes Gutachten sollte deshalb auch sprachlich jenes Niveau erreichen, auf dem der Schrifteigner steht, wenn möglich es sogar noch ein wenig übertreffen.

2. Die Gestaltung des Gutachtens: Auch negative Befunde lassen sich positiv darlegen

Ein Gutachten, das mit einer Anhäufung negativer Aussagen beginnt, wird nicht nur dem Schrifturheber, sondern auch dem Auftraggeber einen unangenehmen Eindruck vermitteln, und der Schriftpsychologe selbst ist meist auch nicht damit zufrieden.

Man verfahre deshalb wie jeder gute Redner, und stelle ein kleines Kompliment für den Schreiber an den Beginn der Beurteilung, da läßt sich in jedem Fall etwas finden, und sei es nur die Tatsache, daß der Schreiber selbst ein positives Bild von sich hat. Von sich selbst hat jeder Mensch im allgemeinen eine hohe Meinung, und zwar auch dann, wenn er dazu, »objektiv« betrachtet, wenig Anlaß hätte.

Wir müssen immer bedenken, nicht jeder ist vom Schicksal begünstigt oder hat bei seiner Berufswahl eine glückliche Hand bewiesen. Es gibt Fehlentwicklungen, die sich nicht verheimlichen lassen, aber man kann sie in einem Gutachten immerhin in netter Form erwähnen. In der Praxis würde das bedeuten, daß der Gutachter nach einer wohlmeinenden Einführung beispielsweise den Satz anfügt: »Wo viel Licht ist, da fällt natürlich auch Schatten«, oder: »Selbstverständlich hat jede Medaille auch ihre Kehrseite«. Etwas sachlicher formuliert könnte es auch heißen: »Aus kritischer Distanz betrachtet, muß man der Vollständigkeit halber noch hinzufügen...« Ein wenig galanter könnte ein solcher Satz lauten: »Zwischen hohen Bergen liegen bekanntlich auch tiefe Täler«, oder: »Wie in der Natur Sonnenschein und Regen ständig wechseln, so zeigt sich auch dieser Charakter nicht immer von seiner Sonnenseite.«

Solche und ähnliche Formulierungen sind dazu angetan, die nachfolgenden Schwächen in einem milderen Licht erscheinen zu lassen, sie vor allem nicht überzubewerten, und das ist wichtig! Es kommt hier wie bei allen negativen Aussagen darauf an, die Wahrheit zu sagen, ohne das Individuum in ehrverletzender Weise dabei anzutasten. Deshalb darf man das »Schlechte« ruhigen Gewissens als das »weniger Gute« verkaufen. Aber statt vieler theoretischer Erörterung möchte ich Ihnen dafür lieber ein paar praktische Beispiele geben:

Sind in einer Schrift offensichtliche Anzeichen von Unehrlichkeit zu finden, so schreibe man: »Der Schreiber läßt sich in seinen Handlungen primär von rein subjektiven Maßstäben leiten. Er legt dabei nicht gleich jedes Wort auf die Goldwaage«, oder: »Sein Gerechtigkeitsempfinden entspricht wohl nicht ganz den üblichen Maßstäben«. Bei maskenhafter Glätte des Schriftbildes spricht man von einer »glanzvollen Fassade, die wohl eines tieferen Hintergrundes entbehrt«. Labilität läßt sich als die »Dynamik eines Ablaufgeschehens, das sich nur schwerlich unter willentliche Kontrolle bringen läßt«, darstellen. Entschlußunfähigkeit umschreibt man am besten als »stark verringerte Schwungkraft«, ein ausgeprägtes Triebleben als »satte Vitalgrundlage, die sowohl geistig wie auch willensmäßig sich gelegentlich der Kontrolle entzieht«. Bei innerer Leere rückt man das »fehlende Formgefühl« und den »schwachen Geltungsdrang« in den Vordergrund. Mangel an Begabung läßt sich umschreiben, indem man sagt, daß »besondere Intelligenzleistungen

nicht die starke Seite des Probanden« sind. Unruhe, Fahrigkeit und
Oberflächlichkeit lassen sich abwandeln in »Lebendigkeit, die auf
Kosten der Tiefe des Erlebens geht«. Schwerfälligkeit ist »Begrenzt-
heit der geistigen Beweglichkeit oder Regsamkeit«. Selbst Unzuverlässigkeit läßt sich in diesem Zusammenhang als eine »Schwächung
des Steuerungsvermögens« oder als »Überbewertung des Gefühls-
mäßigen« charakterisieren.

Launenhaftigkeit bezeichnet man als den »sprunghaften Wechsel
der Interessen«, Unausgeglichenheit als ein »Zeichen dafür, daß der
Proband wohl noch einen weiten Weg bis zur endgültigen Reifung
zurückzulegen hat«. Kleinmut wird zum »vorsichtigen Abwägen der
Gegebenheiten«, Eigensinn ist nichts anderes als der »betonte
Durchsetzungswunsch eigener, als vorteilhaft erkannter Interessen«.
Nach der hier aufgezeigten Methode der Darstellung ist mangelndes
Stilgefühl die »Unfähigkeit, zum richtigen Zeitpunkt das Richtige zu
tun«, Eitelkeit ist die »Kunst, sich in jeder Lage mit schmückendem
Beiwerk zu versehen«. Pessimismus »resultiert aus einer Reihe
fortgesetzter trüber Erfahrungen«. Undurchsichtigkeit ist die
»Kunst, die eigenen Intentionen vor den Blicken Neugieriger zu
verbergen, so daß eine klare Linie nicht zu erkennen ist«. Empfind-
lichkeit ist »mimosenhaftes Angerührtsein«, Liederlichkeit ein »zu
geringes ästhetisches Interesse«, Willensschwäche ließe sich auch als
»Nachgiebigkeit gegenüber fremden Forderungen« deklarieren, vielleicht auch als die »Unfähigkeit, gewissen Impulsen und Wünschen
einen Widerstand entgegenzusetzen«.

Man könnte die Reihe solcher Beispiele, die im übrigen ziemlich
willkürlich zusammengestellt sind, beliebig fortsetzen. An dieser
Stelle hatten sie nur die Funktion aufzuzeigen, wie man auch bittere
Wahrheiten in einer schonenden Form anbieten kann.

Für eine schlechte Methode halte ich jene Praxis, die man in vielen
graphologischen Gutachten findet, daß nämlich der Schriftpsychologe in einem einführenden Satz etwas Unangenehmes in aller Deutlichkeit ausspricht, dann jedoch in einem Nachsatz versucht, die
Wirkung wieder abzuschwächen; wenn eine solche Gegenüberstellung überhaupt sinnvoll ist, so würde sich der umgekehrte Weg
anbieten. Etwas Unangenehmes zu umschreiben, es in »genießbarer
Form« darzubieten, ist immer noch vornehmer, als einfach nackte
Tatsachen auf den Tisch zu knallen oder umgekehrt das Unangeneh-
me einfach zu unterschlagen. Einem Kind, das aus gesundheitlichen

Gründen Lebertran schlucken muß, geben kluge Eltern diese Medizin in Form einer süßen Emulsion, der Effekt ist dabei derselbe wie bei übelschmeckendem Lebertran, nur das Kind läßt sich die süße Variante des Stärkungsmittels widerstandslos verabreichen.

Muß ein Graphologe wegen dieser »entschärften« Form der Beschreibung ein schlechtes Gewissen haben? Keineswegs! Solange er sich an die Hintergrundwahrheit hält, ist eine Umschreibung immer noch besser als die »Wahrheit« in ihrem abstoßenden Kleid. Der Auftraggeber will ja nicht unbedingt ein knallhartes Psychogramm des Probanden, sondern ihm genügen meistens schon solche Hinweise, aus denen er die für seinen Zweck entscheidenden Schlußfolgerungen ziehen kann. Aus diesem Grunde ist auch die rhetorische Frage ein ausgezeichnetes Darstellungsmittel. So kann der Gutachter beispielsweise die Frage stellen, ob der Bewerber XY bei einem solch dynamischen Antrieb, wie ihn die Handschrift ausweist, sich noch den starren Regeln eines Betriebes gern und dauerhaft unterordnen wird. Eine direkte Antwort bleibt dem Graphologen somit erspart, und der Personalchef hat überdies das Gefühl, daß hier keine Entscheidung vorweggenommen wurde, sondern daß er selbst kraft seines psychologischen Einfühlungsvermögens die richtige Wahl getroffen hat. Es ist nicht zuletzt eine Frage des Taktes und menschlicher Klugheit, sich solcher Methoden zu bedienen, die unsere Klienten und Auftraggeber in gleicher Weise zufriedenstellen. Wohl dem, dem das in jedem Falle gelingt!

3. Das »Schwerter Graphopsychogramm«

Bildhaftigkeit ist ein Grundzug menschlichen Denkens. Wenn es eben möglich ist, versucht der Mensch, in Bildern und Vergleichen sich Dinge vorzustellen, die eigentlich abstrakt sind. So hat man auch nicht von ungefähr verschiedentlich den Versuch angestellt, im Rahmen der Schriftpsychologie menschliche Verhaltensweisen nicht nur miteinander in Beziehung zu setzen, sondern ihre jeweilige Rangstufe im Leben eines Individuums auch graphisch darzustellen. Zu diesem Zweck benutzt man Säulen oder Kurven, aber auch Diagramme, die mit Hilfe eines Rundprofils die wichtigsten Eigenschaften eines Menschen und ihr Verhältnis zueinander sichtbar machen.

In diesem Zusammenhang sei an KLARA G. ROMAN-STÄMPFLI sowie an BERNHARD WITTLICH erinnert, die diese Form der Graphik mit Erfolg benutzt haben. Ihre Methode beansprucht allerdings einen ziemlichen Zeitaufwand, und daher hat sich der Verfasser im Rahmen seines langjährigen graphologischen Arbeitskreises um eine Vereinfachung des Darstellungsprinzips bemüht, um die Prozedur als solche weniger kompliziert zu machen und dabei dennoch das Wesentliche im Zusammenspiel der Charaktereigenschaften und Kräfte des jeweiligen Probanden sichtbar zu machen. Das Ergebnis ist das »Schwerter Graphopsychogramm«.

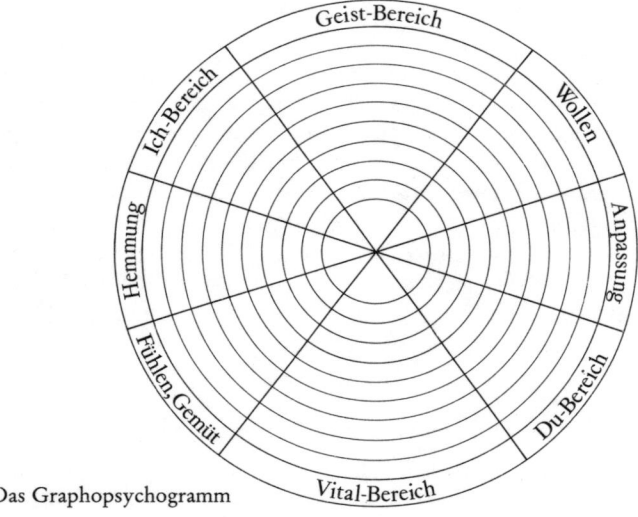

Das Graphopsychogramm

Die Schriftpsychologie verfügt damit über ein weiteres Hilfsmittel zur anschaulichen Darstellung der Schwerpunkte der charakterlichen Entwicklung eines Menschen und der Relation, wie sie zwischen seinen einzelnen Persönlichkeitszügen besteht. Die Geschlossenheit oder die Zerrissenheit eines Charakters wird in diesem Graphopsychogramm ebenso deutlich wie seine Stärken und Schwächen und sein Kompensationsverhalten. Feinere Nuancen verschwinden allerdings dabei; das Graphopsychogramm ist sozusagen ein »seelischer

Schattenriß«, der – wie viele Beispiele gezeigt haben – sich im Laufe eines Lebens kaum verändert.

Die durch das Rundprofil abgedeckten acht »Zonen« der menschlichen Persönlichkeit ermöglichen in jedem Falle eine brauchbare Grobeinschätzung eines Charakters und zeigen außerdem das Zusammenspiel der Kräfte an sowie den Grad der Geschlossenheit oder Disharmonie der Persönlichkeit. Die derart in Erscheinung tretenden Stärken und Schwächen ermöglichen es dem Graphologen gleichzeitig, gezielt seinen Rat anzubieten, so daß seine Tätigkeit über eine bloße Beschreibung hinaus an Bedeutung gewinnt.

Die acht Segmente des Rundprofils sind ihrerseits wiederum in zehn Einzelfelder unterteilt. Jedes dieser Raumfelder entspricht einem graphologischen Befund, der, falls im Einzelfall zutreffend, dunkel schraffiert wird. Trifft ein Befund jedoch nur halb zu, so wird das entsprechende Feld nur zur Hälfte ausgefüllt. Diese graphische Darstellung der Einzelmerkmale erhebt keinen Anspruch auf absolute Genauigkeit, sondern zeigt vielmehr allgemeine charakterliche Trends an. Je kontinuierlicher sich die Schraffierung um den fünften Kreis, das heißt die Mittellinie bewegt, desto harmonischer dürfte auch das Persönlichkeitsbild des betreffenden Probanden sein; je differenzierter hingegen die Profilierung ausfällt, desto origineller, eigenwilliger oder gestörter ist auch der Gesamtcharakter des Schrifturhebers. Das »Innenbild« eines Menschen ist mit diesem Graphopsychogramm so weit erfaßbar, daß seine unverwechselbaren Konturen in dem Graphopsychogramm eindeutig sichtbar werden.

Merkmale zur Ermittlung des Profils:

I. *Geist-Bereich*

1. gute Gliederung, übersichtliche Raumaufteilung, klare Zeilen- und Wortabstände
2. hoher Eigenartsgrad, gelungene Gestaltung
3. gewandte Bindung, Wegabkürzung, Oberzeicheneinbindung
4. vereinfachte, reduzierte gut lesbare Formen
5. betonte Oberlängen, angemessene Oberlängen-Bereicherung, Formenreichtum
6. kleine oder weite Schrift, Formhöhe 1–3, gekonnter Faden
7. magere Schrift, drucklos, scharf
8. Eile und gut verbundene Züge, rechtsläufig

9. flüssiger Ablaufrhythmus, Luftverbindung bei Unverbundenheit
10. Neigung zu steiler Schrift bei ausgewogener Gliederung

II. *Wollen*
1. druckbetonte Schrift
2. Regelmaß (erstrebtes), Ebenmaß
3. Winkel, feste Formen
4. gerade Zeile, straffer Linksrand
5. steile Lage
6. große Längenunterschiede, steigende Zeile
7. betonte Endzüge, Druck im Basisbogen oder in der Unterzone, Querdruck
8. tiefe und genaue Oberzeichen, große (Fleiß-)Schleifen an t und f
9. groß-weit oder klein-eng bei guter Lesbarkeit
10. Normtreue, Versteifung gestaltet

III. *Anpassung*
1. locker, Girlande
2. rechtsläufig, Endgirlande
3. Faden oder Doppelkurve
4. druckschwach
5. schräg und weit
6. verbunden
7. klein und schulmäßig
8. eilig, Endfaden vereinfacht
9. Formenvielfalt, verschiedene Oberzeichen, Buchstabenmischung
10. flüssig, ausgeprägter Ablaufrhythmus

IV. *Du-Bereich*
1. Girlande
2. Rechtslage
3. verbunden
4. rechtsläufig, offene a, o, d, g
5. Linksrand breiter werdend, Rechtsrand fehlt
6. weit
7. locker
8. kleine Wortabstände, enge Zeile
9. verlängerte Anfangs-(End-)züge
10. steigende Zeile, größer werdende Wortenden

V. *Vitalbereich*
1. druckstark
2. teigig
3. Unregelmaß
4. langsam, Oberzeichen tief und dick
5. ungegliedert, willkürliche Raumaufteilung
6. voll, dichtes Schriftbild
7. Unterlängenbetonung
8. starke Versteifung, unharmonische Zonen
9. enge Wortabstände, Zeilenverhäkelung
10. niederer Eigenartsgrad, Formhöhe 4–5, Bereicherung in der Unterzone

VI. *Fühlen, Gemüt*
1. Girlande
2. Bewegungsbetonung
3. drucklos und teigig
4. betonte Mittellage, kleine Längenunterschiede

5. weit und voll
6. Wellenzeile, wechselnde Oberzeichen, schwankende Ränder
7. Eile vernachlässigt, flüchtig
8. lebhafter Ablaufrhythmus, wechselnde Buchstabengröße
9. Unebenmaß
10. angemessene Bereicherung

VII. *Hemmung*
1. linksschräg oder steil
2. breite Ränder rechts oder unten
3. langsam versteift, Sperrzüge
4. gestützte Arkade, Deckstriche
5. Enge, geschlossene a, o, d, g, dreieckige Unterlänge, dreieckige S-Unterschleife
6. weite Wortabstände, Wortbilder zerrissen, leeres Schriftbild
7. unverbunden, Norm- oder Skriptschrift
8. Sperr- oder Bremszüge, abgebrochene Endzüge,

Schlußarkade bei sonst anderer Bindungsform
9. starkes Regelmaß, erstarrte oder manierierte Formen
10. Unterschrift links, unelastischer (striärer) Ablauf, extreme Kleinheit

VIII. *Ich-Bereich*
1. große Schrift
2. linksläufig, linksschräg
3. voll
4. Arkade (oder Winkel) gestaltet, stilisierte Formen
5. Bereicherung, Schnörkel, Einrollungen
6. Dreiecksformen in Unterlänge und Mittelzone, spitze Häkchen
7. steigende Zeile, größer werdende Wortenden
8. Linksabbiegungen jeglicher Art, Haken in der Schrift
9. betonte Anfangszüge, Anfangsarkade, breite Ränder (vor allem links)
10. betont weite Gliederung, Unterschrift größer oder druckbetonter als Textschrift

4. Ein Vergleich zweier Graphopsychogramme

Im folgenden möchte ich nun zur Veranschaulichung die Graphopsychogramme von zwei Damen miteinander vergleichen. Beide sind Mitte Dreißig, im Schuldienst tätig und zum zweiten Mal verheiratet. A.s Mann ist früh gestorben, B. hat sich nach sieben Jahren von ihrem Ehepartner getrennt, ihn zwei Jahre später noch einmal geheiratet, um sich anschließend endgültig von ihm freizumachen und eine neue, bisher recht glücklich verlaufende Bindung einzugehen. Soweit die persönlichen Lebensdaten.

A

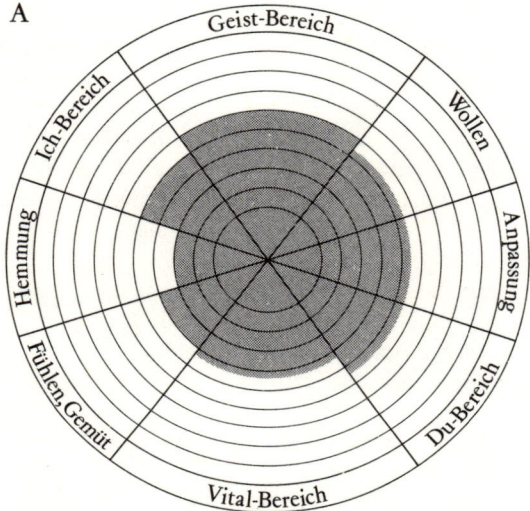

Geist-Bereich
Ich-Bereich
Wollen
Hemmung
Anpassung
Fühlen, Gemüt
Du-Bereich
Vital-Bereich

Trotzdem hätte ich euch be-
sucht. In münster hielt man
mich fest, in Feulstery Hochzeit

Sehen wir uns nun beide Psychogramme an, so erkennen wir schon
rein äußerlich einen merklichen Unterschied. Während Abbildung A
relativ einheitliche Werte zeigt, sind auf der Graphik B vier stark
beziehungsweise schwach ausgeprägte Segmente zu sehen, was auf
ein größeres Maß an Disharmonie im Charakter der Probandin
schließen läßt. Vergleicht man die beiden recht intelligent wirkenden
Schriften miteinander, so fällt in erster Linie der deutliche Farbunter-
schied zwischen den Schriftbildern ins Auge. B.s Schrift wirkt
kraftloser, und man vermutet richtig, wenn man die zur Lebensbewältigung notwendige Kraft bei B. geringer einschätzt als bei A. Der
Du-Bereich, das heißt die Fähigkeit zur Hinwendung zum Mitmenschen, ist bei beiden Damen optimal entwickelt; keine von ihnen geht

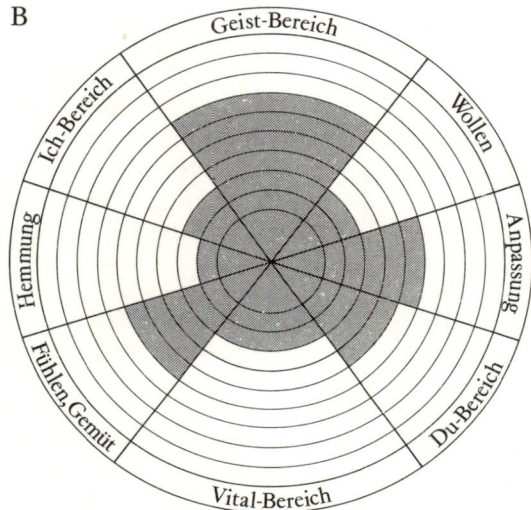

B

Geist-Bereich
Ich-Bereich
Wollen
Hemmung
Anpassung
Fühlen-Gemüt
Du-Bereich
Vital-Bereich

dann noch ein Fünckchen in
der Erkothek, aber zu Teuten
hier 2 viel 2 waren.

zu weit auf ihre Mitmenschen ein, ohne daß sie doch deshalb
unzugänglich wären, was für einen Pädagogen ja außerordentlich
wichtig ist. Während aber bei Psychogramm A die dem Du-Bereich
gegenüberliegende *Ich-Funktion* auf ein voll entwickeltes Selbstwertgefühl schließen läßt, müssen bei der Probandin B. diesbezüglich Bedenken auftreten, ihr Eigenmachtgefühl ist zu gering, so daß
sie immer wieder an der eigenen Leistung zweifelt beziehungsweise
im Zweifel ist, ob ihr wohlgemeintes Zugehen auf den anderen von
diesem auch anerkannt wird. Sie ist daher zu Vorleistungen bereit,
ohne gleichzeitig an Selbstbewußtsein und Selbstsicherheit zu gewinnen.

Auch der Grad der Anpassung ist in beiden Fällen ziemlich hoch,

bei B. sogar noch ein wenig höher als bei A. Dafür sind bei A. die
hemmenden Elemente stärker ausgeprägt, während sie bei B. kaum
ins Gewicht fallen. Zwar ist B. nicht gerade ein hemmungsloser
Mensch, aber die Dame ist jedenfalls sehr direkt und sagt unkluger-
weise immer genau, was sie denkt, und zwar selbst dann, wenn diese
Direktheit ihr selbst zum Schaden gereicht. A. nimmt zwar auch
nicht gerade ein Blatt vor den Mund, spricht aber dennoch wesentlich
zurückhaltender. A.s Psychogramm ist insgesamt in sich geschlossener, seine Werte bewegen sich rund um die fünfte Mittellinie, das
heißt, es ist zentriert. So ist auch der Charakter dieser Schreiberin
ausgeglichener, derjenige der Vergleichsperson zeigt keine besonders
markanten Höhepunkte, aber auch keine bedeutenden Einbrüche.
Es handelt sich bei A. um eine brave, gutbürgerliche, solide Natur
mit festem, in sich geschlossenem Weltbild, das keine Unruhe in sich
trägt und gegen Anfechtungen von außen weitgehend gefeit ist.

Ganz anders B. Diese Dame fällt durch ihre hohe geistige Beweglichkeit und ein überraschend gutes Kombinationsvermögen auf,
wobei diese eine »überentwickelte« Seite fast alle Schwächen mittra-
gen muß. Da sind deren gleich drei: die *vitale Schwäche,* die auf einen
nicht unerheblichen Mangel an Belastbarkeit hinweist, dann der
unterentwickelte Willensbereich, der einen Mangel an Durchsetzungskraft signalisiert, schließlich der *schwache Ich-Bereich,* der auf
ein nur geringes Selbstvertrauen hinweist, so daß bei Belastung die
Gefahr eines Versagens naheliegt.

Während A. als eine in sich geschlossene Persönlichkeit erscheint,
ist B. innerlich zerrissen, findet keine Ruhe, muß ständig um ihr
seelisches Gleichgewicht kämpfen und ihre Schwächen kompensieren. Da ihre Stärke im geistigen Bereich liegt, muß sie die entsprechenden Fähigkeiten voll ausschöpfen, um alle jene Probleme zu
meistern, die eine solche Ungewichtigkeit nun einmal mit sich bringt.
Ihre Befriedigung findet sie im Umgang mit Menschen, auch ist sie
tieferer Gefühle durchaus fähig, wobei allerdings jene schöngeistigen
Erlebnisse im Vordergrund stehen, *mit* denen man herrlich, *von*
denen man jedoch kaum leben kann. Auch darin zeigt sich, wie wenig
praxisbezogen sie eigentlich ist. Das Leben muß sie erst ordentlich
zurechtschubsen, ehe sie, von ihren Höhenflügen zurückkehrend,
den Tatsachen nüchtern ins Auge blickt.

Während A. auf kompensatorische Formen der Bedürfnisbefriedigung nicht oder kaum angewiesen ist, muß B. in dreifacher Hinsicht

auf dieses Mittel zurückgreifen. Ihren schwachen Willen und ihre mangelnde Vitalität gleicht sie durch Einsatzfreude und Ehrgeiz vor allem im mitmenschlichen und sozialen (hier pädagogischen) Bereich aus, und zwar ohne Rücksicht darauf, daß ihre ohnehin schon schwachen Nerven dadurch noch mehr strapaziert werden; auf die Dauer also ein hoffnungsloses Unterfangen, wie es ja für kompensatorische Verhalten generell nicht untypisch ist. Dem mangelnden Selbstbewußtsein und geringem Eigenmachtgefühl der Probandin wirken teils ihre außerordentlichen geistigen Fähigkeiten, teils ihr differenziertes Gefühlsleben entgegen. Der ihr eigene Mangel an Hemmungen wirkt sich für sie positiv aus, weil sie ohne Schwierigkeiten auf andere Menschen zugehen kann. Leider wird diese Geste nicht immer verstanden, und so kann es zu unliebsamen Konflikten kommen, wie es die beiden Ehescheidungen ja auch bestätigen. Konfliktsituationen sind also bei B. schon vorprogrammiert; sie hat wesentlich größere Schwierigkeiten, ihr inneres Gleichgewicht zu finden als die fast problemlose Schreiberin A.

Im Fall B. könnte man als Gutachter auf die Dominanz der geistigen Steuerungsfunktion hinweisen, die durch umsichtiges Planen unter Berücksichtigung der eigenen Schwächen Erfolgserlebnisse ermöglicht, die für die gesunde Weiterentwicklung der Probandin und für die Stärkung ihres Selbstwertgefühls wichtig wären. Der Wille der jungen Frau ließe sich durch gezielte, schrittweise Übung trainieren und festigen, ihr Mangel an Vitalität ist zwar nicht zu ersetzen, aber ihr Kräftepotential ließe sich durch einen ökonomischen Umgang damit für wichtige Aufgaben schonen. Neurotische Störungen und seelisches Fehlverhalten sollte sie mit Hilfe bewußten Handelns vermeiden.

Gerade im Zusammenhang mit der Erstellung eines Gutachtens erweist sich die Nützlichkeit eines Graphopsychogramms immer wieder. Wegen seiner Anschaulichkeit ermöglicht es dem Graphologen eine ebenso anschauliche Sprache und trägt damit zum besseren Verständnis zwischen dem Schriftpsychologen einerseits und dem Probanden beziehungsweise Auftraggeber auf der anderen Seite bei.

VII. Einzelbilder

1. Die Intelligenz und ihr Ausdruck in der Handschrift

Mit Stoppuhr, Bandmaß, Ergometer und ähnlichen Meßinstrumenten läßt sich die *körperliche* Leistungsfähigkeit eines Menschen ziemlich exakt bestimmen, mit seiner *geistigen* Kapazität ist das schon etwas schwieriger. Man bedient sich heutzutage im allgemeinen zeitraubender und komplizierter Testverfahren, um die Grenzen der Intelligenz eines Menschen auszuloten. In dieser Hinsicht hat es der Schriftpsychologe wohl ein wenig einfacher, zumindest solange es nicht um exakte Bestimmung, sondern um ein mehr pauschales Urteil geht. Es gibt nämlich eine ganze Reihe graphischer Merkmale, die den Geist-Bereich reflektieren, so daß das ungefähre Volumen des geistigen Vermögens in der Handschrift tatsächlich einen deutbaren Ausdruck findet. Was verstehen wir nun unter Intelligenz? Intelligenz ist die Fähigkeit, Sinnzusammenhänge und Beziehungen zu erfassen und ihren Realitätsbezug herzustellen. Sie schließt schöpferisches Denken mit ein, kann neue Situationen begreifen, sie beurteilen, richtig einordnen und entsprechende Folgerungen daraus ziehen.

Mit Interesse sehe ich Ihre langjährige zielbewußte Arbeit u. die Diagrammfigur. Das Arbeitsblatt ist ausgezeichnet in der Sorgfalt der Wertungen u. Feststellungen.

Wir werden uns also in Kürze sehen u. sprechen können!

Mit freundlichen Gruß

Folgende Eigenschaften rechnet man zur *Intelligenz:*

1. Auffassungsgabe
   a. ganzheitlich
   b. objektiv
   c. subjektiv (persönlich)
2. Phantasie, Anschauungs-kraft
3. Kombinationsvermögen
4. Logik
5. Übersicht, Klarheit, Ordnung im Denken
6. Urteilsfähigkeit
7. Kritikfähigkeit
8. Konzentrationsfähigkeit
9. Einordnungsfähigkeit
10. Assoziationsvermögen
11. Einfühlungsgabe
12. Intuition
13. kreatives Denken
    a. abstrakt
    b. theoretisch
    c. praktisch
14. Organisationsvermögen
15. Einteilungsgabe, Ökonomie der Kräfte
16. Gedächtnis

Folgende graphische Merkmale gelten als Hinweis auf Intelligenz beziehungsweise auf einen Teilbereich davon:

1. gute Gliederung, übersichtliche Raumaufteilung, große Zeilenabstände
2. hoher Eigenartsgrad
3. gewandte Bindungen, Oberzeicheneinbindung, Ligaturen
4. vereinfachte und reduzierte Schrift, Wegabkürzungen, Luftverbindungen
5. deutliche, gut lesbare Schrift
6. individuelle Schriftgestaltung, gelungene Formen
7. betonte Oberlängen, angemessene Bereicherung in der Oberzone
8. Formenreichtum
9. gekonnter (gestalteter) Faden, Lockerheit
10. kleine Schrift in hoher Formstufe
11. mager, drucklos und scharf bei guter Gestaltung
12. Eile mit Verbundenheit
13. rechtsläufig, flüssiger Ablaufrhythmus
14. hohe vorauseilende Oberzeichen
15. manchmal steile Schriftlage (in Verbindung mit den anderen oben angeführten Merkmalen)

Einige dieser graphischen Merkmale kann man in der Deutung ihrer Bildhaftigkeit analog »übersetzen«. So erkennt man beispielsweise den guten Überblick in allgemeinen Lebensfragen an einer *bewußt klaren Gliederung. Kurze Verbindungen, gekonnte Wegabkürzungen* und *gestaltete Vereinfachungen* sind ein sicheres Zeichen dafür, daß jemand eine »kurze Leitung« hat, also sehr rasch schaltet. Solche Menschen haben das Wesentliche schon erfaßt, wenn andere erst beginnen nachzudenken. Ein hoher *Eigenartsgrad* garantiert immer auch ein selbständiges Urteil und individuelle Gestaltungskraft. Schreiber dieser Art sind auch in der Lage, anderen von ihrem geistigen Reichtum abzugeben, Initiative zu entwickeln und in führenden Positionen zu arbeiten.

In *gekonnten Schleifen in der Oberzone* spiegelt sich ein hohes Maß an Phantasie wieder; in *gelungener Formgebung* und vor allem im *Formenreichtum* offenbaren sich Kreativität, Wendigkeit, Einfühlungsvermögen und Anpassungsfähigkeit. Warum schreiben kluge Menschen so häufig klein? Weil sie von der eigenen Person ganz absehen, sich voll auf die Sache konzentrieren und daher tiefer in die

Sache selbst eindringen. Je mehr Ich-Tendenzen in einer Schrift sichtbar werden, desto wahrscheinlicher ist die objektive Auffassungsgabe eingeschränkt. »Dummheit und Stolz wachsen auf einem Holz!« Das heißt also: Eine gekonnt gestaltete Schrift ist auch immer ein Hinweis auf einen Menschen, der die Dinge geistig im Griff hat.

Die Fähigkeit zu logischem Denken ist am ehesten bei einem *hohen Verbundenheitsgrad* anzunehmen, während bei *starker Unverbundenheit* Einfalls- und Gedankenreichtum sowie das intuitive Element vorherrschend sind. Aber gerade wegen der raschen Gedankenfolge läuft solches Denken Gefahr, an der Oberfläche zu bleiben und sich zu verzetteln. Der Übergang von der *Vereinfachung,* die ein schnelles Reaktionsvermögen ausweist, zur *Vernachlässigung* ist fließend. Der Unterschied besteht nur in der Formstufe. Mittels der *Vernachlässigung* benutzt der Schreiber seine Intelligenz dazu, sich vor Anstrengungen zu bewahren; auf gut deutsch: *Vernachlässigung* ist auch ein Zeichen von Faulheit.

Bei geringer Intelligenz, Schwachsinn oder Debilität wirkt die Schrift unleserlich, undeutlich, verstrickt, stockend, versteift oder weist sonstige Störungsmerkmale auf. Eines ist im Zusammenhang mit der Intelligenz noch zu erwähnen: Schulweisheit ist noch keine Lebensweisheit, eine hochgezüchtete Intelligenz kein Beweis für die Fähigkeit zur Bewältigung großer Anforderungen. Eine gute Portion Lebenserfahrung und Praxis ist ebenso wichtig wie der reine Intelligenzquotient. Es genügt also nicht, über einen hohen Intelligenzquotienten zu verfügen, man muß seine Vorzüge auch am rechten Platz einsetzen können. Für diese Kombination von abstrakter und konkreter Intelligenz ist eine gewisse Harmonie des Schriftganzen charakteristisch; unausgeglichene Formen und Bewegungen sind Ausdruck einer geringen geistigen Flexibilität und Elastizität. Zwar sind diese Merkmale nicht unbedingt Zeichen eines gänzlichen Mangels an Intelligenz, aber sie deuten doch eher in Richtung eines destruktiven beziehungsweise egoistischen Gebrauchs dieses Vermögens. Diese Art der Intelligenz im Zwielicht finden wir in der Wirtschaftskriminalität und in verwandten »Disziplinen«. Sie ist also kein positives Merkmal, sondern kann im Dienste falsch verstandener Ethik oder Ideologie sogar beträchtliche negative Auswirkungen haben. Wir sind es gewohnt, unsere Geistesgaben in einem hellen Licht zu sehen, daß es auch eine Kehrseite der Medaille gibt, darf jedenfalls der Schriftpsychologe nicht vergessen; denn Intelligenz ist eine Fähigkeit, die ihre Qualifikation erst mit ihrer Zielsetzung erfährt.

2. Der Wille und sein Ausdruck in der Schrift

Was nützen dem Menschen die besten Ideen, wenn er sie nicht in die Tat umsetzen kann? Es ist der Wille, der mit seiner Entschiedenheit dem Handeln erst das eigentliche Profil gibt. Der Wille, der sich als Tatkraft oder Unternehmungsgeist, als Durchsetzungsvermögen oder als Durchhaltekraft, als Stärke oder Schwäche zeigt, macht erst den Wert der Persönlichkeit aus. Er kann dem Menschen zum Segen oder zum Fluch gereichen, ihn zum Helden oder Feigling, zum Herrscher oder Schwächling machen. Für den Willen gibt es keine bequeme Zwischenhaltung, er muß sich so oder so entscheiden, die Tendenz weist folglich immer nach oben oder nach unten, in Richtung Handeln oder Geschehenlassen.

Eingebettet zwischen Verstand und Trieb, ist das Wollen eine Kraft, die der Persönlichkeit einen individuellen Stempel aufdrückt. Auch sittliche Verantwortung, die eine zwar durch Motivation, Zwänge und Gewohnheiten eingeschränkte, aber im Prinzip freie Entscheidung trifft, steht in engem Zusammenhang mit diesem Vermögen. Nach Auffassung des großen deutschen Philosophen Immanuel Kant unterläge der Mensch ohne wirkliche Entscheidungsfreiheit nur seinen animalischen Trieben; aber gerade die *Wertentscheidung unterscheidet* ihn von allen andern Kreaturen und verleiht ihm seine Einmaligkeit.

Das Wollen ist demnach eine Auseinandersetzung mit Widerständen. Das Subjekt wird mit verschiedenen Gegebenheiten konfrontiert und muß sich entscheiden, es muß sie akzeptieren oder ablehnen, hat Schwierigkeiten entweder zu überwinden oder vor ihnen zu kapitulieren. Dem Willen kommt also die entscheidende Steuerfunktion zu, er bestimmt maßgeblich über die Richtung mit, in der unser Leben verläuft.

Wie das Vorhergehende erhellt, handelt es sich beim Wollen um eine Kraft, und zwar um eine solche, die aus dem Vitalbereich gespeist wird, aber auch aus dem Geist-Bereich eine wesentliche Stärkung erfahren kann. Sie ist zwar als Volumen gewissermaßen vorgegeben, kann aber durch den Geist beeinflußt, trainiert, gestärkt und gefestigt werden, und damit gehört der Wille zu den Kräften, die unserem Einfluß weit mehr unterliegen als andere endothyme Lebensäußerungen. Das wird besonders deutlich bei Menschen, die körperlich behindert oder irgendwie benachteiligt sind und gerade deshalb außergewöhnliche Willenskräfte entwickeln.

willensbetonte Handschriften

> *zu Deutmecke, Sauerland, Tochter*
> *des Schreiners Erich Wiltraut, aufgenommen*
> *in eine Schule überhaupt am 1.4. 1951*
> *zu Ostentrop, Sauerl., gehört seit 10. Februar*

Die im folgenden aufgezählten Qualitäten sind Ausfluß des *Willens:*

1. aktives und passives Wollen (Tatkraft und Versagung)
2. Entschlußkraft, Entschlußfreude und Entschlußleichtigkeit
3. Durchsetzungskraft und Durchsetzungsvermögen
4. Ausdauer, Durchhaltekraft
5. Zielgerichtetheit im Handeln
6. Beharrlichkeit, Stetigkeit, Treue
7. Anstrengungsbereitschaft
8. Selbstdisziplin und Selbstüberwindung
9. Ehrgeiz
10. Konsequenz
11. Herrschsucht und Machtwille
12. Rücksichtslosigkeit
13. Eigenwilligkeit
14. Trotz und Eigensinn
15. Willensschwäche und Ermangelung der unter den Punkten 1.–8. aufgezählten Qualitäten

Diese Willensäußerungen im charakterlichen Bereich entsprechen einer Reihe von graphischen Merkmalen, und zwar entweder analog zur Bildhaftigkeit der Merkmale oder aufgrund weniger offensichtlicher Kriterien:

1. Druckbetonung
2. Regelmaß
3. Winkelbildung
4. Schärfe
5. Normtreue, tiefe, genaue Oberzeichen, Detailgestaltung
6. steile und linksgeneigte Lage
7. feste Knotung, Fleißschleifen (an *t* und *f*)
8. straffe Strichführung, gespannter Strich
9. große Längenunterschiede
10. steigende Zeile, auffallend starke Rechtsläufigkeit
11. betonte Endzüge, Druckverlagerungen
12. groß-weit, klein-eng bei guter Lesbarkeit

In erster Linie deutet natürlich ein starker *Druck* auf eine betonte Willenshaltung. Dabei entspringt die Willenskraft wohl primär einer gesunden Vitalkraft. *Regelmaß* und *Schärfe* lassen hingegen eher auf eine stärkere Beteiligung des noetischen Oberbaus am Zustandekommen eines Willensaktes schließen. *Dreieckige Züge in Mittel- und Unterzone* künden von einem starken Eigenwillen, und gleichermaßen nehmen Trotz, Eigenwilligkeit und Rücksichtslosigkeit in dem Maße zu, wie die Schrift gespickt ist mit *Häkchen, Spitzen* und *Säbelzügen* oder *auffallend starkem Querdruck*.

Treffen *Größe* und *Druck* zusammen, so deutet das auf eine eher problematische Richtung des Willens hin. Schreiber dieser Kategorie neigen zu Herrschsucht und übertriebenen Macht- beziehungsweise Geltungsansprüchen. Kleine, gut lesbare Züge hingegen sind ein Zeichen von Konzentrationsfähigkeit, steigende Zeilen ein Hinweis auf Ehrgeiz. Größe und Druckstärke in Verbindung mit schwachen Oberzeichen und Endzügen verraten ein kompensatorisch aufgeblähtes Machtgefühl.

Aufgrund der Analyse des Willensbereiches eines Probanden ist der Schriftpsychologe – soweit das überhaupt möglich ist – auch imstande, gewisse Prognosen über dessen wahrscheinliches Verhalten zu stellen; denn der Wille entscheidet maßgeblich darüber, ob ein Bewerber für eine bestimmte Position geeignet ist oder nicht. Das Leistungs- und Charakterniveau eines Individuums hängt primär davon ab, inwieweit sein Verhalten von einer verläßlichen Willensrichtung bestimmt wird. Anhand der dem Willensbereich zugeordneten Merkmale sieht man auch, inwieweit sich der Schrifteigner als Charakter aus der Masse heraushebt und ein eigenes Profil gewonnen hat. Stärke oder Schwäche des Willens sind für den einzelnen von schicksalhafter Bedeutung, ihre Tragweite kann man daher gar nicht hoch genug einschätzen.

3. Ich-Bewußtsein, Ich-Gefühl, Egoismus und ihr Ausdruck in der Schrift

Der Mensch ist nicht nur ein soziales Wesen unter vielen anderen, er empfindet sich auch als Individuum, und als solches möchte er sich selbst verwirklichen, ganz er *selbst* sein. Ursprung dieses Strebens ist der Selbsterhaltungstrieb, der sich zuerst in Nahrungssuche, Nahrungsaufnahme, Angriff, Verteidigung oder Flucht manifestiert. Die biologisch-kreatürliche Situation des Menschen, der »Kampf ums Dasein«, ist mit diesen Begriffen gekennzeichnet.

In einer weiteren Stufe gilt es, die Existenzmittel auch zu sichern, das eigene individuelle Dasein gegen alle Anfeindungen, Widerstände und Gefährdungen von seiten der Umwelt zu schützen, kurz, in Akten der Selbstsicherung die eigene physische wie psychische Unversehrtheit zu erhalten.

Die dritte Stufe aber weist über derartige Bestrebungen noch hinaus. Auf ihr ist es das Hauptziel des Individuums, das eigene Wesen in angemessener Form zu entfalten.

Selbstbehauptung, Selbstsicherung und Selbstentfaltung sind für den einzelnen Menschen notwendig, um seine Unversehrtheit zu gewährleisten. Übersteigern sich die Tendenzen jedoch in Richtung auf eine übertrieben expansive Ich-Manifestation, so spricht man von *Egoismus*. Graphisch drückt sich der Egoismus in *übermäßigem Druck*, in *Winkeln* und *Ecken* sowie in einer *auffallend starken Rechtslage* aus. Solange es sich dabei um einen gesunden Egoismus handelt, kann ein solcher Mensch durchaus noch sachlich, einsatzbereit, begeisterungsfähig und sogar gütig sein. Dominieren hingegen das Besitzstreben und die Unersättlichkeit in einem unerträglichen Maß, so schlägt sich das in Eigennutz, Raffgier, Gewinn- und Profitsucht, Geiz, Knauserei oder gar Habsucht nieder. Solche Eigenschaften finden ihren graphischen Niederschlag in *starker Linksläufigkeit*, *in Besitzpunkten am Wortanfang, Einrollungen, Linksabbiegungen nach oben und unten, Krallenzügen* und *Haken*. Auch *Enge, Randlosigkeit* sowie Kombinationen der vorgenannten Merkmale sind ein sicherer Hinweis auf selbstsüchtige Tendenzen.

Über die einfache »Ellenbogentaktik« hinaus gibt es noch andere aggressive Formen der Selbstsucht. Dazu gehören: Grobheit, Rohheit, Willkür und launenhafte Gewalttätigkeit. Diese Auswüchse manifestieren sich graphisch in *derben, besenstilartigen Druck- und Schmierstellen*, in *Keulendruck, gerissenen Spitzen*, in *Kürrassierstiefeln* (= druckbetontes Herabziehen von Buchstaben aus der Mittelzone in die Unterlänge, zum Beispiel des *r*), sodann in einem hohen Grad an *Teigigkeit* und *Unregelmaß*.

Feinere Formen des Egoismus sind Verschlagenheit und List. Sie setzen schon einen kalkulierenden Gebrauch des Verstandes voraus, genau wie es für die berechnende Liebenswürdigkeit gilt. Diese

Varianten dienen dem platten Egoismus häufig nur als Tarnung, daher finden sie graphisch als *Deckstriche, Ringelarkaden* oder *Schleifengirlanden* ihren Ausdruck.

Einen mehr defensiven Charakter gewinnt der Egoismus im Zusammenhang mit solchen Haltungen wie Vorsicht, Wachsamkeit, Berechnung, Mißtrauen, Argwohn, Heuchelei und Scheinheiligkeit. Anzeichen für diese Form der Selbstbezogenheit sind: ein *breiter Rechtsrand, vermehrte Deckzüge, geknickte Arkaden, Haifischzähne, Sacré-coeur-Duktus, Einfassung durch Doppelpunkte bei Unterstreichung, gerade Zeilenfüllstriche, manierierte Schönschriften* und *Halbovalarkaden.*

Betrachten wir einmal unsere eigene Schrift oder uns selbst ganz genau, so stellen wir fest, daß wir mehr oder weniger alle egoistische Züge aufweisen. Das ist selbstverständlich und auch nicht weiter tragisch. Unsere Lebensaufgabe besteht ja zu einem nicht unwesentlichen Teil auch darin, solche (angeborenen) Teilegoismen zu überwinden. Wenn wir uns wirklich selbst verwirklichen wollen, so genügt es nicht, ständig auf Kosten anderer zu leben, wir müssen dazu auch schon einmal zu unseren eigenen Wünschen nein sagen können, verzichten lernen und uns nicht nur an uns selbst, sondern auch an anderen orientieren, das heißt uns der Umwelt gegenüber öffnen. In dem Maße, wie es uns gelingt, die eigene Ich-Fixiertheit zu überwinden, sind wir reife und charaktervolle Menschen. Je weniger wir mit uns selbst beschäftigt sind, desto freier sind wir für andere Dinge und zu echter und höchster Leistung fähig. Aus genau diesem Grund ist die Leistungskomponente so stark an die Ich-Komponente gebunden, und dieser Zusammenhang läßt sich auch graphologisch transparent machen.

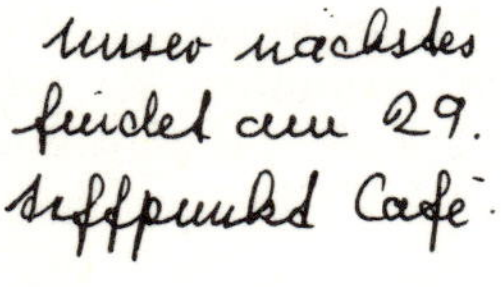

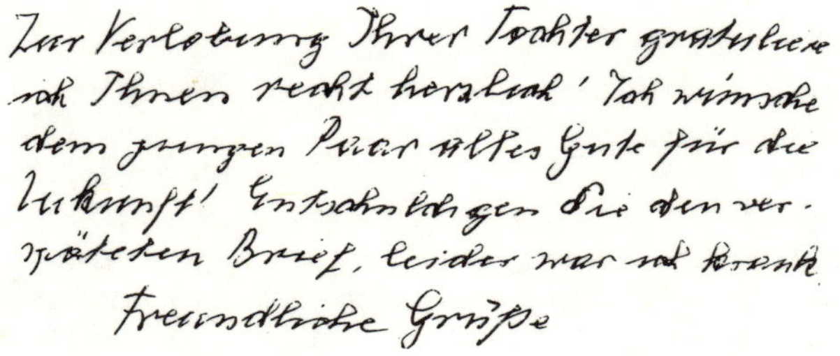

[handwritten letter]

Die grundlegenden Aspekte des *Ich-Gefühls* sind:

1. Selbstwertgefühl	13. Egoismus
2. Selbstbewußtsein	14. Egozentrik
3. Selbstvertrauen	15. Narzißmus
4. Eigenmachtgefühl	16. Autismus
5. Eigenwertgefühl	17. Aneignungstrieb
6. Selbstsicherheit	18. Eitelkeit
7. Selbstbehauptungsstreben	19. Habsucht
8. Ich-Erweiterungstrieb	20. Geiz
9. Unabhängigkeitsbedürfnis	21. Rechthaberei
10. Selbstbezogenheit	22. Bosheit
11. Machtstreben	23. Sadismus
12. Geltungsstreben	24. Eifersucht

Mit dem Ich-Gefühl in Zusammenhang stehende graphische Merkmale sind:

1. große Schrift, hohe Mittellage
2. weite und volle Schrift
3. betonte und bereicherte Oberlängen
4. Unter- und Überstreichungen
5. verlängerte Anstriche
6. Enge bei hoher Mittellage
7. Arkaden oder scharfe Winkel

8. Linksläufigkeit und Linksschräge
9. alle Linksabbiegungen
10. Bereicherungen, Schnörkel, Einrollungen
11. dreieckige Unterlängen, Querzüge
12. steigende Zeilen
13. breiter werdender Linksrand
14. betonte Anfangszüge
15. Anfangsarkaden bei sonst anderer Bindung
16. breite Großbuchstaben
17. Unterschrift größer und druckstärker als Textschrift
18. Druckverlagerungen
19. betont weite Gliederung
20. große Längenunterschiede

Das Ich ist das Zentrum der Bewußtseinsregungen. *Ich* denke, *ich* fühle, *ich* handle. Es ist daher von zentraler Bedeutung, daß das Individuum die Strukturen und Konditionierungen des eigenen Ich durchschauen lernt, um zu begreifen, wo seine Stärken und Schwächen liegen.

Bei gleicher Begabung hat immer der Mensch mit dem gesundesten Selbstvertrauen gegenüber dem weniger »Stabilen« die bessere Chance in seinem Leben. Wer erst durch die äußere Fassade den eigenen Wert steigern muß, steht auf tönernen Füßen. Zur Aufrechterhaltung seiner falschen Selbsteinschätzung bleiben ihm nur die Verdrängung und die Überheblichkeit, und wie das Sprichwort schon sagt: »Hochmut kommt vor den Fall!« Daher sind Selbsterkenntnis und Selbsterziehung so wichtige und nie endende Aufgaben, wenn ein Mensch echte Selbstverwirklichung anstrebt.

4. Der Du-Bereich: Mitmenschliche Beziehungs- und Kontaktfähigkeit und ihr Ausdruck in der Schrift

Bekanntlich besitzt der Mensch nicht nur ein Ich- und ein Selbstbewußtsein, sondern auch ein Gegenstands- und ein Weltbewußtsein. Wie er um seine Existenz weiß und über sich selbst reflektiert, so denkt er auch über seine Umwelt nach, nachdem er sie anfangs primär *emotional* erlebt hat. Aber er steht nicht nur in einem Verhältnis zur gegenständlichen Welt, sondern auch zu seinen Mitmenschen. Und in diesem Zusammenhang spielen Qualitäten wie Kontaktfähigkeit und Kontaktbereitschaft, Interesse und Liebesfähigkeit eine entscheidende Rolle. Die für ein graphologisches Gutachten wichtigste dieser Qualitäten ist die *Kontaktfähigkeit*. Sie ermöglicht es dem Individuum, zu seinen Mitmenschen in Beziehung zu treten, sich zu öffnen und anderen mitzuteilen. Daher spielt das Selbstwertgefühl für die Kontaktfähigkeit eine entscheidende Rolle; denn je selbstsicherer ein Mensch ist, um so leichter gewinnt er Kontakt. Aber auch Ich-Gelöstheit gehört dazu, damit die Energie frei von Ich zum Du strömen kann. Im übrigen sind Selbstsicherheit, Unbefangenheit, Unmittelbarkeit, Natürlichkeit und Lockerheit Eigenschaften, die den mitmenschlichen Umgang erheblich erleichtern.

Graphisch gesehen drückt sich Kontaktfähigkeit in *Rechtslage, Lockerheit* und *Verbundenheit, Eile* und *weiter werdenden Wortenden,* in *flüssig-rhythmischen Formen, Formenvielfalt, Ebenmaß, Rechtsläufigkeit* und *betonten Endgirlanden* aus.

Es gibt einen Unterschied zwischen Kontaktfähigkeit und Kontaktbedürfnis. Beide müssen nicht zusammenfallen, sondern können sogar weit auseinanderklaffen und damit eine Art Spaltung innerhalb der Persönlichkeit hervorrufen.

Eine große Kontaktfähigkeit und ein starkes Kontaktbedürfnis sind typisch für aktive Naturen. Solche Menschen suchen das Beisammensein mit anderen und besitzen die dazu notwendige soziale Anpassungsfähigkeit und Aufgeschlossenheit. Paart sich große Kontaktfähigkeit mit einem schwachen Kontaktbedürfnis, so handelt es sich meist um Persönlichkeiten, die bewußt Distanz halten und aus gewissen Erwägungen heraus eine willensmäßige Bremsung vollzogen haben.

Eine schwache Kontaktfähigkeit und ein ebenso schwaches Kontaktbedürfnis kennzeichnen den Anpassungsunwilligen. Solche Charaktere gehen ihren Mitmenschen aus dem Weg, meiden Geselligkeit, wollen in ihren Kreisen nicht gestört sein und leben in einer Welt für sich. So mancher möchte zwar gern Kontakt aufnehmen, aber er weiß nicht recht, wie er das anstellen soll. Dann liegt geringe Kontaktfähigkeit bei starkem Kontaktbedürfnis vor. Solche Naturen sind mitten unter Menschen einsam, weil ihnen der Zugang zu den Herzen anderer verschüttet ist. Diese innere Spannung trägt schon neurotischen Charakter.

Diese Ausführungen zeigen, welch große Bedeutung die Kontaktfähigkeit für das Leben des einzelnen hat. So spielt sie zum Beispiel in
der Liebe eine bedeutsame Rolle, will der Mensch darin glücklich
sein. Die intime Begegnung erfordert nämlich ein recht hohes Maß an
Kontaktfähigkeit, ihr Gelingen oder Mißlingen sind geradezu Gradmesser für das Glück, das ein Mensch erreicht hat.

Kontaktstörungen – oft psychopathischer Art – können zu autisti-
schem Verhalten, zu Sexualneurosen und Selbstbefriedigungswün-
schen führen. Auch im Beruf ist die Kontaktfähigkeit von großer
Bedeutung; so sollten vor allem Lehrer, Ärzte und Seelsorger eine
gute Portion davon besitzen, wenn sie in ihrem Beruf erfolgreich und
zufrieden sein wollen.

Neben *Rechtslage* und *Rechtsläufigkeit* gibt auch der *Rechtsrand*
wichtige Aufschlüsse über Kontaktfähigkeit und Kontaktbereitschaft. Graphologisch betrachtet, symbolisiert *rechts* das Du und die
Umwelt. Der Akt des Schreibens als solcher ist ja schon eine auf die
Umwelt bezogene extravertierte Aktivität. Die Bewegung von links
nach rechts ist damit gleichsam ein Schritt vom Ich zum Du.
Professor R. Pophal hat in einer Gegenüberstellung die wichtigsten
den beiden Seiten jeweils zugeordneten Haltungen und Eigenschaften aufgelistet:

links	*rechts*
weiblich	männlich
Abwendung und Abkehr	Zuwendung
nach innen gerichtet	nach außen weisend
Eigenbezüglichkeit	Ich-Erweiterungstendenz
passives Erleiden	Aktivität
Lebensangst	Lebensbejahung

Zum *Du-Bereich* gehören solche Qualitäten wie:

1. Kontaktfähigkeit
2. Kontaktbedürftigkeit
3. Kontaktbereitschaft
4. Natürlichkeit
5. Unmittelbarkeit
6. Lockerheit
7. Aufgeschlossenheit
8. Extraversion
9. Unbefangenheit
10. Geselligkeitsstreben
11. Anpassungsfähigkeit
12. Güte, Wohlwollen, Herzlichkeit
13. Mitgefühl, Teilnahme, Rücksicht
14. Fürsorglichkeit, soziales Engagement

Die entsprechenden graphischen Merkmale sind:

1. Girlande und Endgirlande bei sonst anderer Bindungsform
2. Rechtslage, Rechtsläufigkeit
3. fehlender Rechtsrand, Linksrand breiter werdend
4. Weite
5. Lockerheit
6. offene Buchstaben, besonders bei o, d, g
7. Verbundenheit und Eile
8. steigende Zeilen
9. Anfangs- und Endzüge verlängert
10. enge Wortabstände
11. Formbeweglichkeit und Formenvielfalt
12. Ebenmaß

Weil der Mensch als Sozialwesen auf den Mitmenschen hingeordnet ist, hängt seine seelische Gesundheit weitgehend davon ab, ob er in seine gesellschaftliche Umwelt integriert ist oder nicht. Selbst sein persönlichstes Glück basiert auf der Fähigkeit, zu einem oder einigen wenigen Mitmenschen in eine nahe und vertraute Beziehung zu treten. Daher ist es gerade in einem graphologischen Gutachten unerläßlich, das Verhältnis des Probanden zu seiner Umwelt in angemessener Ausführlichkeit zu behandeln.

5. Anpassung und Hemmung und ihr Ausdruck in der Schrift

Jedes Lebewesen muß sich an die Umwelt, in die es hineingestellt ist, anpassen, um die günstigsten Lebensbedingungen zu erhalten. Die Natur hilft sich da mit den verschiedensten Formen, Farben und speziellen Verhaltensweisen, die die Pflanze oder das Tier in ihrer jeweiligen Umgebung lebensfähig machen und ihnen optimale Lebensbedingungen gewährleisten.

Der Mensch muß sich diese Voraussetzungen auf gesellschaftlicher Ebene selber schaffen. Seine Anpassung an die Umwelt ist nicht nur ein passives Geformtwerden durch die Umweltkräfte – er ist ihnen ja nicht willenlos ausgeliefert –, sondern er kann seine Umwelt verändern, sich mehr oder weniger aus ihr zurückziehen, sie ignorieren oder sich – innerhalb bestimmter Grenzen – eine andere auswählen.

Im übrigen gibt es eine *äußere* und eine *innere Anpassung*. Die äußere ist den Mitmenschen leicht erkennbar in Kleidung, Sprache und Verhalten, all diese Anpassungsleistungen können jedoch auch als Tarnung und Maske dienen. Die innere Anpassung ist hingegen weniger klar erfaßbar, sie drückt sich negativ in Abwehr, Ängstlichkeit, Gehemmtheit oder der völligen Verweigerung oder Versagung, positiv als Offenheit aus. Nicht selten trifft man auch auf eine kompensatorische *Scheinanpassung*, die einen Mangel an echter Bewältigung der Lebensaufgaben kundtut.

Es gehört schon eine gute Portion psychischer *Elastizität* dazu, wenn die Anpassung gelingen soll; eine *steife Haltung* verrät im allgemeinen eine mehr oder weniger mißlungene Anpassung. Damit sind auch die beiden graphischen Hauptmerkmale gegeben, die eine gelungene beziehungsweise mißlungene Anpassung bezeichnen: und zwar *Gestaltungskraft* und *Versteifung*. Jeder Schreibende geht ursprünglich von einer ganz bestimmten Schriftnorm aus, die er im Laufe der Zeit dann individuell abwandelt. Um allerdings leserlich und damit verständlich zu bleiben, muß er sich in bestimmter Weise anpassen, braucht sich jedoch nicht sklavisch an die vorgegebenen Normen zu halten, sondern kann sie nach seinem Belieben und Vermögen frei gestalten. Je mehr er sich aber anzupassen versteht, um so reibungsloser, vielleicht aber auch farbloser verläuft sein Leben.

Es gibt viele Menschen, die sich zwar anpassen könnten, es aber durchaus nicht wollen, und das wird sich auch graphisch niederschlagen. Daher müssen wir zwischen *Anpassungsfähigkeit* und *Anpassungsbereitschaft* unterscheiden. Beide Eigenschaften liegen vor bei der Verwendung von Girlanden, bei *starker Rechtslage, Weite, Eile, hohem Verbundenheitsgrad, weiter werdenden Wortenden, vorauseilenden Oberzeichen*, und einem *lockeren, flüssigen Ablauf*. Auf eine nur eingeschränkte Anpassungsbereitschaft deuten *Regelmaß, Enge, Kleinheit* und *Schulmäßigkeit, Ebenmaß* und *Normduktus*.

Die Schrift von Menschen, denen es an jeglicher Anpassungsbereitschaft mangelt, weist *steile* oder *linksschräge Züge*, einen *breiten Rechts-* und *Unterrand* sowie *weite Wortabstände, Inseln im Schriftbild, Langsamkeit, Sperr-* und *Bremszüge*, einen *unelastischen* und *versteiften Ablauf, gestützte Arkaden, Deckstriche* und *Enge* und *an den Großbuchstaben A, F, H, J, P, S, T dreieckige Spitzen in der Unter-* und *Mittelzone* auf.

Jede Hemmung erzeugt bekanntlich einen Widerstand, und jeder Widerstand wird auch als Hemmung erlebt; so verrät vor allem neben dem *verlagerten Druck* auch der *Grad der Versteifung*, inwieweit ein Mensch sich verweigert beziehungsweise sich nicht anpassen will.

Jede Übertreibung, und zwar sowohl Überangepaßtheit als auch absolute Verweigerung oder Totalhemmung, ist der menschlichen Entwicklung äußerst abträglich. Andererseits geht es ohne Kompromisse gegenüber den genannten Extremen auch wieder nicht. Am wohlsten fühlt sich der Mensch, wenn zwischen beiden ein stabiles Gleichgewicht besteht und weder Opportunismus noch hemmende Einflüsse vorherrschen. Ein leichter Überhang zur Anpassungsseite hin schadet allerdings meist nicht und erleichtert im Gegenteil sogar die Lebensbewältigung.

Anpassung   Hemmung

Die folgenden Qualitäten stehen in unmittelbarem Zusammenhang mit der *Anpassung*:

1. Anpassungsfähigkeit	5. Entwicklungsfähigkeit
2. Anpassungsbereitschaft	6. Aufgeschlossenheit
3. Flexibilität	7. Lernbereitschaft
4. Bildsamkeit	8. Hingabevermögen

9. Natürlichkeit
10. Ordnungsliebe
11. ethische Haltung
12. Konfliktbereitschaft
13. Nonchalance
14. Opportunismus
15. Haltungsschwäche
16. Labilität

Die entsprechenden graphischen Merkmale sind:

1. Girlande, Doppelkurve
2. Faden, Endfaden
3. Eile
4. Druckschwäche
5. unebenmäßig, aber nicht unrhytmisch
6. Formenvielfalt, Buchstabenmischung
7. Kleinheit
8. Regelmaß oder schulmäßige Formen
9. nicht zu starke Gestaltung
10. Lockerheit
11. Rechtsläufigkeit
12. Ebenmaß
13. Norm- und Skriptschrift

Die folgenden Eigenschaften gehören zum *Hemmungsbereich*:

1. übermäßige Bewußtheit
2. starre, steife Haltung
3. Abwehr, Opposition
4. Eigensinn, Trotz
5. Eigenbrötelei
6. Introversion
7. Ängstlichkeit
8. Scheu, Schüchternheit
9. Gehemmtheit
10. Minderwertigkeitsgefühle

Die entsprechenden graphischen Merkmale sind:

1. linksschräg oder steil
2. weite Wortabstände
3. breiter Rechtsrand
4. langsam, versteift
5. Sperr- und Bremszüge (abgebrochene Endungen)
6. Haken und Spitzen
7. unelasitscher (striärer) Ablauf
8. Enge
9. erstarrte und manierierte Formen
10. extreme Kleinheit
11. Linksläufigkeit
12. geschlossene a, o, d, g
13. dreieckige Unterlängen

Im geistig-seelischen Bereich bedeutet *Anpassung* ein Akzeptieren der Forderungen der kulturellen und sozialen Umwelt. Diesen Anpassungsprozeß zu fördern ist eine der Aufgaben der Pädagogik. Sie sichert auf diese Weise zwar bis zu einem gewissen Grad den

Fortbestand der Tradition, ist jedoch zugleich nicht gerade ein Motor des Fortschritts. Nur die mit dem Gegebenen Unzufriedenen, die weniger Angepaßten, gehen neue Wege und schaffen neue Werte. Daher haben innerhalb bestimmter Toleranzgrenzen sowohl Angepaßtheit wie auch Nonkonformismus durchaus ihre Berechtigung.

6. Gefühle und Gestimmtheiten und ihr Ausdruck in der Schrift

Wer viel Gefühl besitzt, erlebt auch viel, hat starken Anteil am Pulsschlag des Lebens und am Geschehen dieser Welt. Gefühle und Stimmungen geben unserem Dasein Farbe und Reiz, wobei wir berücksichtigen müssen, daß der Mensch nicht nur lebt durch das, was er *ist*, sondern auch durch das, was er *sein möchte*, in seiner Vorstellung, in seiner Phantasie und in seinen Wünschen. Ausschlaggebend für die Art und Tiefe von Gefühlen ist das individuelle Temperament. Dieses Temperament ist gleichsam eine Fortsetzung der leiblichen *Gestimmtheit* des Subjekts. In jedem Menschen herrscht, je nach Temperament, eine Form der Gestimmtheit vor. Diese habituelle Weise des Erlebens ist seine persönliche Lebensgrundstimmung. Sie kann froh und heiter, traurig, mißmutig oder verdrossen sein.

Eine überwiegend frohe Stimmung kommt den Antrieben zugute, eine unfrohe erschwert sie. Heiterkeit und Traurigkeit verhalten sich zueinander wie Offenheit und Verschlossenheit. Der eine öffnet sich seinen Mitmenschen, der andere verschließt sich vor ihnen. Der eine bejaht die Gegenwart und blickt optimistisch in die Zukunft, der andere flieht die Welt und die Menschen und kapselt sich in seinem seelischen Gehäuse ein. Das muß jedoch nicht sein.

Es ist eine Sache der Selbsterziehung, der Welt und dem Leben auch eine positive Seite abzugewinnen. In der Überwindung gedrückter Stimmungszustände zeigt sich demnach Charakterstärke. Das Geistige im Menschen wird zwar vom Leib-Seelischen getragen, vermag aber dank des Willens, sich im Gegensatz, ja im Widerspruch dazu zu entwickeln, und ist damit in der Lage, Herr der Gefühle und Stimmungen zu werden. Diese Form der Selbstdisziplinierung ist für die seelische Hygiene unerläßlich. Jeder von uns hat demnach die Pflicht, alles zu suchen, was seine Stimmung hebt, und alles zu meiden, was sie drückt. Dabei spielen auch Gedanken und Vorstellungen eine wesentliche Rolle! Man kann mit etwas gutem Willen sich zu einem gewissen Gleichmut erziehen, sich Gelassenheit angewöhnen und auf diese Weise auch seine Stimmungen beherrschen lernen. Das autogene Training dient in hohem Maße auch gerade diesem Ziel.

Für die Entwicklung eines Menschen ist entscheidend, inwieweit er sich von seinen Gefühlen und Stimmungen leiten läßt beziehungsweise sie charakterstark beherrscht. Wir sind unseren Stimmungen und Gefühlen nicht restlos ausgeliefert, sondern können sie weitgehend steuern.

So weit, so gut. Es gibt aber auch die sogenannten Gefühlsmenschen. Ihre Wahrnehmung und ihr Handeln werden in erster Linie aus emotionalen Quellen gespeist. Ihr Urteil, ihr Wollen und Handeln sind wesentlich vom Gefühl her bestimmt, wobei dieses Gefühl nach außen hin nicht immer unbedingt sofort auch erkennbar sein muß. Im weiteren Sinne des Wortes gehören in diese Kategorie auch der »Stimmungsmensch« und der »Sinnenmensch«. Solche Charaktere sind offen für alle Eindrücke, welche ihre Sinne ihnen vermitteln. Ihre Augen und Ohren »trinken vom goldenen Überfluß« dieser Welt. Sie können sich an Farben, Formen und Tönen berauschen, die Schönheit spielt in ihrem Leben eine große Rolle. Ästhetik im allgemeinen kann für sie ebenso wichtig sein, wie Erotik als beseelte Schönheit sie zu bezaubern vermag, und das gilt besonders, wenn ein ausgesprochener Tastsinn hinzukommt, der geradezu zu körperlichen Berührungserlebnissen drängt, weshalb solche Menschen sexuell sehr leicht ansprechbar sind.

Wenn das *Farbbild* in der Graphologie überhaupt eine Bedeutung hat – leider wurde es bis in die jüngste Zeit hinein viel zuwenig beachtet –, so im Zusammenhang mit den verschiedenen Ausprägungen der Sinnesfreude. Nirgends wird die Skala der Gefühlserlebnisse in ihrer Intensität deutlicher sichtbar als in der bewußt oder unbewußt gewählten »Farbe« des Schriftbildes. Sie reicht von den zartesten Pastelltönen über duftige und leuchtende Töne zu grauen Schattierungen und schließlich zur satten, vollen und überaus kräftigen Farbe. So viele Gefühle es gibt, so viele Varianten menschlichen Verhaltens gibt es auch, und alle sind ablesbar am *Farbbild* einer Schrift.

Nun ist man bei einem Gefühlsmenschen nie ganz sicher, ob seine Emotionalität in rohe Sinnenhaftigkeit umschlägt oder ob die subtilästhetischen Neigungen die Oberhand behalten. Gefühle sind eben doch nicht immer berechenbar, und Menschen, die eine große Portion davon besitzen, werden deswegen zwar noch nicht gleich zu Problemnaturen, aber sie sind im allgemeinen weniger berechenbar als der rationale Typus.

Nuancen im Farbbild einer Schrift

Die wesentlichen Aspekte des *Gefühlslebens* sind:

1. Gefühlsreichtum
2. Wärme
3. Leidenschaftsfähigkeit
4. Tiefe
5. Gemüt
6. Idealismus
7. Begeisterungsfähigkeit
8. Erlebnisdrang
9. Schönheitssinn
10. Phantasie
11. Sinnenfreude
12. Weichheit
13. Stimmungsabhängigkeit
14. Launenhaftigkeit
15. Sprunghaftigkeit
16. Spontaneität

Die entsprechenden graphischen Merkmale sind:

1. Girlande
2. Tendenz zum Faden
3. Teigigkeit
4. fehlender Druck
5. Völle
6. betonte Mittellage
7. Wellenzeile, schwankende Oberzeichen, ausfahrende Züge
8. rasches Absinken der Grö-ße in einzelnen Wörtern
9. lebhafter Ablaufrhythmus
10. ästhetisch betonte Formen
11. Eile
12. Vernachlässigung, Flüch-tigkeit
13. geringe Längenunter-schiede
14. willkürliche Raumaufteilung
15. Unverbundenheit
16. Unregelmaß
17. betonte und bereicherte Oberlängen
18. Unebenmaß

Der Gefühlsbereich ist ein Abbild des seelischen Reichtums oder der seelischen Armut eines Menschen. Wo es an Tiefe mangelt, herrschen Flachheit, Nüchternheit, Oberflächlichkeit, Gleichgültigkeit oder gar Gefühlsarmut vor. Eine Folge mangelnder Tiefe sind auch das Unvermögen, sich in andere einzufühlen, des weiteren Härte, Lieblosigkeit und Rücksichtslosigkeit. Menschen dieser Art sind nicht selten außerstande, Ehrfurcht zu empfinden und die geltenden moralischen Prinzipien einzuhalten.

Gefühlsarme Menschen sind eigentlich zu bedauern, denn sie nehmen nicht an der ungeheuren Vielfalt teil, die das Leben bieten kann. Dafür aber versuchen sie in der Regel, mit Hilfe ihrer geistigen Fähigkeit oder eines starken Willens, sich den anderen gegenüber zu behaupten. Eine gewisse Tragik liegt darin, daß die Gefühlsarmut unbeeinflußbar ist und sich auch durch Erziehung nicht ändern läßt. Im zwischenmenschlichen Bereich sind solche Menschen im übrigen meist schwer zugänglich.

7. Vitalität und Triebverhalten und ihr Ausdruck in der Schrift

Der Mensch ist zwar das einzige – uns bekannte – Lebewesen, das über einen schöpferischen Geist verfügt, aber dennoch bleibt er in seinem leiblichen Dasein an den Lebensprozeß gebunden, der auch alles andere Leben steuert. Die dazu notwendige Energie nennen wir – soweit es sich um ein menschliches Individuum handelt – *Lebenskraft* oder *Vitalität*. Sie kann stark oder schwach sein und hat entscheidende Auswirkungen auch auf die charakterliche Entwicklung.

Starke Vitalität ist gekennzeichnet durch einen nachhaltigen und stabilen Antrieb, mittlere Reizempfindlichkeit, eine stabile mittlere bis gehobene Gesamtstimmung, geringe Ermüdbarkeit bei gleichzeitig guter Erholbarkeit und mittleren bis starken leiblichen Trieben.

Ihren graphischen Ausdruck findet *starke Vitalität* in *Druckstärke, Teigigkeit, Unregelmaß, unharmonischen Zonen, Langsamkeit, Ungliederung, willkürlicher Raumaufteilung, Völle,* einem *dichten Schriftbild, Unterlängenbetonung* und *Bereicherung der Untenzüge, dicken und tiefen Oberzeichen, Endbetonung durch Größe* sowie in einem *ausgeprägten Ablaufrhytmus*.

Schwache Vitalität zeigt sich in einem labilen, schwachen oder flüchtigen Antrieb, in Reizüberempfindlichkeit oder -stumpfheit, in einer labilen, tendenziell gedrückten Gesamtstimmung, in hoher Ermüdbarkeit bei geringer Erholbarkeit und schwachen leiblichen Trieben.

Graphisch verrät sich *Vitalschwäche* in *Druckschwäche, Faden, schulmäßigen Formen, Magerkeit, Enge, Oberlängenbetonung, flüchtigen Oberzeichen* und *fehlenden Schleifen*.

Der vital gesunde Mensch lebt im allgemeinen in einem Gefühl des Wohlbehagens, der Frische, der Kraft, der Gelöstheit und der Ruhe, wogegen der Vitalschwache tendenziell eher unlustvollen Leibzuständen zuneigt, er fühlt sich häufig schlapp, schwach, angespannt und beunruhigt. Während also bei Vitalgesunden eine stabile Stimmung, eine »vitale Heiterkeit« als konstante Haltung festzustellen ist, wobei ihnen Streß und andere Anstrengungen wenig ausmachen und Mißerfolge und Schicksalsschläge sie keineswegs umwerfen, trifft auf Vitalschwache das genaue Gegenteil zu.

Für das Leistungsvermögen eines Menschen ist sein allgemeiner körperlicher und seelischer Zustand von ausschlaggebender Bedeutung. Wer sich behaglich, frisch und kraftvoll fühlt, ein gesundes Selbstwertgefühl besitzt und seine Mitmenschen bejaht, der ist auch leistungsfähig, tüchtig und erfolgreich und genau deshalb im großen und ganzen glücklich und zufrieden. Wo der Antrieb jedoch schwach ist, da ist auch die vorhandene Kraft bald aufgebraucht, worunter wiederum Schaffensdrang und Unternehmungsgeist leiden, weshalb sich in der Folge Mißbehagen, Unfrohheit und Fehlschläge einstellen. Wenn ein solcher Mensch sich dann noch mit Stimulanzien, Alkohol, Nikotin oder Sex aufputschen muß, so ist das mit Sicherheit kein Zeichen von Stärke.

Vitalschwache können aber auch eine andere Haltung einnehmen. Man kann nämlich seine Aufmerksamkeit von den Schwächen und Mängeln der eigenen Konstitution abziehen und den Willen auf die vorhandenen Leistungsmöglichkeiten konzentrieren. Das verspricht allerdings nur dann Erfolg, wenn man kleine, aber mit Sicherheit zu bewältigende Schritte in dieser Richtung tut, ansonsten kommt es zu leicht zu Rückschlägen und unter Umständen zu schwerwiegenden Minderwertigkeitsgefühlen.

Selbstverständlich ist der Mensch außerstande, sich mehr Gesundheit oder Energie zu geben, als ihm anlagemäßig zugemessen wurde, aber er kann seine vorhandene Kraft willentlich zusammenraffen und sie ökonomisch zur Erreichung bestimmter Ziele einsetzen. In dem Maße, wie ihm das gelingt, wird auch sein Selbstbewußtsein steigen, so daß er im Vergleich mit anderen bestehen kann und so Erfüllung und Zufriedenheit findet.

Nun ist der Wille freilich keine vitale, sondern eine geistige Kraft. Er bedarf der ihm aus der Vitalität zuströmenden Dynamik, ohne die er machtlos wäre. Insofern ist eine ausreichende Vitalstärke wohl die Voraussetzung auch eines starken Wollens. Hier scheint sich ein Widerspruch zu ergeben, aber nur ein scheinbarer, denn letzlich ausschlaggebend für unser Tun sind ja doch die Steuerungsfunktionen des Ich.

Im Alter lassen natürlicherweise die Antriebe nach, wer dann noch leistungsfähig sein will, muß schon früh haushälterisch mit seinen Kräften umgehen und durch entsprechende Auftankpausen seine Leistungsfähigkeit zwischendurch immer wieder mobilisieren. Aber letztlich läßt sich die Natur nicht überlisten. Das Maß an Lebensenergie, über das wir als Menschen verfügen, läßt sich weder medikamentös noch durch andere Tricks vergrößern.

Die Triebe entwachsen der vitalen Tiefenschicht. Insofern ist der »höhere« Mensch auf den »niederen« angewiesen. Diese Tiefenschicht ist nun auch der Ursprung der Libido, des menschlichen Sexualtriebs. Ihn graphologisch gesondert zu behandeln, wäre nicht angebracht, da er in die allgemeine Vitalität eingebettet ist.

Der Sexualtrieb ist eine sehr reale psycho-physische Gegebenheit, eine leib-seelische Kraft und damit eine Energiequelle, die einschneidende seelische wie leibliche Veränderungen auslösen kann. Auf diesem Wege kann die Libido sowohl aufbauende wie zerstörerische Auswirkungen auf die Persönlichkeit haben. Im Gegensatz zu den anderen Trieben aber läßt sich die Libido jedoch durch Selbsterziehung bewältigen, verdrängen oder sublimieren. Die *Sublimierung* ist eine Umwandlung der leib-seelischen Energie in soziale, berufliche oder geistige Handlungsimpulse. In diesem Prozeß wird die Libido nicht einfach verdrängt, sondern wertvollen Zwecken zugänglich gemacht. Besonders in Kunst und Wissenschaft verdanken wir viele große Leistungen dieser Form der »Triebveredelung«.

Inwieweit bei einem Menschen *Sublimierung* oder *Verdrängung*
des Sexualtriebs vorherrscht, läßt sich aus graphischen Merkmalen
selbst nicht direkt, sondern nur auf dem Umweg über andere den
seelisch-geistigen Bereich betreffende Stilelemente erschließen. Das
ist allerdings nicht ganz leicht und gelingt meist nur dem erfahrenen
Praktiker. In den allermeisten Fällen kann man diesen Bereich
ohnehin übergehen, weil man mit einer solchen Deutung zu tief in die
Intimsphäre des Probanden eindringen würde.

vitalschwache und vitalstarke – – –

Die folgenden Eigenschaften sind Erscheinungsformen der *Vitalität:*

1. Triebstärke
2. Lebendigkeit
3. Erlebnisdrang
4. Schwung, Unternehmungsgeist
5. Schaffensdrang, Tätigkeitstrieb
6. Regsamkeit (auch geistige)
7. gehobene Grundstimmung
8. geringe Ermüdbarkeit bei rascher Erholbarkeit
9. kräftiger Bewegungsdrang
10. hohe Belastbarkeit
11. Instinktsicherheit
12. starke bis mittlere Libido
13. Lebensfreude
14. Genußfreude
15. Leistungswille
16. stabiler Antrieb
17. Gelassenheit

Die entsprechenden graphischen Merkmale sind:

1. Druckstärke
2. Unregelmaß
3. Langsamkeit
4. Unterlängenbetonung
5. ausfahrende Züge
6. ausgeprägter Ablaufrhythmus
7. Ungegliedertheit
8. betonte Untenzüge
9. Teigigkeit
10. unharmonische Zonen
11. volles, dichtes Schriftbild
12. Größe zugleich mit Druck
13. vielfältige und betonte Formen
14. Unebenmaß
15. tiefe und dicke Oberzeichen

Wie eine Pflanze nicht nur aus dem Erdreich, sondern auch aus der Luft und von der Sonne ihre Nahrung bezieht, so begnügt sich auch der Mensch nicht nur mit seinen vitalen Energien, er nimmt auch für sich die geistigen und kulturellen Leistungen seiner Umwelt und seiner Vorfahren in Anspruch. So wichtig dieses *Unten* für den Menschen auch sein mag – ohne diese Wurzeln wäre er lebensunfähig –, so ist er dennoch ohne die Kraft, die ihm aus dem Gemüt und dem Geist zuströmt, einseitig und unvollständig. Die Vielfalt menschlichen Lebens bringt es mit sich, daß die Schwerpunkte bei jedem Individuum anders liegen, wobei eine starke Vitalkraft die günstigste Voraussetzung für ein erfülltes Leben darstellt, aber auch ohne sie kann der Mensch kraft seines Geistes ein hohes Maß an innerer Erfülltheit erreichen.

8. Die Kinder- und Jugendschrift

Ein erfahrener Pädagoge hat einmal das Wort geprägt: »Litera est
imago animae«, was soviel heißt wie: »Die Schrift ist das Spiegelbild
der Seele.« Da die kindliche Seele von Umwelteinflüssen noch relativ
wenig geformt ist, müßte man in Kinderschriften die Persönlichkeit
um so deutlicher lesen können. Das trifft auch wohl zu, allerdings
mit der Einschränkung, daß man die Erkenntnisse aus der Erwachse-
nen-Graphologie nicht bedenkenlos auf Kinderschriften übertragen
darf, weil sie sich auf psychologische Verhältnisse beziehen, die sich
von denen eines Kindes grundlegend unterscheiden.

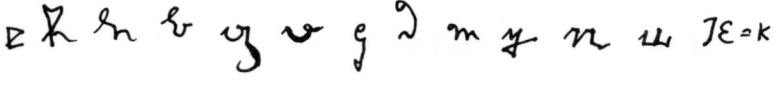

Pubertätsmerkmale

Für die Kinder- und Jugendgraphologie gelten also andere Gesetze
als für die Graphologie der Erwachsenenschrift. Das haben namhafte
Autoren wie MINNA BECKER (in *Graphologie der Kinderschrift*,
erschienen 1924) schon recht früh festgestellt. Ich möchte hier nun in
gebotener Kürze wenigstens einige wichtige Hinweise geben, die bei
der Behandlung von Kinder- und Jugendschriften berücksichtigt
werden sollten.

Mit viel gutem Willen und unter Mühe lernen unsere Kinder in der
ersten Klasse das Grundalphabet. Der aufmerksame Lehrer stellt
schon nach kurzer Zeit fest, daß einige Kinder dieses gebotene
Schreibgerüst individuell verändern, andere wiederum sich lange
krampfhaft daran festhalten. Hier deutet sich bereits eine Entwicklung an, die unaufhaltsam ist. Die *Erweiterung* der Schrift, das
Breiterwerden der Buchstaben und Wortabstände ist ein Zeichen
dafür, daß ein Kind unbefangen und unbekümmert aus sich heraus
lebt, wogegen eine *enge* Buchstaben- und Wortgestalt auf die Tendenz des Kindes hinweist, sich um das winzige eigene Ich zu kauern
und sich aus Berührungsscheu aus der mächtigen und verständnislo-
sen Außenwelt zurückzuziehen. Das *weit* schreibende Kind zeigt in
allen Fächern eine relativ große Aufnahmebereitschaft, es ist frei,
erlebnisfroh und aufgeschlossen, während ein *eng* schreibendes Kind

infolge einer harten und falschen Erziehung, die meist weit ins Vorschulalter zurückreicht, in unkindlich starke Hemmungen getrieben wurde. Es kann natürlich auch sein, daß eine angeborene Befangenheit das Kind hemmt, aber dann ist die Schrift außerdem noch *klein*. »Jeder Buchstabe«, sagt MINNA BECKER, »stellt beim Kind einen Gedanken dar.« Die weit auseinandergezogene Buchstabenreihung *(sekundäre Weite)* einer Kinderschrift verrät auch ein weitläufiges Denken. Konzentrationsfähigkeit weist sich hingegen in enger Buchstabenfolge aus. *Weit* schreibende Kinder sind normalerweise gelöst, natürlich – offen bis vorlaut – und ohne Hemmungen. *Eng* schreibende Kinder dagegen wagen oft selbst dann nichts zu sagen, wenn sie wahrscheinlich eine richtige Antwort bereit haben, aus lauter Scheu vor der Umwelt.

Werden in Kinderschriften die Wortenden größer, dann bedeutet das, daß die anfängliche Aufmerksamkeitsspannung immer wieder nachläßt, bestehende Hemmungen sich lösen und das betreffende Kind sich wünscht, erwachsen zu sein. *Bogenzüge* oder *abgebrochene Arkaden* am Wortende sind ein Hinweis darauf, daß das Kind aus umweltbedingten Gründen verschlossen ist. Es fühlt sich unverstanden und schließt sich daher von der Außenwelt ab.

Wenn in Kinderschriften die *Unterlängen* mehr oder weniger fehlen, liegt meist eine erhebliche Vitalschwäche vor, die auf seiten der Erwachsenen zu vielen Fehlbeurteilungen Anlaß gibt und das Kind in körperliche und seelische Not hineintreiben kann. Treten dann noch zusätzliche *Zitterzüge* auf, so muß das kindliche Nervensystem schon stark in Mitleidenschaft gezogen sein.

Je mehr sich die Schrift eines Kindes *nach rechts neigt*, desto wahrscheinlicher ist auch, daß das Kind sich leicht zu unbeherrschten Reaktionen hinreißen läßt, je deutlicher die *Linksneigung*, um so ausgeprägter ist die Abwehrhaltung. Um diesen Faktor richtig beurteilen zu können, muß man allerdings die erlernte Ausgangslage genau kennen. Eine *schwankende Lage* ist immer auch Ausdruck einer ungefestigten Haltung und von Unsicherheit.

Das *Farbbild* einer Kinderschrift und die *Druckverteilung* lassen die gleichen Schlüsse zu, wie sie auch für Erwachsenenschrift gelten. Gefühls- und Vitalstärke beziehungsweise -schwäche finden darin ihren sichtbaren Ausdruck. Auch die *Schriftrichtung*, also Rechts- oder Linksläufigkeit, ist oft schon in Kinderschriften zu erkennen und entsprechend zu bewerten.

Etwa mit dem Ende des zehnten Lebensjahres ist die rein kindliche Entwicklung abgeschlossen, und die Pubertät setzt ein. In dieser Phase ändert sich auch merklich die Schrift, meist wird der Umschwung im Schriftbild schon fast ein halbes Jahr vor dem Beginn der eigentlichen Pubertät sichtbar. Es treten völlig neue Merkmale auf, die Schrift verschlechtert sich, sie wird insgesamt *schmierig*, oft *unleserlich*, *spröde* und *eckig*. Neben *Knickungen* zeigen sich *Eindellungen; Teigigkeit* und *Unregelmaß, Schwellzüge* und *Verschiebungen des Federdrucks* entstellen das ursprüngliche Schriftbild.

Knaben und Mädchen neigen in dieser Zeit zu Introversion, Kontaktschwierigkeiten oder Verschlossenheit. *Fehlende Endzüge, Abflachungen in m und n, abgebrochene und nicht ausgeführte Unterschleifen* weisen in dieser Phase nicht nur auf die hormonale Umstellung im Körper hin, sondern auch auf die damit verbundene Berührungs- und Kontaktscheu. Bei Mädchen drückt sich der Wechsel am stärksten in *übertriebener Linkslage,* in *Mäanderschrift* oder in *dreieckiger Schleifenfolge* aus.

Die Pubertätszeit ist aber nur die mehr oder weniger stürmisch verlaufende Phase, die der Vorbereitung der eigentlichen Reifung dient. Entwicklungsgrad und Tempo dieser Reifung kann man an der Schrift sehr wohl ablesen; ihr erstes Stadium ist um das fünfzehnte Lebensjahr herum meist abgeschlossen, um nach einer kurzen Beruhigungspause in eine erneute Erregungsphase, die sogenannte Jugendkrise, zu münden.

Zwischen dem fünfzehnten und dem siebzehnten Lebensjahr befinden sich die Jugendlichen entweder in der Berufsausbildung oder in der Oberstufe einer weiterführenden Schule. Während der Jugendkrise kommt es nun wiederum zu gesteigerter innerer Unruhe, erhöhter Affektivität, Labilität und zu Lösungstendenzen. Nur kommt es dabei gegenüber der Pubertät insofern zu einer Umkehrung, als die *pubertäre Introversion* der *Extraversion der Adoleszenz* weicht. In diesem Prozeß vollzieht sich gleichsam unter Gärungserscheinungen eine allmähliche innere Abklärung und Festigung der seelischen Strukturen. Der Jugendliche gewinnt in diesem Stadium die Fähigkeit, selbst das Steuer seiner Entwicklung in die Hand zu nehmen. Eltern und Pädagogen sollten daher nicht mehr länger mit Worten und dem Zeigefinger mahnen, sondern kameradschaftlicher Ratgeber werden, Vertrauter und Partner.

Was das Schriftbild Jugendlicher angeht, so lassen sich darin zwar schon einige wichtige Charakterzüge erkennen, aber daraus auf eine fixierte Persönlichkeit schließen zu wollen, wäre nicht angebracht. Der Schriftpsychologe kann zu diesem Zeitpunkt eigentlich nur gewisse Entwicklungstendenzen beziehungsweise Retardierungen des oder der betreffenden Jugendlichen aufzeigen. Jugendschriften liegen meist in der Mitte zwischen *Ausgangs-* und *Persönlichkeitsschrift.* Am ehesten ist noch ein Graphopsychogramm geeignet, die Grundstruktur der jugendlichen Persönlichkeit darzustellen. Für die Deutung von Jugendschriften ist unter anderem auch entscheidend, wie nahe man selbst der Jugend noch steht, wieviel Verständnis man ihrer stürmisch-wechselnden Denk- und Fühlweise noch entgegenbringen kann. Graphologisches Können allein genügt jedenfalls nicht, um eine Jugendschrift angemessen zu interpretieren, genauso wichtig – wenn nicht gar wichtiger – sind psychologisches und pädagogisches Einfühlungsvermögen.

9. Gestörtes Schriftbild und Neurose

Da Leib und Seele eine unzertrennliche Einheit bilden, ist es eigentlich selbstverständlich, daß sich Störungen in einem Bereich auf beide Teile auswirken. Von den rein somatischen Krankheiten sind es nur ganz wenige, die sich auch in der Schrift erkennen lassen, weil sie mit dem Bewegungsrhythmus eng verknüpft sind oder auf andere Weise mit der nervlichen Konstitution in Zusammenhang stehen. Ohnehin sind körperliche Erkrankungen für den Schriftpsychologen irrelevant, weil sie sich mit anderen Methoden schneller und besser diagnostizieren lassen.

Es ist erwiesen, daß bestimmte Psychopharmaka, insbesondere Tranquilizer, das Schriftbild zur Instabilität hin verändern, ähnlich wie aufputschende Drogen und Alkohol Hemmschwellen abbauen und damit auch einen schriftverändernden Einfluß ausüben. Da solche Einflüsse jedoch die Ausnahme sind, können sie für uns unberücksichtigt bleiben.

Von entscheidender Wichtigkeit ist für den Schriftpsychologen jedoch das seelische Krankheitsbild der *Neurose;* denn gegen neurotische Erkrankungen sollte man unbedingt etwas unternehmen. Es handelt sich dabei sowohl um psychosomatische Erkrankungen mit Schwerpunkt im leiblichen Bereich, die wir als *Organneurosen* kennen, als auch um *Psychoneurosen,* die im rein seelischen Bereich zu finden sind. Menschen, die unter derartigen Erkrankungen leiden, brauchen sowohl professionelle Hilfe als auch das Verständnis ihrer Nächsten.

Eine tiefenpsychologisch fundierte Graphologie geht auf solche Fragen ganz speziell ein, läuft jedoch dabei Gefahr, in jedem Probanden einen potentiellen Kranken zu sehen, der unbedingt eines Therapeuten oder Analytikers bedarf. Schließlich sind wir fast alle auf die eine oder andere Weise mehr oder weniger neurotisch. Fachkundige Hilfe ist jedoch nur dort notwendig, wo ein Mensch in seiner Lebensfähigkeit erheblich behindert ist.

Eine *Neurose* entsteht immer dann, wenn zwischen den Bedürfnissen und den triebhaften Wünschen eines Menschen die Umwelt durch Verbote oder Gebote derart massive normative Schranken setzt, daß sie nicht mehr ohne Konflikt überschreitbar sind. Ob Gesellschaft, Religion oder Gewissen eine Versagung der ursprünglichen Wünsche und Bedürfnisse fordern, ist dabei gleichgültig. Ein gesunder Ausgleich zwischen *Lust-* und *Realitätsprinzip* (Sigmund Freud) ist nur dann ohne jede Störung möglich, wenn von Anfang an in einem affektiv harmonischen Klima zwischen Mutter und Kind eine Atmosphäre der Liebe entsteht, die auch notwendige Versagungen ausgleicht.

Dieses affektiv-soziale Gleichgewicht kann quantitativ gestört sein, wenn der gefühlsmäßige Kontakt ganz oder teilweise fehlt. Unter solchen Bedingungen aufgewachsene Menschen leiden in der Folge nicht selten unter Gefühlsarmut und Kontaktstörungen, ihre Ich-Funktionen bleiben schwach, und eine echte Eigensteuerung der Persönlichkeit ist daher kaum noch möglich. Eine qualitative Störung des seelischen Gleichgewichts liegt vor, wenn die Erwartungshaltung der Eltern zu groß ist und das Kind auf eine Bahn gedrängt wird, die seiner ursprünglichen Veranlagung nicht enspricht. Eine solche traumatisch aufgedrängte Rolle führt in der Regel ebenfalls zu einer neurotischen Fehlanpassung.

Es gibt drei Hauptformen der Neurose: die *Zwangsneurose,* die *Angstneurose* oder *Phobie* und als letzte Form die *Hysterie.* Schizophrene Grenzformen und Depressionen sind Folge mangelnder emotionaler Zuwendung in der Kindheit.

Zwangsneurotiker sind sich meistens ihrer Fehlanpassung bewußt, können jedoch dennoch auf ihre fest eingefahrenen Rituale nicht verzichten. Ihr ganzes Streben ist auf Schutz und Sicherheit gerichtet. Sie sind, auch wenn sie ihre Situation durchschauen, nur schwer zu heilen, da sie sich nicht von ihrem Ritual lösen können. Ihr Leiden ist im allgemeinen jedoch ziemlich harmloser Natur, und man sollte nicht mit Gewalt dagegen angehen.

Gefährlicher sind schon die *Angstneurosen.* Sie entstehen häufig in der sogenannten Phobie-Zeit, das heißt zwischen dem dritten und dem sechsten Lebensjahr, wenn ein traumatisches Erlebnis auf Verständnislosigkeit der Erwachsenen stößt oder ihrer Erwartungshaltung zuwiderläuft. Wohl die bekanntesten Phobien sind die *Raum-* und die *Platzangst.* Ein unter solchen – »objektiv« unbegründeten – Ängsten leidender Mensch empfindet den Aufenthalt in geschlossenen Räumen beziehungsweise auf offenen Plätzen als bedrohlich und ist deshalb in seinen Entfaltungsmöglichkeiten erheblich eingeschränkt.

Die letzte und schwierigste Form der Neurose ist die *Hysterie,* die meist in einem inneren Zusammenhang zur Sexualität eines Menschen steht. Die Ich-Bezogenheit des Hysterikers macht ihn häufig für seine gesamte Umgebung schwierig und nicht selten unbeliebt. Die Symptome der Hysterie treten meist auf vegetativem Gebiet als Erbrechen und Appetitschwund auf; weitere hysterische Symptome sind die eingebildete Schwangerschaft, Genitalblutungen und Stigmen, aber auch Sensibilitätsstörungen, Blindheit, Taubheit, Erinnerungsverlust, Lähmungen, Gesichtszuckungen, Stimmverlust, Schaukrämpfe und Ohnmachten. Die Hysterie zieht nicht selten eine Affektverarmung des Kranken nach sich.

Beispiele neurotischer Schriften

Die folgenden Störungen gehören zum Krankheitsbild der *Neurose:*

1. Kontaktstörungen	7. Anpassungsschwierig-
2. Gefühlsarmut	keiten
3. starke Gehemmtheit	8. starke Ich-Bezogenheit
4. schwache Ich-Funktionen	9. hysterische Reaktionen
5. Verdrängungsneigung	10. Flucht in die Krankheit
6. Abwehrhaltungen	11. depressive Neigungen

Die entsprechenden graphischen Merkmale sind:

1. Schriftenge
2. fallende Zeilen, fallende Wörter
3. kleine Schrift
4. unausgewogene Zonen
5. zu brave (Norm-)Schrift
6. maskenhafte Glätte
7. übermäßige Schärfe
8. auseinandergerissene Wortbilder
9. hoher Versteifungsgrad
10. übermäßige Bereicherung
11. starke Linksläufigkeit
12. Schrift- und Formzerfall

Außer den in der Kindheit entstandenen Neurosen findet sich besonders bei älteren Menschen eine Form, die ihren Ursprung in einer falschen Einstellung zur Umwelt und zum eigenen Selbst hat. Ein Fünfzigjähriger, der noch immerzu auf Liebesabenteuer und auf das ganz große Erlebnis aus ist, macht sich in den Augen der anderen nicht nur lächerlich, sondern muß auch enttäuscht werden und steuert geradewegs in eine *Altersneurose* hinein. Über uns waltet das unabänderliche Gesetz, Verluste und Krankheiten sowie andere Beschwerden des Alterns ertragen zu müssen. Wer sich aber krampfhaft an das Ideal der ewigen Jugend klammert, muß Schiffbruch erleiden. Daher ist es ratsam, sich rechtzeitig um eine sinnvolle Altersbetätigung zu kümmern und mit zunehmendem Alter eine neue Einstellung zum Dasein zu gewinnen. Damit trägt man zur eigenen seelischen Gesundheit erheblich mehr bei als durch Jugendvergötzung.

An der Schwelle zum Alter erhält der Mensch eine letzte Chance, zu einer wirklichen Persönlichkeit heranzureifen. Die rechtzeitige Umstellung von vitalen auf geistige Ziele ist dazu unabdingbar, bietet einen Schutz gegen so manche psychische Belastung des Alters und trägt zur Stabilisierung des seelischen Gleichgewichts bei. Man sollte mit zunehmendem Alter über den Dingen stehen, Ruhe und Gelassenheit ausstrahlen und nichts mehr für sich wollen. So entgeht man mit Sicherheit der Gefahr einer Altersneurose und kann sein Leben in Ruhe und Frieden beschließen.

10. Probleme des graphologischen Partnervergleichs

Es ist vielleicht ein Zeichen der Zeit, daß Schriftpsychologen in der Eheberatung oder bei der Partnerwahl in zunehmendem Maße zu

Rate gezogen werden. Zum einen mag darin ein Vertrauensbeweis zu
sehen sein, zum andern spielt für diese Tendenz allerdings auch die
Unsicherheit des heutigen Menschen eine wichtige Rolle.

Der Graphologe selbst sucht um einen Partnervergleich gern
herumzukommen, nicht so sehr weil er sich um die Wissenschaftlich-
keit seiner Argumentation Sorge machen müßte, sondern vielmehr
weil er sich bewußt ist, daß er nach der graphologischen Analyse
beider Partner in einem Vergleich psychologische Spekulationen
anstellen muß, die sich nicht immer beweisen lassen und in ihrer
Stimmigkeit weitgehend von seinem Kombinationsvermögen und
der Geschicklichkeit seines Ausdrucks abhängig sind.

Ist die Schriftpsychologie unter solchen Voraussetzungen überhaupt in der Lage, einen echten Partnervergleich anzustellen? Ja! Was
sollte sie sonst können, wenn sie nicht einmal zwei Charaktere
miteinander vergleichen könnte. Aber genau an diesem Punkt tauchen Fragen auf. Ist denn für eine Ehe der *Charakter* der beiden
Partner von wirklich ausschlaggebender Bedeutung? Zunächst ist
doch das Bindeglied zwischen beiden Partnern die Liebe, und gerade
die läßt sich in keiner Phase graphologisch erfassen oder nachweisen,
wie es überhaupt unmöglich ist, die Frage psychologisch zu beantworten, warum dieser Mensch gerade diesen anderen liebt. Mit der
Liebe ist es wie mit einer photographischen Platte, das Bild wird erst
sichtbar, wenn es mit einer ganz bestimmten Lösung in Berührung
kommt. Das, was zwei Menschen unwiderstehlich zusammenführt,
ist eine Kraft, die sich aus so vielen unbekannten Komponenten
zusammensetzt, daß sie bis auf den heutigen Tag kein Sterblicher
ergründet hat. Wohl weiß man, was alles dazukommen kann und daß
die Liebe je nach Geschlecht anders erlebt wird. Für Frauen hat sie im
allgemeinen eine viel tiefere menschliche Bedeutung, bei einem Mann
bleibt sie hingegen lange im Erotischen stecken. Die Frau kommt in
Hingabe, Fürsorge und Aufopferung dem humanen Zug der Liebe
entschieden näher als der Mann. Sie lebt *in* der Liebe, der Mann
davon. Für sie ist die Liebe immer gegenwärtig, für ihn tritt sie
periodisch auf. Sie lebt mit ihrem ganzen Einsatz und all ihrer
Hingabe für ihn und die Kinder, während der Mann seine volle
Hingabe nicht nur an Personen verschwendet, sondern immer
wieder auch an Ideen, an andere Dinge, und damit bindet er sich
stärker an die allgemeine gesellschaftliche Wirklichkeit. Wie will man
diese verschiedenen Gesichtspunkte unter einen Hut bringen? Schon

viele Ehen sind daran zerbrochen, daß beide Partner der Meinung waren, der andere müsse ebenso fühlen wie er beziehungsweise sie selbst.

Was zieht nun die (jungen) Menschen zueinander? Die Erfahrung lehrt, daß die Frau den Wert eines jungen Mannes anders einschätzt als er selbst. Für sie ist weniger das Äußere als vielmehr der Charakter (und manchmal auch der Verdienst!) ausschlaggebend, wobei man berücksichtigen muß, daß jede Frau ihren individuellen Charakterbegriff hat, der sich durchaus nicht mit den Wertvorstellungen des konsultierten Graphologen decken muß. Alter, Seriosität, Ritterlichkeit, Gelassenheit, Beamtenstatus, äußerer Eindruck, gute Familie, all das sind Komponenten, die in das Idealbild vom Mann mit einfließen können. Eine Frau läßt sich von dem Gesamteindruck leiten, den ein potentieller Partner auf sie macht. Die Berechtigung dieser Einschätzung von außen mit psychologischen Mitteln zu hinterfragen, ist wenig sinnvoll. Und trotzdem läßt sich eine Frau von einem Schriftpsychologen noch leichter beraten als ein Mann.

Das Wertbild des Mannes von der Auserwählten seines Herzens wird als Gesamteindruck weit mehr auf sinnenhafter Grundlage gewonnen. Für ihn muß eine Frau schon etwas auch äußerlich Anziehendes haben, wenn er sich für sie begeistern soll. Aber gerade hier liegen dank moderner Kosmetik Fallstricke und Täuschungsmomente, die die instinktive Unsicherheit eines Mannes noch vergrößern. Er läßt sich vom Äußeren leichter täuschen als sie, auch wenn für sie ein rassiger Sportwagen nicht unbedingt uninteressant ist.

Aus dieser Sicht wird vielleicht verständlich, warum einer Ehe eine angemessene Prüfungszeit vorangehen sollte. In der Ehe selbst kommt es dann vor allem auf die gegenseitige Kontaktbereitschaft an. Man muß aufeinander zugehen können; selbst Teilverweigerungen, Kontaktstörungen, introversives Verhalten können eine Ehe auf Dauer gefährden. Innere Harmonie und ein echter Einklang bieten die beste Gewähr für ein zufriedenes und glückliches Verhältnis. Die gegenseitige Sympathie darf nicht nur spontan sein, sondern sie sollte echte Substanz aufweisen und daraus immer wieder zehren. Die harmonische Wechselbeziehung zwischen beiden Partnern ist es, die den Ausschlag für das Glück einer Ehe gibt. Wie aber eine solche Übereinstimmung graphologisch und auch psychologisch einfach nicht faßbar ist, so ist auch die seelische Übereinstimmung zweier Menschen nicht voraussehbar oder gar berechenbar.

Was kann ein Graphologe in der Partnerschaftsberatung nun wirklich leisten? Jedes Zueinanderfinden zweier Menschen vollzieht sich mehr oder weniger auf der Ebene des Unbewußten, zwischen ihnen baut sich eine Art Spannungsverhältnis auf, das sie unmerklich zueinanderführt. Wo aber erst verstandesmäßige Überlegung eingeschaltet werden muß, um sich von der Richtigkeit der eigenen Wahl zu überzeugen, ist von vornherein die Saat des Mißtrauens gelegt. Wenn also ein Ehekandidat zum Schriftpsychologen kommt, sollte dieser erst einmal dessen Motive zu ergründen versuchen. Ganz offensichtlich hat ein Mensch, der auf diese Weise um Rat nachsucht, selbst Zweifel an der Richtigkeit seiner Wahl. Solche Zweifel kann ihm begründetermaßen auch ein Schriftpsychologe nicht nehmen.

Ein Partnervergleich durch einen Schriftpsychologen ist daher nur vertretbar, wenn aus graphologischer Sicht beide Teile ganz klar zu zeichnen sind. Zu diesem Zweck kann man von beiden Partnern ein ausführliches Gutachten erstellen, den Vergleich zwischen den beiden Psychogrammen aber sollte nicht etwa der Gutachter, sondern der Auftraggeber selbst vornehmen. Gerade eine Partnerschaft zwischen zwei Menschen ist von so vielen Imponderabilien bestimmt, daß ein Außenstehender, sei er auch ein noch so guter Schriftpsychologe, gar nicht imstande ist, ein letztgültiges Urteil darüber zu sprechen, und von daher ist es besser, die eigentliche Entscheidung dem Auftraggeber in jedem Falle selbst zu überlassen.

Abschließend ein Wort des Altmeisters LUDWIG KLAGES zu diesem Problemkreis: »Gegen alle Erwartung und fast widerstrebend habe ich mich im Laufe jahrzehntelanger Erfahrungen nun überzeugen müssen, daß trotz Unstimmigkeit der Charaktere dennoch ein dauerhaft befriedigendes Eheleben möglich ist, wenn mindestens folgende drei Bindungen erfüllt sind: Harmonie der ehelichen Zärtlichkeiten, niemals fehlender Unterhaltungsstoff und Ähnlichkeit des Geschmacks, im buchstäblichen Wortsinn genommen.«

11. Ehrlichkeit, Zuverlässigkeit und Echtheit und ihr Ausdruck in der Schrift

Wenn jemand ein graphologisches Gutachten in Auftrag gibt, so möchte er meist wissen, ob der Proband auch zuverlässig und ehrlich ist. Von unserer eigenen Aufrichtigkeit sind wir selbstverständlich überzeugt, aber bei einem anderen Menschen weiß man nie so genau, woran man ist, solange man ihn noch nicht genauer kennt und ihn verstehen gelernt hat. In der Zwischenzeit muß man daher ein gewisses Risiko auf sich nehmen und in den zukünftigen Geschäfts-, Gesprächs- oder Arbeitspartner etwas investieren, von dem der Graphologe (vorher) sagen soll, ob sich dieses Engagement auch lohnen wird.

Untersuchen wir nun die Struktur der Ehrlichkeit einmal näher, so stellen wir fest, daß sie ihre Wurzeln in der Gesinnungsfestigkeit hat. Aspekte der Gesinnungsfestigkeit sind wiederum: Treue zu sich selbst, Standfestigkeit, Unbeirrbarkeit, Aufrichtigkeit und Geradlinigkeit, Gerechtigkeitssinn und Pflichtbewußtsein, Verantwortungsbewußtsein und Integrität. Diese Qualitäten schlagen sich natürlich auch im Schriftbild nieder, und zwar als *Regelmaß, Ebenmaß, gleichmäßiger Druck, harmonische Zonengestaltung, straffe Winkel, guter Ablaufrhythmus* und *gute Gliederung, Rechtsläufigkeit, gerade Zeilenführung* und *gute Lesbarkeit*.

Zum Bereich der Unehrlichkeit gehören solche negative Eigenschaften wie Gesinnungslosigkeit, Beeinflußbarkeit, Widerstandsschwäche, Unoffenheit, eine übermäßige Ich-Bezogenheit, Verstellung, Gerissenheit, Unzuverlässigkeit, eine zu starke Phantasie und Hysterie. Diese Haltungen finden ihren graphischen Ausdruck in *instabilem Faden, Unregelmaß, unrhythmischem Ablauf, Deckzügen, Krallenzügen, Halbovalarkaden, Formzerfall, Unleserlichkeit* und *übertriebener Linksläufigkeit*. Nicht jedes dieser Merkmale ist jedoch für sich genommen schon ein Hinweis auf Unaufrichtigkeit, sondern erst eine Anhäufung derartiger Stilelemente sollte Anlaß zum Mißtrauen geben.

Umgekehrt sind solche graphischen Merkmale, die im allgemeinen ein Ausdruck von Aufrichtigkeit sind, noch lange keine Garantie für unbedingte Ehrlichkeit. In schwierige Situationen gestellt, in denen Ehrlichkeit nachweislich zu unserem Nachteil ausschlagen würde, sind wohl die meisten von uns bereit, der Wahrheit in unserem Sinne ein wenig nachzuhelfen, ohne dabei im Grunde wirklich unehrlich zu sein. Zwischen unbedingter Ehrlichkeit und ihrem Gegenteil gibt es tausenderlei Abstufungen, die sich im einzelnen graphologisch nicht präzise definieren lassen. Je stabiler ein Charakter ist, um so eher bekennt er sich wohl auch zu seinen Schwächen; und es gibt Menschen, die bringen es auch nicht ein einziges Mal über sich, sich

selbst untreu zu werden, sie sind ehrlich um jeden Preis, auch wenn
es ihnen zum Nachteil gereicht. Hut ab vor solchen Persönlichkeiten, es gibt ihrer nicht viele!

PHILIPP LERSCH weist in seinem Werk *Aufbau der Person* darauf
hin, daß der Mensch auf seinen verschiedenen Persönlichkeitsebenen
durchaus unterschiedlich weit entwickelt sein kann, das heißt, auf
der einen Ebene mag er labil und wankelmütig sein, auf einer anderen
hingegen absolut prinzipientreu. Die Tatsache solcher Ambivalenzen
erschwert eine graphologische Aussage erheblich. So mancher ist nur
für einen guten Preis verschwiegen und ehrlich; aus seiner Vertrau-
ensstellung entlassen, braucht er keine Rücksicht mehr zu nehmen
und nutzt sein Wissen rücksichtslos aus. Nicht wenige nach außen
hin biedere und brave Bürger gehen tagsüber einer rechtschaffenen
Arbeit nach und führen in der Nacht oder im Urlaub oder an einem
anderen Ort ein völlig entgegengesetztes Leben.

Die Angst vor gesellschaftlichen Sanktionen oder vor vergitterten
Fenstern ist oft das einzige Hindernis, das Menschen vor Unehrlichkeit zurückschrecken läßt. Echte Ehrlichkeit ist jedoch eine Sache des
Herzens und der Gesinnung. Wo sie als Prinzip nicht fest verankert
ist, wo ein fester Wille nicht ausreichend Halt bietet, wo die Wahrheit
nicht um der Wahrheit selbst willen gelebt und gesprochen wird, da
ist brüchiger Boden.

Wenden wir uns nach diesem kurzen Exkurs wieder dem graphologischen Aspekt der *Unehrlichkeit* zu. ROBERT SAUDEK, der sich
intensiv mit diesem Problem befaßt hat, nennt uns zehn Merkmale
der Unehrlichkeit:

1. langsames Tempo
2. unnatürliche Schrift
3. labile Schrift
4. Nachbesserungen, die
   nicht der Deutlichkeit
   dienen
5. Buchstabentausch
   (y statt g) (u statt a)

6. viele unsichere Ruhepunkte
7. Buchstabenzerstückelung
8. Fortlassen wesentlicher
   Buchstabenteile
9. auffallende Anfangsbetonung
10. unten offene Buchstaben,
    Halbovalarkaden

Wenn in einer Schrift mindestens vier dieser Merkmale vorkommen,
so deutet das auf kriminelle Neigungen hin, drei dieser Merkmale
sollten Anlaß zum Mißtrauen sein, zwei hingegen kommen auch in

»normalen« Schriften vor. Der Schriftpsychologe sollte sich jedoch nie zu sehr an die Einzelmerkmale klammern, sondern den Gesamteindruck einer Schrift erst auf sich wirken lassen, bevor er ein endgültiges Urteil abgibt.

Die *Ehrlichkeit* zeichnet sich graphisch durch *Formfestigkeit, Eben- und Regelmaß, deutliche und genaue Oberzeichen*, eine *optimale Gliederung, gute Lesbarkeit*, ein *harmonisches Schriftbild* sowie im Einzelfall auch durch *pedantische Korrektheit* aus.

Der Ehrliche hat nichts zu verbergen. Sein Blick ist wie seine Schrift, klar und eindeutig, wie sie uns auch schon in sauberen Schul- und Kinderschriften entgegenleuchtet. Kein Kind ist von Grund seines Herzens unehrlich, erst die Umwelt treibt es in die Lüge. Man sollte jedoch einen Menschen, der diese kindliche »Anpassungsleistung« innerhalb erträglicher Grenzen mit in sein Erwachsenendasein »hinübergerettet« hat, nicht allzu streng verurteilen.

Unehrlichkeit ist im Prinzip nur eine Schwäche, wohl dem, der es nicht nötig hat, der Wahrheit nachzuhelfen. Die meisten von uns neigen dazu, es gelegentlich mit der Wahrheit nicht ganz so genau zu nehmen. Wir können für niemanden, kaum für uns selbst die Hand ins Feuer legen; deshalb sollte der Schriftpsychologe bei der Beurteilung gerade dieser Charakterkomponente sehr behutsam vorgehen.

12. Psychisches Tempo und Charakter

Jeder Mensch zeigt in seinen Reaktionen und Bewegungen ein bestimmtes Tempo. Der eine ist schwerfällig und langsam, der andere schnell und beweglich. Dieses *Eigentempo* des Individuums ist sein *psychisches Tempo*. Es bestimmt nicht nur die Geschwindigkeit körperlicher Vorgänge, sondern auch seelisch-geistige Prozesse, wie Wahrnehmen, Denken, Fühlen und Wollen. Dabei sind zwischen den einzelnen seelischen Funktionen leicht divergierende Reaktionsgeschwindigkeiten durchaus möglich, aber im Grunde genommen ist das Eigentempo, weil angeboren, bis ins hohe Alter konstant. Beim weiblichen Geschlecht ist es durchwegs etwas höher als beim männlichen.

Ein *hohes Tempo* bewirkt Unternehmungsgeist, Rührigkeit, Beweglichkeit, Gewandtheit, aber auch Sorglosigkeit, Nonchalance, Hast, Ungeduld, Flüchtigkeit, Voreiligkeit und Oberflächlichkeit.

Ein *niedriges Tempo* hingegen hat Ruhe, Geduld, Ausdauer, Beständigkeit, Gründlichkeit und Gewissenhaftigkeit, aber auch Trägheit, Schwunglosigkeit, Entschlußschwäche und Zauderei beziehungsweise eine überwiegend abwartende und passive Haltung zur Folge.

Die Intensität seelischer Reaktionen ist individuell ebenso unterschiedlich wie ihre Dauer; beides kann sich sowohl positiv wie auch negativ auswirken. Die Psychomobilität eines Menschen läßt sich (laut Ernst Kretschmer) anhand seiner Schrift leicht ermitteln. So ist beispielsweise eine runde Bewegung locker, weich und elastisch *(Girlande, Kurve, Bogen)*; sie ist ein Hinweis auf die Fähigkeit, gestellte Aufgaben problemlos zu bewältigen. Für den Betrachter haben solche Schriften etwas Wohltuendes, bei *Langsamkeit* sogar etwas Gemütliches an sich. Freilich fehlt es ihnen auf der anderen Seite auch an Zielstrebigkeit. Diesbezüglich ist der *Winkel* »im Vorteil«. Je weniger die Rundungen willensgesteuert sind, das heißt, je mehr die Schrift an *Regelmaß* verliert, um so geringer sind Leistungsfähigkeit und Verläßlichkeit des Schreibers.

Geradlinige Bewegungen, Ecken, Winkel sowie *senkrechte* und *waagerechte Striche* weisen auf Zielstrebigkeit und Genauigkeit hin. Je mehr eine Schrift willensgesteuert ist, desto straffer und zackiger, allerdings auch unelastischer und verkrampfter wirkt sie. Die Eckigkeit und Steifheit solcher Schriften haben nicht nur etwas Ungemütliches an sich, sondern sie münden auch häufig in linkische und ungeschickte Bewegungsabläufe.

Breite und *ausladende Bewegungen, Bogen* und *Schnörkel, breite Großbuchstaben* und ähnliche Stilelemente, die einen geradezu üppigen und barocken Eindruck erwecken, verraten Antriebsreichtum und Bewegungslust, Freude am Spiel, aber nicht selten auch eine mangelnde Willenssteuerung. In letzterem Fall sind sie unbeherrscht und unbestimmt. Bewegungsluxus ist immer auch unökonomisch, er geht einfach über das zur Vollbringung einer Leistung notwendige Maß hinaus. Demgegenüber wohnt der sparsamen Bewegung in ihrer Einfachheit das Prinzip der Kräfteökonomie inne. Schreiber *vereinfachter Schriften* erreichen ihre Ziele mit relativ geringem Kraftaufwand. Dazu müssen sie allerdings ihre Bewegungen, und nicht nur die Schreibbewegungen, ständig zügeln und sich zugleich davor hüten, daß die gezügelten Bewegungen zur Hemmung werden. In der Jugend neigt man zu Bewegungsluxus, in höherem Alter dagegen tendieren die meisten Menschen zu Sparsamkeit auch der Bewegung.

Graphotherapeutische Maßnahmen können, wie F. KONZ und MAGDALENA HEERMANN nachgewiesen haben, ein wenig zur Bremsung beziehungsweise Beschleunigung einer Schrift beitragen, grundlegend läßt sich das psychische Tempo aber nicht verändern.

Wir können dieses Kapitel nicht abschließen, ohne ein Wort über solche Schriften zu sagen, die sozusagen gar keine oder nur geringe Dominanten aufweisen und auch über das psychische Tempo keinen Aufschluß geben. Dabei handelt es sich um Schriftbilder wenig differenzierter Charaktere, die so unergiebig sind, daß ein Schriftpsychologe schier an seinem Können verzweifeln möchte. Aber es gibt nun einmal im menschlichen Leben nicht nur Hoch- und Tiefpunkte, sondern auch das Durchschnittliche. Aber nichtsdestoweniger verdienen auch unscheinbare Mitmenschen unseren vollen Respekt. Ich bin mir nicht sicher, ob Persönlichkeitsentwicklung und Selbstverwirklichung etwas mit Verdienst zu tun haben. Seien wir daher bescheiden und dankbar, wenn die Natur uns ein wenig reichlicher ausgestattet hat. Graphologisches Können sollte uns nicht zu Richtern über andere machen, sondern uns Selbsterkenntnis und die Achtung vor der Einmaligkeit des anderen lehren.

VIII. Ein Kapitel Betriebsgraphologie

1. Die Erkennbarkeit der Persönlichkeit

Jedes Unternehmen in der Wirtschaft ist auf geeignete Mitarbeiter angewiesen. Diese müssen nicht nur vom Ausbildungsstand her qualifiziert sein, sondern auch die erforderliche charakterliche Eignung für ihre Position mitbringen. Die sachlichen Anforderungen, die an einen solchen Mitarbeiter gestellt werden, sind meist in der *Positionsbeschreibung* klar umrissen. Zur Erstellung einer derartigen Beschreibung gibt es Anforderungskataloge, die nach Bezugsgruppen spezifiziert sind. Es handelt sich dabei um fünf Hauptgruppen:

1. Führungskräfte in Management und Verkauf
2. leitende Positionen im technischen Bereich
3. gehobene Positionen im mittleren Bereich
4. verantwortliche Positionen im Amts- oder Dienstleistungsbereich
5. Stellungen in untergeordneten Arbeitsbereichen

Die Beurteilungsschwerpunkte sind für die einzelnen Gruppen natürlich verschieden. Häufig werden sie vom Auftraggeber eines graphologischen Gutachtens direkt angegeben. Es liegt aber ohnehin auf der Hand, daß mit der Höhe und Verantwortung der zur Disposition stehenden Stellung auch die entsprechenden Anforderungen steigen. Führungsqualitäten, Entscheidungsfreudigkeit und Initiative sind für die letzte Gruppe nicht mehr besonders wichtig, wohl aber Zuverlässigkeit, Loyalität, Teamgeist und Pflichtbewußtsein. Daß die fachliche Eignung mit dem sachlichen Anforderungsprofil übereinstimmen sollte, ist selbstverständlich, den Ausschlag dürfte jedoch letztlich die menschliche oder charakterliche Eignung geben. Daher wird bei vielen Stellenangeboten nicht nur auf die fachliche Qualifikation, sondern auch auf das *Persönlichkeitsprofil* besonderen Wert gelegt.

Was nun die fachliche Qualifikation betrifft, so gibt es viele Mittel und Wege, potentielle Bewerber um eine Stellung hinsichtlich ihrer diesbezüglichen Eignung zu überprüfen. Psychologische Testverfahren, die zu verbindlichen Schlußfolgerungen über den Charakter eines Menschen führen, gibt es jedoch bis heute nicht. Und genau in diesem Zusammenhang zeigt sich die Stärke der *Schriftpsychologie*. Seit Ludwig Klages das *Ausdrucksprinzip* vom *Darstellungsprinzip* abgegrenzt hat, ist die wissenschaftliche Graphologie zu einer verläßlichen Methode der Charakteranalyse herangereift. Für sie ist das Schriftbild eines Menschen eine Ansammlung *fixierter Gesten,* aus denen sich zwar keine mathematisch exakten, aber doch hochgradig richtige Aussagen über den Charakter eines Menschen gewinnen lassen. Die Resultate solcher Diagnosen sind wegen ihrer Differenziertheit und Stimmigkeit für Laien wie Kenner immer wieder verblüffend. Kommt zum *graphologischen Befund* noch die *tiefenpsychologische Interpretation* hinzu, so gibt uns die jederzeit zugängliche Handschrift nicht nur Aufschluß über Motivationen, Fähigkeiten, Stimmungslage und Willensvolumen des Probanden, sondern sogar über seine kompensatorischen Bemühungen und seine Zielsetzungen. Daher dürfte der »königliche Weg« der Schriftpsychologie in dieser Hinsicht allen anderen Verfahren eindeutig überlegen sein.

2. Anforderungs- und Persönlichkeitsprofile

Um in einer *Persönlichkeitsdiagnose* den Charakter des Probanden so zu beschreiben, daß sich für den Personalleiter eines Betriebes daraus brauchbare Hinweise ergeben, sind entsprechende *Anforderungs-* und *Persönlichkeitsprofile* entwickelt worden. Ich nenne hier nur einige mir bekannte.

Da ist zunächst das von Professor Werner Bienert entwickelte *Persönlichkeitsprofil nach PPJ* (Stuttgart 1975), das aus zwölf Gegensatzpaaren besteht. Diese Hauptgruppen sind:

Nervosität	Gelassenheit
Unbeherrschtheit	Selbstbeherrschung
Unsicherheit	Selbstsicherheit
Reizbarkeit	Frustrationstoleranz
Kontaktbedürfnis	Selbstgenügsamkeit
Selbstvertrauen	Irritierbarkeit

Intoleranz	Toleranz
Gehemmtheit	Ungezwungenheit
Offenheit	Mangel an Selbstkritik
Extraversion	Introversion
Neurotizismus	emotionale Stabilität
psychische Robustheit	Empfindsamkeit

Von dem gleichen Verfasser stammt ein *Verhaltensprofil,* das vierunddreißig verschiedene Verhaltensweisen registriert und diese in fünf Abstufungen einteilt.

Der Kölner Diplompsychologe PETER LAUSTER ist der Verfasser der *Hinweise zum graphologischen Gutachten,* die einem Eignungsprofil gleichkommen. Schließlich liegen von Professor G. FREITAG »ideale« Berufsprofile vor, die einundzwanzig alphabetisch geordnete Persönlichkeitsmerkmale in neun Abstufungsmöglichkeiten enthalten und durch den Vergleich eines empirisch gewonnenen Charakterbildes mit dem »Idealbild« eine bessere Auslese ermöglichen sollen. Bliebe ein letztes übrig, das der Schweizer Diplompsychologe und Graphologe RUDOLF KÄNZIG in der AGC III/82 aufgestellt hat und das vierundzwanzig Eigenschaften in fünf Abstufungen aufzählt, um Führungseigenschaften richtig zu erkennen und zu erfassen.

All diese *Verhaltensprofile* enthalten auch einen *Anforderungskatalog,* der sich gut in unser bisheriges System einfügen läßt. Liegen bei den einzelnen Autoren auch die Schwerpunkte jeweils ein wenig anders, so haben sie doch alle das gleiche Ziel, nämlich die Persönlichkeit in ihrer vollen Struktur zu erfassen. Gefragt wird überall nach Charakter, Intelligenz, Durchsetzungsvermögen, Ich-Bezogenheit, Emotionalität und Vitalität, Belastbarkeit und Leistung.

Ohne graphologische Ausdrucksbewertung kommt keines dieser *Persönlichkeitsprofile* aus, so daß ein schriftpsychologisches Schema, wie es im Hauptteil dieses Buches entwickelt wurde, am besten geeignet erscheint, die entsprechenden Fragen angemessen zu beantworten. Wir beschreiten dazu einen Weg, der sozusagen als Nebenprodukt unserer Analyse anfällt, indem wir die gefundenen Deutungen nicht nur in das Merkmalprotokoll, sondern zugleich auch in den Bewertungsbogen mit eintragen, dann die Punktzahl ermitteln und auf das spätere Eignungszeugnis übertragen. So haben wir gleichzeitig einen Quotienten ermittelt, der uns einen exakten Vergleich mit andern Mitbewerbern ermöglicht und außerdem Fähigkeiten des potentiellen Mitarbeiters im einzelnen genau benennt.

Schlußwort

Bei aller Mühe, die wir uns mit der exakten Erstellung des Beobachtungsbogens und der Vorlage für das Eignungszeugnis gegeben haben, müssen wir uns darüber klar sein, daß eine schematische Einengung dem zu Beurteilenden nie ganz gerecht wird. Ein frei abgefaßtes Gutachten kann durch kein noch so gutes Schema ersetzt werden. Außerdem bleibt uns bei aller Sorgfalt ein Rest der Persönlichkeit des Probanden doch immer verschlossen. Das Einmalige und Einzigartige eines Menschen bleibt sein Geheimnis, das man höchstens liebend erfühlen oder intuitiv erahnen, aber niemals mit wissenschaftlicher Akribie analysieren kann.

Die Ehrfurcht vor der Würde des Menschen sollte uns daran hindern, auch noch den letzten Schleier des Geheimnisvollen, das um seine Seele liegt, respektlos lüften zu wollen. Unsere Aufgabe als Schriftpsychologen, auch in der Betriebsgraphologie, ist es, in erster Linie zu helfen und im übrigen die Integrität der Persönlichkeit unserer Probanden mit allen Konsequenzen zu respektieren. Die Intimsphäre eines Menschen gehört nicht in ein Betriebsgutachten, hier sollte die reine Zweck- oder Leistungsbezogenheit der einzige Blickwinkel sein. Es ist eigentlich auch selbstverständlich, daß der Graphologe niemals das Recht hat, sich zu irren, das käme einem Vertrauensbruch gleich und wäre das Ende seiner Glaubwürdigkeit überhaupt. Man hüte sich ebenfalls davor, Garantien zu geben; mit dem Aufzeigen bestimmter Entwicklungstendenzen ist die Grenze des Möglichen schon erreicht. Außerdem sollte man der gesunden und durch Erfahrung geschulten Menschenkenntnis des Personalleiters mindestens ebensoviel zutrauen wie dem eigenen Können. Sachlichkeit und Bescheidenheit dienen der Schriftpsychologie entschieden mehr als alle noch so gut gemeinten »Sprüche«.

Ein Betriebsgutachten ist eine Dienstleistung, die mit bestem Wissen und Gewissen erfüllt werden sollte, damit man sie jederzeit voll vertreten und verantworten kann. Nur so kann der Berufsstand des Schriftpsychologen in der Öffentlichkeit jene gebührende Anerkennung erreichen, die ihm aufgrund seiner hohen Aufgabe und noch größeren Verantwortung zusteht.

Diesem Ziel zu dienen war eine wesentliche Aufgabe dieses Leitfadens.

Nr.:＿＿＿＿＿＿   Datum:＿＿＿＿＿＿＿＿＿＿＿

GRAPHOLOGISCHES
MERKMALPROTOKOLL

Name:＿＿＿＿＿＿＿＿＿＿＿ Alter:＿＿＿ Geschlecht:＿＿＿＿
Beruf:＿＿＿＿＿＿＿＿＿＿ Bewerbung als:＿＿＿＿＿＿
Unterlagen:＿＿＿＿＿＿＿ vom:＿＿＿ Schreibgerät:＿＿＿
Auftraggeber:＿＿＿＿＿＿＿
Formstufe:＿＿ Tendenz nach:＿＿＿＿ Dominate Merkmale:＿＿
＿＿＿＿＿＿＿＿＿＿＿＿＿＿ signifikante Merkmale:＿＿＿＿
＿＿＿＿＿＿＿＿＿＿＿＿＿＿ noch zu beachten:＿＿＿＿

A. allgemeines Verhalten:

＿＿＿＿＿＿＿＿＿＿＿＿＿＿＿＿＿＿＿＿＿＿＿＿＿＿＿＿＿

G. geistige Fähigkeiten:

＿＿＿＿＿＿＿＿＿＿＿＿＿＿＿＿＿＿＿＿＿＿＿＿＿＿＿＿＿

W. Willensbereich:

＿＿＿＿＿＿＿＿＿＿＿＿＿＿＿＿＿＿＿＿＿＿＿＿＿＿＿＿＿

I. Ich-Bereich:

＿＿＿＿＿＿＿＿＿＿＿＿＿＿＿＿＿＿＿＿＿＿＿＿＿＿＿＿＿

F. Fühlen, Gemüt:

＿＿＿＿＿＿＿＿＿＿＿＿＿＿＿＿＿＿＿＿＿＿＿＿＿＿＿＿＿

V. Vitalbereich:

＿＿＿＿＿＿＿＿＿＿＿＿＿＿＿＿＿＿＿＿＿＿＿＿＿＿＿＿＿

M. mitmenschlicher Bereich:

＿＿＿＿＿＿＿＿＿＿＿＿＿＿＿＿＿＿＿＿＿＿＿＿＿＿＿＿＿

L. Leistungsbild:

＿＿＿＿＿＿＿＿＿＿＿＿＿＿＿＿＿＿＿＿＿＿＿＿＿＿＿＿＿

Z. zusammenfassendes Urteil:

Literaturhinweise

BECKER, Minna: Graphologie der Kinderschrift. Hamburg 1949.

BERNERT, W.: Ehe und Handschrift. Wien 1949.

BRENGER, Curt: Graphologie und ihre praktische Anwendung. München 1967.

BÜHLER, Charlotte: Psychologie im Leben unserer Zeit. München 1962.

BUSEMANN, A.: Krisenjahre im Ablauf der menschlichen Jugend. Ratingen 1953.

CHRISTIANSEN, Broder, und CARNAP, Elisabeth: Lehrbuch der Graphologie. Stuttgart 1955.

COBBAERT, Anne-Marie: Graphologie. Genf 1973.

DAIM, Wilfried: Handschrift und Existenz. Graz, Salzburg, Wien 1955.

DIRKS, H.: Die Handschrift, Schlüssel zur Persönlichkeit. München 1974.

DONIG, Curt: Betriebsgraphologie. München 1975.

–: Die Bedeutung der Unterschrift. In: Angewandte Graphologie und Charakterkunde, I/79.

FISCHER, Hermann: Graphologische Deutungspraxis. Heidelberg 1960.

GRAMM, Dieter: Graphologie der Schülerschrift. Hannover 1973.

GROSS, C.: Vitalität und Handschrift. Bonn 1950.

HEISS, Rudolf: Die Deutung der Handschrift. Hamburg 1966.

HELLPACH, Willy: Deutsche Physiognomik. Berlin 1949.

–: Der deutsche Charakter. Bonn 1954.

HELWIG, Paul: Charakterologie. Stuttgart 1952.

HUBMANN, Hans: Lexikon der Graphologie. München 1973.

JÄGER, Charlotte, und HARDER, Richard: Kleiner Führer durch die Graphologie. München 1956.

JUNG, Carl Gustav: Welt der Psyche. München o.J.

KÄNZIG, Rudolf: Mensch und Graphologie. München 1975.

–: Sind Führungseigenschaften graphologisch faßbar? In: Angewandte Graphologie und Charakterkunde, III/82.

KLAGES, Ludwig: Graphologie. Heidelberg 1949.

–: Handschrift und Charakter. Bonn 1949.

–: Die Handschrift des Menschen. München 1964.

KNOPP, Josef: Die Handschrift im Dienste der Pädagogik. Neuwied 1966.

KONZ, Franz: Die gute Handschrift. Berlin 1966.

KRETSCHMER, Ernst: Körperbau und Charakter. Berlin, Göttingen, Heidelberg 1951.

LERSCH, Philipp: Aufbau der Person. München 1962.

LÜKE, Alfons: Die menschliche Vielfalt in der Handschrift. Schwerte 1982.

–: Das Schwerter Graphopsychogramm. In: Graphologische Schriftenreihe, II/59.

–: Geheimnisvolle Kinderschrift. In: Neue Wege, 10/53.

–: Über die Deutbarkeit der Kinderschrift. Prüfungsarbeit für den Berufsverband deutscher Graphologen (DGV) 1952.

MÜLLER, H. W., und ENSKAT, A.: Graphologische Diagnostik. Bern 1962.

NOHL, H.: Charakter und Schicksal. Frankfurt 1947.

PFANNE, Heinrich: Lehrbuch der Graphologie. Berlin 1961.

POKORNY, Richard: Psychologie der Handschrift. München, Basel 1968.

PULVER, Max: Symbolik der Handschrift. Zürich 1940.

REMPLEIN, Heinz: Psychologie der Persönlichkeit. München, Basel 1956.
REVERS, Wilhelm J.: Deutungswege der Graphologie. Salzburg 1966.
ROMAN-STÄMPFLI, Klara G.: Psychogramm. In: Ausdruckskunde 6/56.
ROTHACKER, E.: Schichten der Persönlichkeit. Bonn 1952.
SCHELENZ, Erich und Lotte: Pädagogische Graphologie. München 1958.
SCHRAML, Walter J.: Einführung in die Tiefenpsychologie. Stuttgart 1970.
SCHULTZ, Hans-Jürgen: Psychologie für Nichtpsychologen. Stuttgart 1974.
SINGER, Eric: Die Handschrift sagt alles. München 1954.
TAILLARD, Anja: Handschriftdeutung. Bern 1963.
VICTOR, Frank: Projektion der Persönlichkeit. München 1964.
WIESER, Roda: Mensch und Leistung. München, Basel 1960.
WITTLICH, Bernhard: Graphologische Charakterdiagramme. München 1956.
–: Graphologische Praxis. Berlin 1961.

ZEITSCHRIFTEN

Ausdruckskunde. Ratingen 1956.
Graphologische Schriftenreihe. Frankfurt 1958 bis 1966.
Erziehung und Unterricht. Wien 1966.
Zeitschrift für Menschenkunde. Wien, Stuttgart 1967 bis 1970.
AGC: Angewandte Graphologie und Charakterkunde. 1975 bis 1983.

EINZELARBEITEN

Beurteilungsbogen für kaufmännische Lehrlinge. Pelikan, Hannover 1965.
Eignungszeugnis für Handel und Industrie. Lüke, Schwerte (unveröffentlicht).
Anforderungsprofile. Prof. Dr. G. FREITAG, Hagen 1982.
Personalwerbung und Personalauslese. Prof. Dr. G. FREITAG, Hagen 1980.
Graphologische Charakteranalyse Stärke-Schwäche-Profil. MSI-System. Bern.
Hinweise zum graphologischen Gutachten. Dipl. Psych. PETER LAUSTER, Köln.
Persönlichkeitsprofil. Nach PPJ (Prof. WERNER BIENERT, Ludwigshafen.)
Verhaltensprofile. Nach Prof. WERNER BIENERT, Ludwigshafen.

SACHBÜCHER ANGEWANDTER PSYCHOLOGIE

HE BOSS! – WIE CHEFS UND VORGESETZTE FUNKTIONIEREN UND WIE MAN SIE AM BESTEN NIMMT
Von Erhard Thiel

Mit Witz geschrieben, doch ernstgemeint und außerordentlich hilfreich, lehrt dieses Buch Personalpolitik aus der Froschperspektive: vom Bewerbungsgespräch über die erfolgreich durchgesetzte Gehaltserhöhung und das richtige Auftreten dem Chef gegenüber (der ja meist selbst einen Chef hat), bis zu den verschiedenen Chef-Prototypen und Managementstilen. 192 Seiten, 14 Abbildungen, ISBN 3-7205-1451-X.

HINTER DER MASKE: DER MENSCH – DURCHSCHAUEN SIE VERSTELLUNG UND ROLLENSPIEL!
Von Dr. phil. Alfred J. Bierach

Lernen Sie, die Maskierungen der Menschen zu durchschauen: ihre Verstellungen, ja auch ihren Selbstbetrug, die alltäglichen Täuschungsmanöver ebenso wie die verschlüsselten Hilferufe. Dieses Buch eines erfahrenen Psychologen entschlüsselt das unerschöpfliche Arsenal der Masken, hinter denen sich Menschen verstecken, und verhilft Ihnen zu besserer Menschen- und Selbstkenntnis. 220 Seiten, ISBN 3-7205-1483-8.

GEHEIMNIS CHARISMA – VON DER MAGNETISCHEN KRAFT PERSÖNLICHER AUSSTRAHLUNG
Von Doe Lang

Jeder von uns hat in gewissem Maße Charisma, jene faszinierende Anziehungs- und Strahlkraft, die ihn für andere Menschen so attraktiv und einflußreich macht. Aber viele vermögen diese angeborene natürliche Begabung nicht zur Entfaltung zu bringen. Wie Sie durch geeignete Zielsetzungen und praxisnahe Techniken die erforderliche geistig-psychische Disposition erlangen können, lernen Sie in diesem Buch. 340 Seiten, ISBN 3-7205-1503-6.

DIE MACHT IHRES UNTERBEWUSSTSEINS
Von Dr. phil. Joseph Murphy

Unser Unterbewußtsein lenkt und leitet uns, ob wir das wollen oder nicht. Dieses leichtverständliche Buch des dreifachen Doktors zeigt, wie wir die unermeßlichen Kräfte des Unterbewußtseins nach unserem Willen und für unsere Ziele nutzen und für uns schöpferisch einsetzen können. 245 Seiten, ISBN 3-7205-1027-1 (Buch). Zu diesem Buch, das in deutscher Sprache eineinhalb Millionen Menschen gekauft haben, gibt es auch 4 Audiokassetten in buchartiger Box: ISBN 3-7205-1673-3.

ARISTON VERLAG · GENF/MÜNCHEN
CH-1211 GENF 6 · POSTFACH 176 · TEL. 022/786 18 10 · FAX 022/786 18 95
D-8000 MÜNCHEN 70 · BOSCHETSRIEDER STRASSE 12 · TEL. 089/724 10 34